'목사 웨슬리'에게 속회를 묻다

'목사 웨슬리'에게 속회를 묻다

속회 운영의 이론과 실제

김동환 지음

kmc

머리말

『목사 웨슬리에게 속회를 묻다』이 책은 2014년 출판된 『목사 웨슬리에게 목회를 묻다』와 2015년 출판된 『목사 웨슬리에게 설교를 묻다』와 짝을 이루는 책으로, 『목사 웨슬리에게 ~을 묻다』시리즈의 세 번째에 해당되는 책이다. 첫 번째 책이 웨슬리 목회의 본질이 무엇이며 이것이 그의 목회에 어떻게 전개되었는가를 숙고한 것이라면, 두 번째 책은 웨슬리 목회의 근간이 되는 표준설교 44편의 의미를 밝힌 책이다. 이 두 책을 내면서 내 마음속에는 목사 웨슬리의 목회에 대해 아직도 해명하지 못한 한 가지 질문이 늘 남아 있었다. 그것은 그의 목회 실천의 핵심적인 장(場)이라 할 수 있는 '속회'에 관한 것이다.

우리는 웨슬리가 '속회'라는 현장을 통해서 자신의 목회를 실천했다는 사실을 잘 알고 있다. 그리고 많은 교회들, 그중에서 특히 감리교회는 실제로 속회를 목회의 중요한 요소로 간주하고 실천해 나가고 있다.[1] 그런데 속회를 실천하고 있는 많은 목회자들은 자신들의 교회에서 진행되고 있는 속회에 대해 만족하고 있는 것 같지 않다. 속회 자체를 포기하고 다른 형태의 소그룹에 눈을 돌리는 교회가 늘어나는 현상이나 속회라는 이름을 폐기하고 새로운 시대에 적합한 이름으로 대치하여 사용해야 한다는 주장이 강하

---

1) 기독교대한감리회 교육국이 실시한 설문 조사에 따르면 현재 감리교회의 94% 정도가 속회를 조직하여 운영하고 있다고 한다. 「기독교타임즈」, 2015년 9월 15일자.

게 일고 있다는 것은 그 강력한 반증이다.

　웨슬리 목회에서 그토록 역동적이었던 속회가 이 시대에는 제대로 작동하지 못하는 이유가 무엇인가? 이에 대한 가장 설득력 있는 답변은 아마도 웨슬리가 목회했던 시대와 지금의 시간적 상황적 간극의 차이일 것이다. 즉 속회가 웨슬리 시대와 상황에는 적합했는지 몰라도 오늘과 같이 복잡다단한 시대적 상황에는 적합하지 않다는 것이다. 이런 관점은 내가 웨슬리 목회를 주목해야 한다고 힘주어 말할 때마다 많은 이들이 내게 제기했던 것이기도 하다. 이미 300여 년이라는 시간이 흐른 웨슬리의 목회가 오늘 우리가 살아가는 이 시대에 동일하게 적용될 수 있겠느냐는 회의적인 질문은 그치지 않고 계속되었다. 나는 이런 의문에 대해 항상 이렇게 답변해 왔다.

　"웨슬리 목회가 시대적 환경이 달라서 오늘날 목회 현장에서 무기력하게 된 것이 아니다. 우리가 웨슬리의 목회를 제대로 이해하지 못한 상태로 현대 목회에 무모하게 적용했기 때문이다. 우리가 웨슬리 목회에 대해 진지하고 깊이 있게 탐구하면 그의 목회야말로 이 시대에 사는 우리조차 따라가기 어려운 파격적이고 창조적인 목회 모델임을 알게 되고, 또 이 목회를 오늘날에 제대로 적용하기만 하면 이 시대를 바꿀 수 있는 능력의 목회가 이루어질 것임을 확신하게 될 것이다. 중요한 것은 웨슬리 목회에 대한 깊이 있는 이해를 바탕으로 하는 적용이다."

　나는 이 주장을 속회에 관해서도 동일하게 적용하려 한다. 오늘날 속회가 무기력하게 된 것은 웨슬리의 속회가 오늘의 목회 현장에 무기력하기 때문이 아니라 그것을 제대로 이해하지 못한 채 자신의 목회에 무리하게 적용하는 데 그 원인이 있다고 보는 것이다. 나는 웨슬리의 목회를 능력의 목회로 만든 속회가 우리의 현장에 제대로 적용되기만 하면 우리의 목회가 능력의 목회로 전환될 수 있을 것이라 확신한다. 이를 위해서 우리는 속회를 철저하고도 깊이 있게 이해해야만 한다.

'속회'라는 말

많은 사람들이 속회라는 용어가 웨슬리로부터 유래되었다고 생각한다. '속회'라는 말은 당연히 웨슬리가 사용할 수 없는 고유한 한국말이다. 그렇다면 '속회'는 웨슬리가 사용한 용어 중 무엇을 염두에 두고 번역한 우리말일까?

'속회'라는 말을 한국에서 누가 처음 사용했는지 알 만한 자료가 남아 있지 않다. 다만 제프리(Finis B. Jeffery, 한국명 채부리)의 『감리교와 속회』에 따르면, 「조선남감리교회 30년 기념보」 1897년 5월 2일자에 선교사 리드(D. F. Reid, 한국명 이덕)가 고양교회를 설립할 때 속장과 유사를 임명하였다는 기록이 있다.[2] 이때 이미 속회라는 말이 사용된 것은 분명하나, 리드가 이 말을 웨슬리 시대의 메도디스트 교회에 널리 알려진 공동체들 중 어떤 용어를 번역한 것인지 불분명하다. 'Steward'에 해당하는 유사를 함께 임명한 것으로 보아 신우회(Society)[3]를 염두에 두고 번역한 것일 수도 있고, 속회의 구성원들이 신우회에 해당할 만큼 크지 않은 것으로 보아 클래스(Class) 혹은 밴드(Band)를 염두에 둔 것일 수 있다. 이런 혼란 때문인지는 몰라도 지금도 속회를 말할 때 그에 해당하는 영어 이름이 다르게 등장하고 있다. 어떤 이는 Society라 하고, 어떤 이는 Class, 또 어떤 이는 Band라 칭하기도 한다.

나는 속회는 이들 중 어떤 한 범주로도 규정할 수 없는 한국 메도디스트 교회만의 독특한 형태라는 점에서, Society, Class Meeting, Band 중의 어느 하나를 의식한 번역보다는 한국 메도디스트 교회의 상황 안에서 만들어

---

[2] 채부리, 『감리교와 속회』(감리교교육국, 1983), pp.21~23.
[3] Society를 보통 '신도회'로 번역해 사용한다. 나도 혼동을 피하기 위해 지금껏 이 용어를 사용했지만 이 이름이 일반인들에게 익숙지 않을 뿐만 아니라 이 이름이 지니는 묘한 뉘앙스 때문에 이 책 이후로는 우리에게 훨씬 친근한 의미로 다가오는 '신우회'로 번역해 사용하려 한다.

진 고유한 이름으로 보는 것이 더 타당하다고 생각한다. 이러한 가정이 사실과 부합되는지 확실하지 않지만, 적어도 한국 메도디스트 교회 안에서 정착되고 성숙되어 온 속회의 의미를 본다면 속회는 웨슬리 목회 공동체 전체를 아우르는 의미로 충분히 재조명될 수 있을 것으로 보인다. 웨슬리의 목회 공동체에 대해 면밀히 살펴보면 볼수록 나는 이를 더욱 확신하게 된다.

속회는 웨슬리 목회 공동체 그 자체

많은 이들이 웨슬리 목회로부터 소그룹 운동을 배우려 한다. 물론 웨슬리 목회가 오늘날 우리에게 익숙한 소그룹 운동의 풍부한 아이디어들을 함축하고 있음은 부인할 수 없다. 그러나 웨슬리 자신은 소그룹 운동 자체에 관심을 둔 사람이 아니다. 그에게 중심 과제는 사람들이 하나님의 은총에 어떻게 더 가까이 나아갈 수 있는가 하는 문제였다. 이 중심 주제에 가장 적합한 목회 자리로서 공동체가 고려되었을 뿐이다. 웨슬리의 목회 자리로서 공동체는 다양한 형태를 갖는다. 이것은 하나님의 은총의 역사 방식이 다채로움에서 연유되는 현상이다. 예를 들어 옥외집회(field preaching)의 경우 죄를 깨닫게 하는 '선행적 은총'이, Society에서는 죄를 회개케 하는 '회개의 은총'이, Class Meeting에서는 회개의 은총과 함께 죄의 용서함에 이르게 되는 '칭의의 은총'이, Band에서는 죄를 정복하여 거룩한 삶을 살아가도록 돕는 '성화의 은총'이, Selection Society에서는 완전으로 인도하는 완전케 하는 은총(Perfecting Grace)이 주도적인 역할을 하는 것이다(이에 대한 자세한 논의는 다음 장에서 본격적으로 진행될 것이다).

그러나 이들은 서로 따로 떨어져 있는 공동체들이 아니다. 하나님의 은총이 하나이듯이, 그리하여 우리의 영혼을 구원의 완성에 이르도록 하는 일관적 목표를 향해 역사하듯이 모든 공동체들이 합력하여 이 같은 목표를 이루도록 내적으로 상호 연결되어 작용하는 것이다. 즉 웨슬리에게서 이 같은 다양한 형태의 공동체는 서로 함께 연결되어 우리로 하여금 우리의 구원을 완성시키시려는 하나님의 은총으로 인도하는 역동적인 '은총의 수단(means of grace)'인 것이다. 웨슬리가 지적했던 은총의 수단으로서의 '교회'는 바로 이 같은 '다양하지만 내적으로 상호 연결된 역동적인 공동체'를 의미한 것이다. 이것이 웨슬리의 목회를 하나의 소그룹 운동으로 치부하거나 Society나 Class Meeting(CM), Band, 혹은 Selected Society 중 어느 하나만을 브랜드화하여 사용해서는 안 되는 이유다. 사실 웨슬리 목회 자리가 내포하고 있는 다양하고 상호 연결적이며 역동적인 성격을 한마디로 압축하고 있는 단어는 아직 구체화된 것이 없다. 단편적으로 그의 공동체를 Society, CM, 혹은 Band 등의 개별적 이름으로 덧칠하려 하는 시도는 있지만 그렇게 함으로써 웨슬리의 공동체가 갖는 다양성과 포괄성, 역동성을 상실할 수 있다는 점에서 지극히 신중해야 할 사안이다.

　웨슬리의 목회 자리로서 그의 공동체가 갖는 다양성과 포괄성, 역동성에 주목하면서 그것을 언어로 표현해 내려는 시도가 있어 왔다. 예를 들어 헨더슨(D. Michael Henderson)은 웨슬리 공동체를 '내적으로 꽉 연결된 공동체'란 의미로 'interlocking groups'라 불렀다. 영국 메도디스트들은 웨슬리의 이 같은 공동체를 염두에 두고 스스로를 'connexion(연결 체계)'이라 부른다. 최근 영국 메도디스트들은 'interlocking,' 'connexion' 등의 단어가 지니는 객관적이고 기계적인 느낌을 탈피하기 위해 또 다른 영어 표현에 주목하기 시작했는데, 그 단어가 바로 'Belonging Together'다. 때때로 BT로도 줄여 쓰고 있는데(BT는 영국에서 널리 알려진 통신회사 이름이다. 마치 우리나라의 KT처럼), 필자 개인의 견해로는, '함께 속했다'고 번역될 수 있는 이 용어야말로 하나님의 구원을 이루기 위해 서로 하나로 묶인 웨슬리의 목회 공동체를 가장 적절하게 표현하는 용어라고 본다.

'속회' 은총의 수단!

영국의 메도디스트들이 웨슬리가 이 땅을 떠난 지 230여 년이 흐른 후에야 겨우 찾아낸 웨슬리 공동체의 이름, 'Belonging Together!' 참으로 놀랍게도, 한국 메도디스트들에게 이 용어는 낯선 것이 아니라 이미 110여 년 전에 단 한 글자로 담아내어 사용해 왔던 것이다. 그것이 바로 '속회(屬會)'라는 한자 단어다. '속'은 '무리'를 뜻한다. 이는 단순한 무리가 아니라 '서로 연결된 무리'를 의미한다. 이를테면 내적으로 상호 역동적 관계를 이루어가는 무리를 의미하는 것이다. 여기에 모임을 뜻하는 '회(會)'라는 글자를 붙이면 '속회' 곧 '상호 역동적 관계를 이루어가는 무리의 모임'이 되고, 이를 영어로 표현하게 되면 'Belonging Together'가 되는 것이다. 한국 메도디스트인들은 현명하게도 이 '속회'라는 단어를 통해 웨슬리가 자신의 목회의 자리로 삼고자 했던 상호 관계적이며 역동적인 공동체들을 수용했던 것이다.

한국 메도디스트 교회의 「교리와 장정」 210단 제3편 제10조 3항(2019년 기준)은 실제로 한국의 메도디스트들이 웨슬리의 목회 공동체와 근접한 이해를 가지고 속회를 이해해 왔다는 사실을 보여 주고 있다. 제3편 제10조에서 '은혜 받는 집회의 종류'들을 진술하고 있는데, 속회가 바로 그중 하나로 지목되고 있다. 즉 한국 메도디스트인들은 일찍부터 속회를 '은총의 수단' 중 하나로 여겨 왔다는 것이다. 속회를 은총의 수단으로 인식했다는 사실은 이미 한국 메도디스트들이 속회를 하나의 '교인 관리 수단'이 아닌, 그 안에서 교인 상호 간의 교제를 통해 하나님의 은총을 만나고 그 은총 가운데 믿음과 사랑이 자라나는 하나님의 은총의 공간으로 이해했음을 의미한다. 「교리와 장정」 제3편 제10조 3항에 설명된 속회의 정의는 이런 이해를 보다 구체적으로 보여 준다. "속회는 담임목사의 지도하에 교인들의 거주지 및 관심사에 따라 조직되며, 매주 금요일(또는 정한 요일) 속회원이 모여 예배, 성경연구, 친교를 도모하며, 속회원간 신앙의 증진과 사랑의 협력 관계를 이루는 모임이다." 이 같은 속회의 정의는 웨슬리의 목회 공동체들 중 어느 하나와 일치시키기 어려운 상당히 포괄적이며 심오한 성격을 내포하고 있음을 보여 준다. 오히려 속회는 웨슬리의 특정 공동체가 아닌 그의 공동체 전체를 포괄하는 그의 '교회 안의 작은 교회(ecclesiola in ecclesia, little churches within a church)'라는 논리로 이해할 때 속회의 진면목이 드러나는 것이다.

속회 변혁의 방향: 외적 형식이 아닌 내적인 변혁으로

목회 현장에서 속회의 형식화, 무기력화에 대한 탄식 소리를 듣는 일은 이제 새삼스러운 일이 아니다. 많은 이들이 속회는 변혁되어야 한다고 믿고 있다. 속회라는 이름을 버리고 새로운 이름을 사용하자며 속회 변혁을 시도하는 것도 이 중 하나다. 최근 '속회'라는 말은 천덕꾸러기가 된 듯하다. 감리교의 속회연구원이 속회라는 말을 버리고 Class Meeting의 이니셜을 따 CM으로 개칭하는 일을 주도하는 것은 이런 시대 조류를 단적으로 말해 준다.[4]

생동감을 잃어가는 속회에 생기를 불어넣으려는 의도를 이해 못할 바는

---

[4] 예를 들어 박용호 목사는 2007년 12월 11일 「기독교타임즈」에 기고한 글에서 조심스럽게 감리교가 오랫동안 써 왔던 '속회'라는 말을 뒤로 하고 웨슬리가 오래전에 써 왔던 'Class Meeting'의 약자 'CM'이라는 용어를 쓸 것을 제안한다. 박 목사가 이렇게 제안하는 이유는 속회가 내포하고 있는 좋은 의미에도 불구하고, 현재에는 브랜드 가치가 떨어지는 한자 세대의 표현이 되어 버렸으며, 돌봄이나 양육이라는 본래적 의미를 상실한 채 계급과 관리적 의미로 전락했기 때문이라는 것이다. "속회 부흥을 위한 새로운 패러다임(Paradigm)과 방법," 「기독교타임즈」, 2007년 12월 11일자.

아니나 이것 때문에 속회라는 귀중한 이름을 버리고 다른 이름으로 시작해야 한다는 전제에는 동의할 수 없다. 혹 속회라는 용어를 영어 표현으로 바꾸어야 할 필요가 있다고 해도 CM과 동일시하는 것은 옳지 않다고 본다. 한국교회가 오랫동안 사용해 온 '속회'에는 영국교회의 Class Meeting이라는 용어로 담기에는 훨씬 심오하고 폭 넓은 의미를 담고 있기 때문이다. 앞에서 살펴본 바와 같이 속회는 웨슬리 목회 자리 전체로 보아야 타당하다. 물론 급진적으로 진행되는 세계화의 속도를 고려할 때 속회를 지칭하는 영어 표현의 개발 필요성은 공감한다.

하지만 CM으로의 번역은 재고되어야 한다. 속회의 의미를 담기에는 CM이 너무 제한적인 의미를 담고 있다는 점에서도 그렇지만 더 나아가 영어권에서 CM은 이미 진부한 단어로 여겨지고 있기 때문이다. 안타깝게도 많은 서구의 메도디스트들이 CM 자체가 진부한 것이 아님에도 CM을 진부한 것으로 여기고 있는데, 굳이 우리가 속회라는 용어를 버리면서 서구인들이 버린 용어로 대치할 필요가 있을까? 나의 의견으로는 차라리 CM 대신에 Belonging Together를 쓰는 것이 낫다고 본다. 단어가 길다면 Be-To 등으로 줄여 쓰는 것도 무방할 것이다. 이 단어는 앞에서 살펴보았듯이 우리가 표현하려는 속회의 전체 의미를 정확하게 담고 있을 뿐 아니라 현대의 서구인들이 매우 관심을 갖고 주목하는 단어라는 점에서도 그렇다.

그러나 나는 무엇보다도 '속'이라는 단어를 그대로 쓸 것을 제안하고 싶다. 이 단어는 하나의 단어로 한자 문명권 전체를 커버할 뿐 아니라 서구인들에게도 관심을 끄는 흥미로운 단어가 될 것이기 때문이다. 영어 표현으로도 그냥 'SOC'으로 사용해도 무방할 것 같고 예쁜 디자인과 참신한 아이디어를 덧붙인다면 젊은 세대에게도 어필할 수 있을 것이라 확신한다(soc이라는 영어 표현은 영어권에서 '동아리'를 표현하는 애칭으로 널리 사용되고 있다. 예를 들어 '메딕 속'이라 하면 의과생들의 동아리를 의미한다).

속회의 변혁은 속회의 이름을 바꾸는 등의 외적인 틀을 바꾸는 문제가 아니라는 점에 유의할 필요가 있다. 어떻게 혁신이 가능한가? 필자는 속회의 혁신은 속회의 이름이나 형식을 바꾸는 식의 외적 변혁이 아닌 속회의 참된 목적을 새롭게 하고, 그에 합당한 구조로 변경해 나가는 내적 혁신을 통해서 가능하다고 믿는다. 이는 한국감리교회가 오랫동안 친숙하게 사용해 온 '속회'의 참된 의미를 재고하고 이 의미에 합당한 속회 구조로 전환하는 것을 의미한다. 이 책은 이 같은 목적을 염두에 두고 집필되었다. 그래서 웨슬리의 목회가 이루어진 목회 공동체, 곧 '속회'의 참된 의미를 드러내고 그에 합당한 속회 구조가 어떠한지 숙고하는 데 도움을 주기 위한 길잡이 역할을 할 것이다. 물론 이 책은 웨슬리 속회의 이론적 성찰에만 머물지 않는다. 이 이론적 성찰을 바탕으로 오늘날 우리의 목회에 어떻게 적용할 것인가 하는 실천적 주제에까지 확장되어 있다. 말하자면 이 책은 웨슬리 속회를 심도 깊게 들여다보고 그 실천적 적용을 구체적으로 염두에 두고 집필된 웨슬리 속회에 관한 이론-실천적 가이드북인 셈이다. 이 책을 읽는 모든 목회자에게 세상을 변화시킨 웨슬리의 능력의 목회가 재현되기를 기도해 본다.

원주 하늘숲공동체 한자락에서
저자 김동환

추천의 글

　김동환 박사가『목사 웨슬리에게 ~을 묻다』시리즈의 세 번째 책으로 출판한『목사 웨슬리에게 속회를 묻다』는 속회에 대한 명쾌한 학문적인 연구이며 동시에 속회의 실천적 적용을 한국교회에 제안한 것으로서, 우리가 마음속으로 바랐던 감리교회의 보배를 캐내어준 선물이다.
　저자가 영국에서 공부하고 목회한 학자 목사(scholar pastor)로서 역사적이고 목회적이고 영성적인 깊은 관심사를 가지고 웨슬리 연구에 집중하는 것은 진정 바람직하다. 이러한 방식은 지극히 웨슬리적이며 영국적인 전통의 '실천적 신학(practical divinity)'으로서 우리 모두가 적극 따라가야 할 경건과 학문의 길이다.
　이 책에서 우리는 한국교회가 처음부터 사용한 '속회(屬會, Belonging Together)'라는 이름이 웨슬리가 의도했던 바대로 속회의 본질적인 의미를 깊고도 가득히 품고 있음을 알게 되는 감동을 가지고 독서에 끌려든다. 김동환 박사는 속회의 의미와 성격을 평이하게 해설하고 한국적 적용을 친절하게 일러준다.
　이 책을 읽는 사람마다 속회를 밝히 이해하고 또 좋아하게 될 것이며, 목회에 적용할 수 있는 비전과 용기를 얻게 될 것이다. 웨슬리에게서 속회는 '상황적 은혜의 방편'으로서 그의 목회에서 영성훈련을 위한 기본적이고도 핵심적인 기구이다. 웨슬리는 속회를 통해서 메도디즘의 목적인 교회와 사회와 민족의 개혁, 그리고 성서적인 성결을 온 땅에 퍼뜨리는 복음적 성화를 이루어냈는데, 우리도 이 책을 통해서 그와 같은 웨슬리의 목회를 배우게 될 것이다. 기쁜 마음으로 모든 감리교회 신학도와 목회자와 평신도 지도자들에게 이 책을 구매하여 필독할 것을 추천하는 바이다.

김진두 목사(감리교신학대학교 석좌교수)

●

우리는 웨슬리를 생각할 때 위대한 부흥운동가, 영국의 영적 피폐를 변형시킨 교회 갱신운동의 대표인물로 알고 있다. 금번에 김동환 박사가 쓴 『목사 웨슬리에게 속회를 묻다』는 그러한 통념을 넘어서 목회자로서의 웨슬리의 위대성을 우리에게 깨닫게 해주는 명저이다. 이미 『목사 웨슬리에게 ~을 묻다』 시리즈를 통해 영국과 한국에서 감리교 신학자로서 목회의 실천 분야를 위해 큰 공헌을 한 저자의 이번 책은 감리교회 전통에서 가장 중요한 면의 하나인 소그룹 영성훈련의 실제조직 내지는 목회의 현주소인 속회를 심도 있게 밝혀준 쾌거이다.

웨슬리의 위대한 전통과 유산은 그가 교회를 어떻게 보았느냐에 크게 의존하고 있다. 은총의 수단을 통해 어떻게 성도가 되느냐 하는 성화의 길은 그 프락시스를 소그룹에서 실천해야 했기 때문이다. 웨슬리에 의하면, 초대교회 공동체는 그와 같은 소그룹에서 성도의 교제를 나눴으며, 거기에서 성숙된 기도와 말씀의 능력이 성령의 인도와 감화 속에서 참된 교회를 형성하는 핵심본질이 된 것이다. 18세기 영국교회가 형식과 예전만 남은 생명력 없는 껍데기였다면, 웨슬리는 그 내적 변혁의 원동력을 성령에 의한 성화의 훈련이 행해지는 속회란 소모임에서 찾으려 했던 것이다.

오늘 한국 감리교회, 나아가서 개신교회가 어떻게 개혁, 갱신될 수 있느냐에 심각한 관심과 고민을 가진 목회자, 평신도, 신학도들에게 이 명저는 이제까지의 속회에 대한 이해와 연구를 넘어서서 많은 경험을 가진 저자의 유익하고 지혜로운 가이드로 사용될 수 있을 것이다. 귀중한 저술을 통해 우리에게 큰 도움과 바른 갈 길을 제시한 김동환 박사에게 다시 한 번 깊은 감사를 드리며, 이 책을 진심으로 추천하는 바이다.

이후정 목사(감리교신학대학교 총장)

[차례]

머리말　4
추천의 글　13

1편

웨슬리 속회의 이론적 성찰

1장. 웨슬리 목회 이해　20

1. 목회하지 않는 목회　20
2. 웨슬리 목회의 구조　23
3. 웨슬리 목회의 중심 주제: 하나님의 은총　32

2장. 웨슬리 목회에서 속회 이해　52

1. 교회로서의 속회　52
2. 속회, 은총의 수단으로서의 교회　60
3. 속회의 구조-단일성과 다양성　66

3장. 웨슬리 목회에서 속회 활용　69

1. 웨슬리 속회의 역사적 전개　70
2. 웨슬리 목회에서 속회 구조와 활용　97

2편

속회의 실천적 성찰
- 웨슬리 속회의 현대적 응용

4장. 웨슬리 속회와 현대 목회   168

   1. 웨슬리 속회의 특징   170
   2. 웨슬리 속회의 현대 목회적 의의   179

5장. 웨슬리 속회의 현대 목회 적용   198

   1. 사전 준비   199
   2. 웨슬리 속회의 현대적 구성   213
   3. 웨슬리 속회의 목회 현장 적용을 위한 실천   248

참고문헌   263

01

웨슬리 속회의
이론적 성찰

1편은 웨슬리에게 속회가 무엇을 의미하는가를 묻기 위해 웨슬리 속회에 관한 이론적 성찰을 주된 내용으로 삼고 있다. 나는 무엇보다도 그에게 목회가 무엇을 의미했는지를 묻고자 한다. 속회는 그의 목회를 위한 장(場) 그 자체이기에, 그의 목회에 대한 이해 없이는 속회에 대한 이해도 불가능하다. 이 과정에서 웨슬리에게 속회는 '하나님의 은총의 수단으로서의 교회'라는 사실이 자연스럽게 드러날 것이다. 이런 관점을 유지하면서 웨슬리가 속회를 구체적으로 어떻게 자신의 목회에 적용했는지 살펴볼 것이다.

1장
웨슬리 목회 이해

1. 목회하지 않는 목회

    웨슬리는 평생 동안 목회자로서 '목회'를 하며 살았다. 그렇다면 그는 어떤 목회를 했을까? 이 문제를 설명하기 위해서 목회가 의미하는 바가 무엇인지 먼저 물어야 할 것 같다. 목회가 의미하는 바에 따라 웨슬리가 어떤 성격의 목회를 했는지 보다 선명하게 드러날 것이기 때문이다. 일반적으로 '목회(牧會)'는 그 문자적인 의미에 내포되어 있는 것처럼 '양'을 돌보는 '목자의 일'로 이해된다. 이 때문에 영어권에서의 목회는 '목양(牧羊)'을 의미하는 'pastoral care'라 부른다. 즉 목회라는 의미는 '목자(pastor)'와 '양(lamb)'

의 상호관계를 기초로 하며, 목회자가 양을 대상으로 돌보는 일체의 행위, 목회자가 교인들을 향해 행하는 의도적이고 조직적인 행위가 되고 만다. 웨슬리 당시 영국 사회의 주류 교회라 할 수 있는 영국성공회의 목회도(어쩌면 지금도) 이런 목회관과 별반 다르지 않았다. 영국성공회는 마을 중심 지역에 교회를 세우고 성직자를 파송, 사람들을 대상으로 '목회 사역'을 하는 형태, 즉 목회자가 목회의 대상인 평신도들을 대상으로 목회 사역을 하는 목회자-목회-평신도(목회 대상)의 구조를 갖는 목양(pastoral care)을 목회로 이해했던 것이다.

웨슬리는 당시 영국교회에 일반화되었던 이 같은 목회관을 추종하지 않았다. 웨슬리는 어떤 특정한 목회적 기법을 의도적으로 동원해서 자신이 의도하는 바대로 교인들을 이끌고자 해본 적이 없기 때문이다. 웨슬리가 온 마음과 뜻과 정성을 다해 추구했던 것은 오직 하나였다. 그것은 바로 자기 스스로 소원이라고 고백했던 '하늘 가는 길(the way to heaven)'이었다. 웨슬리 자신의 말을 직접 들어보자.

> "나는 내 가슴속 깊은 곳에 있는 생각이 무엇인지 진실되고 합리적인 이들에게 드러내는 것을 꺼리지 않는다. …… 나는 단 하나, 하늘 가는 길을 알고 싶다. 어떻게 해야 그 행복한 해안에 무사히 도착하는가를 알고 싶다. 하나님은 그 길을 알려 주기 위해 자신을 스스로 낮추셨으며 끝내는 하늘로부터 오셨다."[1]

다시 말해 웨슬리의 유일한 관심은 자신 스스로 하늘 가는 길을 찾고 그 삶을 사는 것이었다. 물론 그는 교인들을 위해(정확히 말하면 모든 사람을 향해) 무엇인가를 했다. 그러나 그것은 자신이 추구했던 하늘 가는 길을 나누

---

1) Wesley, *Preface to Sermons on Several Occasions*(1746), 5.

고자 했을 뿐이었다. 그런 의미에서 웨슬리의 목회는(이것을 목회라 이름 붙일 수 있다면) 일반적 의미의 목회와는 전혀 다른 성격을 띤다. 웨슬리 목회는 목회를 하는 '목회자'와 그 목회의 '대상'이 존재하는 이원적 구조를 허용하지 않는다. 목회자나 교인들 모두가 하늘 가는 길을 함께 가는 동반자기 때문이다. 목회자 역시 다른 교인들과 마찬가지로 하늘에 이르기를 갈망하는 '한 사람의 순례자'기에, 교인들을 대상으로 삼는 의도적이고 조직적인 행위가 목회가 될 수 없고 하늘을 향한 삶의 여정 자체가 목회였던 것이다. 실제로 웨슬리는 '이미 이룬 자' 혹은 '진리를 이미 획득하여 더 이상 보탤 것이 없는 완전한 자'의 입장에 서서 교인들을 대한 적이 결코 없다. 그는 언제나 스스로를 부족한 죄인의 자리에 두었고,[2] 부단히 하늘 가는 길을 소망하며 스스로 그 길을 걸어간 진리를 향한 순례자로 인식했을 뿐이다.

그렇다면 웨슬리 목회에서 교인들은 어떤 의미를 가지는가? 웨슬리의 목회적 관점에서 본다면 교인들은 더 이상 목회의 대상이 아니다. 그들은 하늘 가는 과정에서 만나는 이웃이다. 즉 그들은 '하늘 가는 길의 동반자'라 할 수 있으며 한 몸의 '다른 지체'다. 목회자와 교인들 사이에 질적인 차이나 벽은 존재하지 않는다. 그들 모두는 '하늘'이라는 같은 목적을 향해 나아가고 있기 때문이다. 하늘 가는 과정은 때때로 좁고 어려운 길이라 서로의 지지와 격려가 필요한데, 이것이 바로 웨슬리에게 속회라는 목회 공동체가 필요한 이유였다. 공동체의 모든 구성원들은 서로가 서로에게 영향을 미친다. 마치 한 몸의 지체들처럼 그들은 직간접적으로 서로에게 깊은 영향을 주고받는 것이다. 하늘 가는 길의 동반자들은 공동체를 통해 서로의 고충

---

[2] 웨슬리는 바울처럼 평생 자신을 '죄인의 괴수'로 간주했다. 그는 임종의 순간조차 이렇게 고백했다. "나는 죄인 중의 괴수다. 예수께서 나를 위해 죽으셨구나!(I the chief of sinners am, but Jesus died for me.)" Henry Moore, *The Life of the Rev. John Wesley, A.M.: Fellow of Lincoln College*, Vol.2(New York, 1826), p.389.

과 서로의 기쁨을 나눔으로써 성장하고 강건해진다. 웨슬리에게 목회란 바로 공동체 안에서 하늘 가는 길을 중단 없이 나아가도록 격려하고 지지하는 일이었다.

이 같은 웨슬리 목회를 전통적인 의미의 목회 틀 안에서 파악하기는 어렵다. 즉 목회자의 의도적이고 조직적인 목양적 행위를 목회라고 한다면 웨슬리는 이런 목회를 한 적이 없기 때문이다. 그는 다만 교인들과 더불어 하늘을 향해 나아가는 순례의 길을 걸었을 뿐이지 목회를 행한 적은 없다. 이런 의미에서 웨슬리의 목회를 굳이 정의하려면 '목회하지 않는 목회'라고 하는 것이 옳다고 생각한다.

2. 웨슬리 목회의 구조

웨슬리 목회를 굳이 정의하자면 '사람들로 하여금 하늘 가는 길을 걷도록 돕기 위한 사역'이라 할 수 있다. 웨슬리는 그 자신과 더불어 하늘 가는 사람들을 '메도디스트'라 부르면서[3] 평생 이러한 사역에 매진했다. 웨슬리의 사역이 절정에 달할 무렵이었던 1786년 8월 초순에 '메도디스트에 대한 숙고(Thoughts upon Methodism)'라는 작은 논문을 작성하면서 다음과 같은 내용을 포함시켰다.

"나는 Methodist라 불리는 이들이 유럽이나 아메리카에서 다 사라진다 해도 두려워하지 않을 것이다. 내가 정말 두려워하는 것은 그들이 경건의 능력

---

[3] 지금 많은 이들이 '메도디스트'를 '감리교인'이라 번역하고 있지만 이는 명백한 오역이다. 감리교라는 말은 한자로 '監理敎'인데 이는 '감독이 처리한다'는 의미로, '감독이 처리하는 교단'의 의미를 가진다. 웨슬리의 '메도디스트'는 감독이 없었을 뿐만 아니라 교단이 아니었다. 메도디스트는 웨슬리와 더불어 하늘을 소망하며 그 길을 함께 걸었던 모든 이들을 지칭했다고 보는 것이 타당하다.

은 상실한 채 경건의 모습만 남은 하나의 죽은 공동체(a dead sect)로 전락하는 것이다. 만일 그들이 처음부터 경험했던 성경적 구원의 길(doctrine), 그것을 실제화시키는 영의 능력(spirit) 그리고 이를 지속적으로 실천하는 연습(discipline), 이 전체를 꽉 붙들지 않는다면 의심의 여지 없이 그렇게 되고 말 것이다."4)

웨슬리가 이 글을 쓴 이유는 지금은 자신의 사역이 힘있게 전개되고 있다 할지라도 메도디스트가 자기만족에 빠져 자신이 지향했던 목회적 비전이 해이해질 때 다가올 위험을 경고하기 위한 것이었다. 여기에서 우리는 웨슬리가 자신의 목회 가운데 가장 중시했던 세 가지 요소들을 만나게 된다. 첫째는 '성경적 구원의 길'이요, 둘째는 '영'이요, 셋째는 '연습'이다. 웨슬리는 이 세 가지를 꽉 붙드는 목회를 하는가 그렇지 않은가에 따라 자신의 목회의 승패, 메도디스트의 존속 여부가 결정될 것이라는 강한 신념을 갖고 있었다. 나는 이 세 가지가 웨슬리 목회의 근본 구조라 판단하며 이 세 가지가 꽉 매어져야 한다는 의미에서 '삼겹줄'이라 부른다. 웨슬리 목회의 삼겹줄이 의미하는 바는 무엇인가?

1) 성경적 구원의 길(Doctrine)

성경적 구원의 길이란 무엇인가? 성경적 구원의 길은 다름 아닌 '하늘 가는 길'이다. 웨슬리는 젊은 시절부터 하늘 가는 길이 성경에 있음을 확신했으며, 이 길을 찾기 위해 스스로 '한 책의 사람(*homo unius libri*)', 곧 '성경의 사람'이 되기를 결심했다.

---

4) Wesley, *Thoughts upon Methodism*, 1.

"성경 외에는 어떤 책도 관심을 두지 않는 '한 책의 사람(*homo unius libri*)'이 되길 결심했다."5)

20대 후반(1730년경)에 가졌던 이 결심은 시간이 흘러도 변함이 없었고 오히려 더욱 공고해져 갔다. 그가 마흔 중반에 이를 즈음에는 마침내 성경을 통해 하늘 가는 길에 관한 명료한 이해에 도달하게 되었다. 1746년경 웨슬리는 성경에 나타난 구원의 길, 곧 하늘 가는 길을 평범한 사람들도 이해할 수 있는 '설교' 형태로 정리하는 단계에 이르는데, 이것이 바로 자신이 스스로 편집한 '표준설교(standard sermons)'다. 그는 이 설교집의 '서문(Preface to Sermons on Several Occasions)'에서 다음과 같이 말한다.

"나는 단 하나, 하늘 가는 길을 알고 싶다. 어떻게 해야 그 행복한 해안에 무사히 도착하는가를 알고 싶다. 하나님은 그 길을 알려 주기 위해 자신을 스스로 낮추었으며 끝내는 하늘로부터 오셨다. 그분은 이 사실을 한 책에 기록했다. 오! 그 책을 나에게 다오. 어떤 대가를 치러서라도 하나님의 책을 다오. 나는 그것을 가지고 있다. 여기에 나를 위한 충분한 지식이 담겨 있다. 나로 하여금 한 책의 사람(*homo unius libri*)이 되게 하라."6)

그렇다면 웨슬리가 성경을 통해 찾아낸 하늘 가는 길은 과연 무엇을 의미하는가? 웨슬리가 밝힌 하늘 가는 길은 회개 - 칭의 - 거듭남 - 성화 - 완전으로 이어지는 일련의 '구원의 과정(*ordo salutis*)'과 다르지 않다. 다시 말해 웨슬리가 말하는 성경적 구원의 길(doctrine), 곧 하늘 가는 길은 '구원의 순서' 그 자체인 것이다. 그런데 이와 같은 구원의 순서는 웨슬리 시대 이전

---

5) *Letters,* May 14, 1765.
6) Wesley, *Preface to Sermons on Several Occasions*, 5.

에 거의 모든 기독교 공동체들이 비슷한 구원의 순서를 지지해 왔다는 점에서 새로운 것이라 말할 수 없다. 오히려 웨슬리의 하늘 가는 길은 전통적인 신앙에 기반하고 있다. 그렇다고 웨슬리의 하늘 가는 길이 기존의 구원의 여정과 전적으로 동일한, 특징 없는 것은 아니었다. 두 가지 점에서 뚜렷한 차이가 발견된다.

첫째는 그의 구원의 여정은 포괄적이라는 점이다. 웨슬리 이전에 확립된 구원의 여정이 칭의와 성화를 중심으로 하는 기본구조를 가진 것은 사실이나 신앙 전통에 따라 그 강조하는 바가 달랐다. 예를 들어 로마 가톨릭은 구원의 여정을 말하면서도 성화를 강조하는 입장을 취했다면 루터는 구원의 여정 중 칭의에 집중하였다. 그러나 웨슬리는 칭의나 성화 어느 하나에 함몰되지 않고 양자를 포괄하고 있다는 점에서 이들과는 다른 입장을 취했다. 웨슬리는 먼저 양자를 명백히 구분함으로써 가톨릭이나 루터의 길을 피했다. 그에 따르면 칭의는 '실제로' 의롭게 되었다는 의미로 혼동될 때가 많은데(가톨릭의 경우처럼) 실제로 의롭게 되는 사건은 칭의가 아닌 '성화'다. 즉 칭의는 하나님께서 우리를 위해(for us) 독생자를 통해 행하신 일이라고 한다면, 성화는 성령께서 우리 안에서(in us) 실제로 해 주시는 일이라 할 수 있다. 칭의 안에 성화를 포함하는 사람도 있지만(루터의 경우처럼) 칭의는 성화와 엄밀히 구별되어야 한다.[7]

그런데 웨슬리에 의하면 이 둘은 구분될지언정 분리되지는 않는다. 즉 양자는 내적 연관성을 띠게 되는데 그 연결고리가 바로 '거듭남'이다. 칭의의 믿음을 소유한 이들에게는 뚜렷한 변화가 나타나게 되는데, 외적으로는 '하나님께로 나게 되는 것'이고 내적으로는 하나님의 전능하신 능력에 의해 '세상적이며 감각적이며 마귀적인 마음'에서부터 '그리스도의 마음'으로 바

---

7) *Sermons*, Justification by Faith, II.1.

뀌게 된다. 전자가 칭의라고 한다면 후자는 거듭남이다.[8] 칭의는 말 그대로 하나님으로부터 의롭다 함을 입는 것, 곧 모든 죄, 과거나 현재의 죄로부터 용서받는 것을 의미한다. 이는 곧 죄책과 그 두려움(죄의 종으로서)으로부터의 구원이다.[9] 이렇게 믿음을 통해 의롭다 함을 입은 이는 내면적으로 거듭난다. 즉 웨슬리에게 칭의와 거듭남은 동전의 양면과 같은 것이다. 이 둘 사이에는 순서가 없지만 논리적으로는 칭의가 먼저 이루어지고 거듭남이 뒤따른다. 이 양자의 관계를 웨슬리는 설교 '성경적 구원의 길'에서 이렇게 정리한다.

"우리가 칭의를 입는 순간에 성화는 시작된다. 그 순간 우리는 거듭난다. 위로부터 성령으로 나는 것이다. 여기에는 실질적인 변화와 상대적인 변화가 있다. 우리는 하나님의 능력에 의하여 내적으로 새로워지는 것이다."[10]

다시 말해 웨슬리에게 하늘 가는 길은 칭의와 성화 어느 한 부분에 국한된 것이 아니라 전체 영역을 포함하는 포괄적 성격을 띠는 것이다.[11] 웨슬

---

[8] *Sermons*, On the Discoveries of Faith, 14.
[9] *Sermons*, Salvation of Faith, II.1~6.
[10] *Sermons*, The Scripture Way of Salvation, I.4.
[11] 웨슬리의 이런 입장은 칼빈의 칭의와 성화의 관계에 관한 입장과 크게 다르지 않다. 칼빈은 루터와 마찬가지로 칭의를 그리스도의 의가 우리가 아직 죄인 되었을 때 외부로부터 순식간에 부어진 사건으로 이해한다. 그러나 그는 루터와는 달리 성화를 '칭의의 부가적 사건'으로 이해하지 않고 칭의와는 다르지만 동등한 사건으로 이해한다. 이 같은 일이 가능한 것은 '믿음으로 그리스도와 연합하는 사건'에서 찾는다. 즉 믿음으로 우리가 그리스도와 연합하게 되면 칭의와 성화라는 두 가지 은총(이중은총)이 동시에 임하게 된다. 이는 칭의와 성화는 우리가 믿음으로 그리스도와 연합함으로써 주어지는 하나님의 두 가지 다른 은총이라는 것이다. 이러한 칼빈의 입장은 칭의와 성화 사이의 차이를 분명히 하는 동시에 그 내적 통일성을 담보한다는 점에서 양자의 관계에 매우 탁월한 이해 방식을 제공하고 있다. John Calvin, *Institutes of the Christian Religion*, ed. by John T. McNeil(Philadelphia: The Westminster Press, 1960), III.xi.1, p.725. 김세윤 박사는 칼빈의 칭의와 성화 사이의 관계 설정을 매우 적절하게 요약한다. "칭의 다음이 성화가 아니라, 둘은 같은 실재를 말하는 다른 그림언어들(metaphors)이다." 즉 칼빈은 성화를 칭의로부터 구분하면서도 칭의의 현재적 삶을 지칭하는 또 하나의 동의어적 어휘로 이해했다는 것이다. http://www.christiantoday.co.kr/view.htm?id=268951.

리는 1776년경에 기록한 것으로 추정되는 '복음을 전하는 목회자들에 관한 단상(斷想)(Thoughts Concerning Gospel Ministers)'에서 참된 목회가 무엇인가에 대한 입장을 밝히는데, 그에 따르면 참된 목회는 성경적 구원의 길 전체를 의미하는 것으로 칭의 성화 완전 등의 내적 연관성과 역동성을 전체적인 관점에서 이해하고 이를 실천하는 것이다. 즉 참된 목회란 회개로 초청하는 것만도, 죄 용서의 복음을 부드러운 목소리로 전하는 것만도, 이신칭의의 가르침만 전하는 것도 아니라 이들 모두와 더불어 성화와 믿음의 모든 열매를 맺도록 돕는 전체적인 행위를 의미하는 것이다.[12]

둘째는 웨슬리의 구원의 여정이 매우 실제적이고 실천적이라는 점이다. 웨슬리는 구원의 여정을 신학적 변증을 목적으로 하는 이론적 논의가 아닌 목회 현장에서 필연적으로 만날 수밖에 없는 구원의 실제적인 내용으로 삼았다는 것이다. 웨슬리의 성경적 구원의 길 doctrine은 이론적 신학적 논의의 과제가 아닌 목회의 초점이요 중심 그 자체였기에 이 초점을 상실한 목회는 열매가 있을 수도, 지속될 수도 없다. 그것은 결국 경건의 모습은 갖출 수 있어도 그 능력을 갖출 수는 없는 죽은 목회로 전락할 뿐이기 때문이다. 웨슬리 목회는 어떤 난관이 있어도 이 초점을 잃지 않았다. 즉 웨슬리는 칭의 - 거듭남 - 성화로 이어지는 일련의 구원의 과정을 각각 따로 떼어내어 분석 진술하기보다는 이 과정이 구체적으로 어떻게 영혼 안에 일어나는가 하는 매우 실제적인 문제에 관심을 집중시켰던 것이다.

2) 영(spirit)

웨슬리의 doctrine은 성경에 계시된 하나님의 구원의 길이다. 그렇기에 이것은 곧 하늘 가는 길이 된다. 그렇다면 이 하늘 가는 길이 어떻게 우리

---

12) Wesley, *Thoughts Concerning Gospel Ministers*, 3.

에게 경험되는가? 웨슬리에 따르면 이것은 '영'의 일이다. 여기서 영의 일이란 하나님의 영(성령)이 우리 영과 더불어 증거하실 때 하나님이 예비하신 구원의 역사가 우리에게 '현실'이 되는 사건을 의미한다. 말하자면 하나님의 영이 우리 영과 더불어 일으키시는 구원의 사건을 통해 하나님께서 예비하신 하늘 가는 길이 우리에게 체험되는 것이다.

하나님의 놀라운 비밀은 오직 성령의 증거를 통해 드러날 뿐이다. 그렇다면 우리는 어떻게 성령의 증거를 소유하는지 알 수 있는가? 이것은 특정한 신비적 현상으로 알 수 있는 것이 아니다. 오직 그것은 하나님의 보이지 않는 세계를 인지하게 하는 특수한 능력, '믿음'을 통해서 우리 영이 확신할 뿐이다. 이 경험을 가진 이가 그렇지 못한 이에게 설명할 수는 없다. 신령한 것은 신령한 감각으로만 분별할 수 있기 때문이다. 이 신령한 감각이 곧 '믿음'인 것이다. 우리의 영은 그분의 영이 증거하시기 전에는 우리가 하나님의 자녀인 것을 확신할 수 없다. 하나님의 그 크신 사랑은 성령의 증거로 인해 우리 영에게 드러나며 우리 영은 믿음 가운데 확신에 이를 수 있게 된다. 하나님께서 우리를 먼저 사랑하심으로 우리가 그분을 사랑할 수 있다는 요한 사도의 가르침(요일 4:19)은 바로 이 사실을 말하는 것이다. 하나님의 영이 우리 영을 향해 하나님께서 우리를 사랑하여 독생자를 우리의 죄를 위한 화목제물로 주셨다는 사실, 그리고 그의 보혈로 우리의 죄를 사하셨다고 증거하실 때에야 비로소 하나님의 사랑을 알게 되고 그때야 비로소 우리는 기쁨으로 '당신은 나의 주님이며 나의 하나님'이라고 외치게 된다. 즉 성령이 우리의 영에게 우리를 하나님의 자녀라 증거하실 때 우리가 믿음으로 아바 아버지라 부르짖게 되는 것이고, 하나님의 영이 그분의 사랑을 우리 영 안에 믿음을 통해 증거할 때 우리는 하나님과 이웃을 사랑할 수 있게 되며 성령의 모든 열매가 넘치게 되는 것이다.

3) 연습(discipline)

웨슬리 목회에서 doctrine은 핵심적인 내용이다. 그런데 이 사건이 실체화되려면 성령이 우리 영과 더불어 증거하는 영의 일이 전제되어야 한다. 성령의 증거와 우리의 믿음으로 인해 doctrine에 생명을 부여하고 열매를 맺게 하는 동인(動因)이라 할 수 있다. 그러나 이렇게 실체화된 doctrine도 부단한 연습으로 체질화되고 습관화되어 뿌리내리지 않으면 겉돌거나 사라지고 만다. 이것이 바로 웨슬리가 doctrine과 spirit에 이어 discipline(연습)을 꼭 붙잡아야 한다고 했던 이유다.

이렇듯 웨슬리의 discipline은 doctrine의 체질화 습관화를 위한 연습이라는 목표를 지향한다는 점에서 구원을 실천하고 연습하는 '구원론적인 discipline'의 성격을 띤다.13) 웨슬리의 discipline은 교회에 적합한 '훌륭한 교인' 혹은 '능력 있는 일꾼'을 만들기 위한 수단이 아니다. 그것은 하늘 가는 길의 부단한 실천으로서 구체적으로는 '하나님의 형상을 온전히 회복하는 것', 곧 '완전'이라는 목표에 도달하기 위한 끊임없는 연습 과정이라 할 수 있다.

그런데 웨슬리의 discipline은 사막과 같은 고독한 곳에서 홀로 행할 수 있는 것이 아니다. 하늘 가는 길을 걷는 일은 사막이나 산골짜기에 숨어들어 홀로 추구하는 '고립된 길'이 아니라 다른 이들과 더불어 걷는 '공동의 길'이어야 하기 때문이다. 웨슬리는 설교 '산상설교 IV'에서 이렇게 말한다.

"기독교는 본질적으로 사회적(social) 종교다. 만일 기독교가 고독한 종교로 방향을 전환한다면 기독교가 망가지는 순간이 될 것이다."14)

---

13) Thomas Edward Frank, "Discipline," *The Oxford Handbook of Methodist Studies*, ed., by William Abraham and James E. Kirby(New York: Oxford University Press, 2009), p.246.
14) *Sermons*, Upon Our Lord's Sermon on the Mount: Discourse IV, I.1.

여기서 웨슬리가 말하는 '사회적'이란 말은 '공동적(communal)'이란 의미로 이해되어야 한다. 다시 말해 웨슬리의 하늘 가는 길의 연습은 나와 너의 공동적 관계 안에서 실천되어야 하는 공동적(communal) discipline이요, 사회적(social) discipline인 것이다.

4) 웨슬리 목회의 삼겹줄

웨슬리 목회는 doctrine, spirit, discipline이라는 세 가지 구성 요소들로 이루어져 있다. 웨슬리는 하늘 가는 길이 위의 세 가지 요소들을 단단히 결합시키는 일, 곧 "전체를 꽉 매는 것(holding fast to)"으로 완성된다고 확신했다. 이는 전도서 4장 12절에 출현하는 '삼겹줄(cord of three strands)'을 연상케 한다. 세 개의 줄은 서로 단단하게 결합될 때에야 어떤 것으로도 끊기 어려운 든든한 줄이 된다. 웨슬리 목회는 바로 세 가지의 구성요소들, 'doctrine - spirit - discipline'을 삼겹줄로 꽉 붙들어 매는 일이 된다. 이 일은 구체적으로 다음과 같이 설명될 수 있다. 웨슬리 목회의 궁극적 목표는 성경이 내포하고 있는 구원의 진리를 추구하는 것이다. 그런데 이 진리가 우리 안에서 실제가 되는 것은 영의 역사다. 성령이 우리 영과 더불어 드러내는 자기 증거의 사역을 통해서 이루어진다. 그러나 이로써 완성은 아니다. 우리는 이 같은 영의 일이 우리의 삶 안에서 습관화되고 체질화되도록 끊임없이 연습하고 실천해야 한다. 이 끊임없는 연습, 곧 discipline을 통해 우리는 하늘 가는 삶을 체질화시키며 완성으로 나아간다. 다시 말해 웨슬리 목회는 doctrine - spirit - discipline의 순환이다. 이 순환이 조화롭게 이루어질 때 doctrine - spirit - discipline은 상호 간에 더욱 꽉 매어지게 되고 더욱 단단한 삼겹줄이 된다.

그러므로 웨슬리 목회에서 doctrine - spirit - discipline의 조화로운 순

환을 확보하는 것이 목회의 성패를 결정하는 중대한 관건이 된다. 이 일이 어떻게 가능한가? 웨슬리의 답은 하나일 것이다. 바로 '하나님의 은총'이다. doctrine, spirit, discipline이 삼겹줄로 단단히 매이며 역동적인 순환 작용을 가능하게 하는 근원적인 힘은 하나님의 은총이다. 이런 의미에서 하나님의 은총이라는 주제는 웨슬리 목회를 이해하는 근본적인 물음이 되는 것이다.

3. 웨슬리 목회의 중심 주제: 하나님의 은총

웨슬리에게 있어서 doctrine - spirit - discipline의 조화로운 순환을 가능케 하는 근본적인 원천은 '하나님의 은총'이다. 즉 웨슬리의 목회적 비전, 하늘에 이르는 길을 가능하게끔 하는 것은 '하나님의 은총'인 것이다. 1738년 6월 11일 옥스퍼드 대학에서 에베소서 2장 8절을 기초로 행한 설교 '구원은 믿음으로(Salvation by Faith)'에서 웨슬리는 이렇게 단언한다.

"하나님의 은총은 구원의 원천이다(Grace is the source)."15)

이 사실은 하늘 가는 길의 내용이자 방법이 되는 doctrine - spirit - discipline 하나하나가 하나님의 은총이라는 사실에서 분명해진다.

1) Doctrine - 하나님의 은총으로 예비된 구원의 계획

Doctrine은 하늘 가는 길 그 자체다. 이 하늘 가는 길은 우리가 창안해서

---

15) *Sermons*, Salvation by Faith, 3.

마련한 길이 아니다. 이 길은 하나님께서 친히 예비하신 은총의 사건이다. 웨슬리에 의하면 인간은 원래 하나님의 형상에 따라 지음 받았기에 자유의지를 소유했고 따라서 타락에 맞설 수도 있고 또한 타락할 수도 있었다. 그러나 인간은 그 경고를 무시하고 하나님께 불순종했다.16) 그 결과는 '죽음'이었다. 웨슬리는 두 가지 형태의 죽음을 말한다. 첫째는 육체적 죽음이요 두 번째는 영적 죽음이다. 그에 따르면 하나님이 애초에 경고를 통해 말씀하신 죽음은 육체적 죽음이 아닌 바로 하나님으로부터 영의 분리, 곧 영적 죽음을 일컫는다.17) 이 영적 죽음은 하나님 형상의 상실을 의미한다.

웨슬리에 의하면 하나님의 도덕적 형상은 완전히, 그리고 그 자연적 형상은 부분적으로 파괴되었다. 도덕적 형상의 완전한 상실은 하나님에 대하여 죽은 자가 됨을 의미한다.18) 자연적 형상의 왜곡은 하나님을 하나님으로 알아보지 못하며(불신앙), 하나님의 뜻으로부터 독립하여 자기의지(self-will)를 추구하며(교만), 하나님이 기뻐하시는 것을 좇는 것이 아니라 내가 기뻐하는 것을 좇는 것으로 나타난다. 즉 인간은 하나님의 형상인 의와 거룩함에 이르는 길을 완전히 상실하고 마귀의 형상인 교만과 자기고집에 빠지고 멸망할 짐승의 형상인 육욕에 빠져들게 된 것이다. 웨슬리는 이러한 영혼의 죽음에 이른 상태를 설교 '원죄(Original sin)'에서 질병과 관련시키면서 보다 치밀하게 진술해 나간다.19)

웨슬리에 따르면 우리는 현재 치명적인 병에 걸린 상태, 곧 하나님의 형상을 상실했지만 불행히도 이런 사실을 알지 못한다. 눈먼 상태로 태어난

---

16) *Sermons*, New Birth, I.2.
17) *Ibid.*, I.3.
18) 웨슬리는 이런 관점을 설교 '인간의 타락에 관하여(On the Fall of Man)'에서 하나님의 형상의 파괴와 관련해서 설명한다. 웨슬리는 여기에서 하나님의 형상을 '자연적 형상'과 '도덕적 형상'으로 구분하면서 인간의 타락에도 불구하고 자연적 형상 가운데 일부, 예를 들어 하나님의 은총에 응답할 수 있는 자유의지의 기능은 남아 있어서 하나님의 은총에 응답하며 관계 짓는 역할을 수행하게 된다고 말한다. *Sermons*, On the Fall of Man, II.6.
19) *Sermons*, Original Sin, II.1~11.

이는 자신의 눈멂을 알 수 없는 것과 같은 이치다. 영적 안목이 없어서 자신의 영적 결함을 알 수 없다. 자연인의 상태는 하나님을 사랑하지도 두려워하지도 않는다. 오히려 미신에 빠져 있거나 하나님을 우리 영역 밖으로 밀쳐놓는다. 자연인은 하나님을 떠나 있다는 점에서 무신론자다. 그러나 실제는 무신론자가 아니라 우상숭배자다. 조각된 신이나 세운 우상에 절하지는 않지만 마음에 우상을 세우고(겔 14:3~4, 7) 그것을 숭배한다. 하나님께 영광을 돌리지 않고 자신에게 돌림으로써 자신을 섬긴다. 그 안에 죄의 뿌리라 할 수 있는 교만(자기의지)이 자리하고 있기 때문이다. 교만은 하나님 홀로 받으시기에 합당한 영광을 인간이 가로챈다는 의미에서 우상 숭배다. 교만은 사탄이 인간의 마음속에 새겨 놓은 자기 의지다. 다른 말로는 '마귀의 형상'이다. 사탄은 이런 자신의 형상을 모든 인간에게 심어 놓았고 인간은 이 사탄의 형상대로 따라가며 살며 이 뒤틀린 삶의 모습이 마치 자기 자신의 모습인 양 착각한다. 이렇게 착각한 자기의 모습을 고집하는 것을 우리는 아집이라 하는데 아집은 탐욕의 집결이다. 탐욕으로 사물을 바라봄으로써 심각한 병적 증상들이 뒤따른다.

먼저 육신의 정욕의 노예가 된다. 사탄이 심어 놓은 자기 의지를 향한 추구는 세상을 향한 사랑으로 나타난다. 그들은 피조물 안에서 행복을 추구하고 만족감을 추구하며 육신의 욕망을 추구하며 살아간다. 교육 및 종교적 가르침은 때때로 육체적 쾌락의 무용성을 지적하며 그에 무관심한 태도를 보이기도 한다. 그러나 그것은 가식에 불과하다. 인간은 짐승과 다름없는 존재며 육체적 욕구에 굴복당할 수밖에 없다. 때로는 짐승보다도 더 피조물을 향한 사랑의 노예가 된다.

둘째, 안목의 정욕의 노예가 된다. 육신의 정욕이 피조물에 애착을 보이는 직접적이고 물리적 의미의 정욕이라면 안목의 정욕은 '의식'이나 '생각'에 의한 욕구다. 이것은 상상에 의한 쾌락의 욕구라 할 수 있으며 위대하거나 아름답거나 신기한 대상을 찾아나서는 욕구다. 이 쾌락은 지속되는 쾌락이 아니라 한 번 충족되면 사라지는 일회성에 그치는 쾌락이라 할 수 있다. 그러므로 이런 종류의 쾌락은 한 번 충족되면 또 다른 것을 찾아 나서게 됨으로써 쾌락에의 갈증이 지속되는 특성이 있다.

셋째, 이생의 자랑의 노예가 된다. 이는 일종의 영적 욕구로서, 높아짐으로써 칭찬받고 싶어하는 욕망, 곧 명예욕과 관련이 있다. 많은 이들, 특히 교양이 있는 이들이 이 욕구를 당연한 것으로 여긴다. 그리스도인들조차 사람들로부터 영광을 구하며, 높아지려는 욕구에 매여 사는 이들이 많다. 이들을 향해 예수님은 이렇게 지적하신다.

"너희가 서로 영광을 취하고 유일하신 하나님께로부터 오는 영광은 구하지 아니하니 어찌 나를 믿을 수 있느냐(요 5:44)."

그러나 하나님은 이런 인간의 정황을 그대로 두지 않으셨다. 하나님은 '사랑'이시기 때문이다. 사랑 그 자체이시기에 치명적 질병에 걸린 인간조차도 사랑하신다. 그분의 사랑이 우리에게 임할 때 우리는 '은총'이라 말한다. 우리는 그분의 사랑을 받을 자격을 전혀 갖추지 못했기에 그분의 사랑은 우리에겐 은총이 되는 것이다. 하나님의 사랑, 곧 은총의 결정판은 자신의 독생자 예수까지 아끼지 아니하시고 내어주셨다. 우리는 이 하나님의 은총으로 말미암아 절망적 질병에서 나음을 입을 길을 얻게 되었다. 독생자 예수께서 찔리심으로, 상하심으로, 채찍에 맞으심으로, 우리의 치명적 질병을 치료하고 하나님의 형상을 회복할 수 있는 완벽한 치료제가 준비된 것이다.

하나님의 은총으로 인해 우리에겐 하늘 가는 길이 활짝 열렸다. 이 말은 그리스도를 통한 하나님의 은총이 우리 죄를 용서하시고 의롭다 여기신 칭의의 사건만을 의미하는 것이 아니다. 이 은총은 우리 죄를 용서하신 그 사건을 넘어 우리를 실제로 의롭게 하시는 사건, 곧 우리가 상실했던 하나님의 형상을 온전히 회복하는 성화의 사건을 포괄하는 은총임을 의미한다. doctrine, 곧 하늘 가는 길은 다름 아닌 하나님께서 우리의 온전한 구원을 위해 그리스도를 내어 놓으심으로 예비하신 필요하고도 충분한 하나님의 은총 그 자체인 것이다. 그렇다면 이 필요하고도 충분한 하나님의 은총이 우리 안에 어떻게 역사하는가? 하나님은 이 일을 위해 '영의 일'을 은총 가운데 준비해 두셨다.

2) Spirit - 하나님의 은총의 역사

하나님은 은총을 모든 이에게 아끼지 아니하시고 베푸신다. 그런데 놀랍게도 우리를 하늘로 이끌 완벽한 구원의 길 doctrine을 예비하셨을 뿐만 아니라 이 하나님의 은총이 우리에게 구체적으로 임하도록 하는 또 다른 은총을 예비하셨다. 이 은총의 사건이 바로 '영의 일' 곧 spirit이다. 이 영의 일은 성령이 우리 영과 더불어 증거하는 것을 의미하는데 이 일을 위해 하나님은 이 땅에 성령을 보내셨다. 하나님의 영, 곧 성령은 바로 이 은총의 전달자다. 하나님은 성령을 통해 끊임없이 우리의 영을 향해 자신의 놀라운 사랑과 은총의 사건을 증거하시는 것이다. 웨슬리에 따르면 하나님의 영은 인간을 죽음으로 이끄는 영적 질병을 치유하기 위해 네 가지 기능을 발휘한다. 즉 성령은 네 가지 사역을 통해 우리에게 하늘 가는 길을 체험하도록 이끄는 것이다.

첫째는 '영혼의 내적인 조명(internal illumination of the soul)'이다. 성령은 '구원의 진리,' 곧 '하나님의 깊은 것'을 드러낸다. 웨슬리의 말을 직접 인용해 본다.

"성령은 모든 것을 살핀다. 하나님의 깊은 것들이라도 말이다. 성령이 인간에게 비출 때 그들은 인간에게 밝히 드러난다. 인간을 둘러싸고 있던 무지의 어두움은 사라지고 하나님의 깊은 것들은 하나님의 지식으로 인해 밝히 알려지는 것이다. 완전함에 더욱 가까이 갈 수 있는 것은 성령의 우리 영혼에 대한 내적 조명 때문이다."20)

성령의 두 번째 사역은 '새롭게 하는 능력(renewal power)'이다. 웨슬리는 성령의 두 번째 사역에 대해 다음과 같이 요약한다.

"성령의 두 번째 사역은 모든 측면에서 인간을 새롭게 하는 일이다."21)

성령의 새롭게 하는 사역을 통해 "타락적 본성으로 인한 의지의 왜곡이나 감성의 퇴락 등이 하나님의 뜻을 지향하게끔 변화되고,"22) "철저히 그리고 내적으로 새롭게 되는 경험을 하게 되는 것"이다.23)

성령의 세 번째 사역은 '이끄시며, 인도하시고, 가르치시는(leading, directing, and governing)' 사역이다.

"성령의 세 번째 사역은 우리의 모든 삶의 영역에서, 우리의 모든 행위와 대화 가운데서 우리의 발걸음을 이끄시고 인도하시고 지도하시는 사역이다."24)

웨슬리에 의하면 성령은 성령 안에서 조명을 받아 새롭게 된 이들의 삶

---

20) Wesley, *A Farther Appeal to Men of Reason and Religion* 1, V.23.
21) *Ibid.*, V.23.
22) *Ibid.*
23) *Letters*, June 25, 1746.
24) Wesley, *A Farther Appeal to Men of Reason and Religion* 1, V.23.

가운데서 이끄시고 인도하시며 가르치신다. 성령은 하나님의 깊은 것이라도 헤아리는 영이다. 그러므로 하나님의 뜻에 따라 우리 영혼을 어디로 어떻게 이끌고 인도하며 가르칠 줄 안다. 이것이 요한 사도가 성령을 '보혜사(Paraclete)'라 부른 이유다.

성령의 네 번째 사역은 '구원의 확신을 가져다주는(the power of assurance)' 사역이다. 하나님의 영에 의해 인도함을 받는 우리는 하나님의 자녀다. 우리가 그분의 자녀이기에 우리에게 아들의 영을 부어 주셨고 우리는 그분을 '아빠 아버지'라 부를 수 있는 것이다.[25]

웨슬리는 그리스도인들에게 구원의 확신을 가져다주는 객관적 근거가 성령의 증거임을 확신했다.[26] 이러한 웨슬리 입장은 그의 설교 '성령을 근심케 하는 일에 관하여(On Grieving The Holy Spirit)'에서도 분명히 드러나 있다.

"우리 안의 성령은 우리 구원의 확증이다. 그는 구원의 참된 증인으로 우리가 영원한 복락을 누리도록 예정되었음을 확증시킨다. 성령은 우리가 하나님의 자녀인 것을 우리 영으로 더불어 증거한다."[27]

웨슬리는 이상과 같은 성령의 사역들을 통해 성경적 구원의 길, 곧 하늘 가는 길이 우리의 삶 가운데 끊임없이 실제화된다고 보았던 것이다. 성령의 끊임없는 조명과 새롭게 하는 능력과 이끄시고 인도하시며 가르치시는

---

25) *Ibid.*
26) 아우틀러는 웨슬리의 '성령의 증거(The Witness of the Spirit)'라는 두 편의 설교에 붙이는 설명을 통해 웨슬리가 성령의 주요 사역 중 하나를 하나님의 자녀들에게 구원의 확신을 가져다주는 일로 이해했다고 말한다. Outler, "An Introductory Comment to The Witness of the Spirit," *John Wesley's Sermons: An Anthology*, ed., by Albert C. Outler & Richard P. Heitzenrater(Nashville: Abingdon Press, 1991), p.145.
27) *Sermons,* On Grieving The Holy Spirit, III.2.

사역과 우리가 하나님의 자녀임을 확신케 하는 사역으로 말미암아 하늘 가는 구원의 여행이 완성되는 것이다. 결국 성령은 웨슬리의 doctrine에 생명을 불어넣고 그 생명이 약동하게 하는 근원적인 힘의 원천인 셈이다.

    이 같은 성령의 증거를 우리 영이 받아야 하는데 이것을 우리는 '믿음'이라 부른다. 그런 의미에서 하나님의 은총이 구원의 원천이라면 믿음은 '구원의 조건'인 셈이다.[28] 그렇다면 웨슬리가 말하는 믿음은 무엇인가? 웨슬리의 믿음 이해는 매우 급진적 성격을 띤다. 하나님이 계시다는 것과 그분을 찾는 이들에게 상 주시는 분임을 믿는(히 11:6) 정도의 믿음이나, 능력의 하나님을 알고 예수께서 그리스도이심을 믿으며(눅 4:34) 그의 종들을 알고(행 16:17) 모든 성경이 하나님의 영감으로 된 것(딤후 3:16)임을 믿는 정도의 믿음이나, 그리스도를 위해 모든 것을 버릴 정도의 믿음, 기적을 일으키고 모든 질병을 치유하며 마귀들을 제압할 능력을 가진 믿음, 하나님의 나라의 존재를 확신하고 그 나라를 선포하기를 주저하지 않는 믿음도 웨슬리가 염두에 두고 있는 믿음과는 다르다. 웨슬리의 믿음은 '그리스도를 믿는 믿음'이다. 이 믿음은 예수께서 우리의 범죄함 때문에 내어준 바 되고, 우리를 의롭게 하시려고 살아나셨다(롬 4:25)는 '그리스도의 복음을 믿는 믿음'이라는 것이다. 즉 웨슬리가 말하는 믿음은 그리스도의 복음 전체에 대한 확고한 믿음이며 그리스도의 보혈에 전적으로 의뢰하는 믿음이다. 이를 좀 더 구체적으로 표현하면, 예수님의 삶과 죽음과 부활의 공로에 전적으로 의뢰하고 우리를 위해 자기를 버리시고(given for us), 우리 안에 사시는(living for us) 우리의 대속과 생명이신 그리스도께 전적으로 우리를 내어 맡기는 것이다.[29] 웨슬리는 이 믿음을 갖는 것조차 하나님의 은총의 사건으로 간주한다. 그에 따르면 하나님의 신비의 세계, 영적 세계의 증거는 무엇

---

28) 웨슬리는 이 사실을 다음과 같이 표현한다. "은총은 구원의 원천이고 믿음은 구원의 조건이다(Grace is the source, faith the condition, of salvation)." *Sermons*, Salvation by Faith, 3.
29) *Ibid.*, I.5.

보다도 하나님의 인류를 향한 구속적 사랑에서 시작되고, 우리가 이 은총을 갈구하는 것도 하나님께서 하늘의 것을 향한 소원을 우리 안에 불러일으키시기 때문이다.30)

웨슬리는 우리가 이 같은 믿음을 가질 때 하나님의 형상의 회복이 이루어진다고 확신했다. 그렇다면 상실되었던 하나님의 형상의 회복이라는 치유가 어떻게 믿음을 통해 이루어질 수 있는가? 웨슬리는 먼저 '믿음으로' 하늘의 세계에 대한 눈먼 상태가 치유된다고 본다. 인간의 자연적 상태는 하나님의 세계를 볼 수도 들을 수도 없지만 믿음을 통해 이 하나님의 세계를 인지하는 새로운 눈을 갖게 된다는 것이다. 웨슬리는 이를 '영적 감각(spiritual sense)'이라 칭했다.31) 우리가 믿음을 가질 때 하나님의 세계에 관한 증거를 받아들이게 되는 특별한 영적 인식 능력이 주어진다고 확신했다. 영적 감각의 회복으로 인해 영혼 전체가 하나님을 느끼고 체험으로 그분을 인식한다. 하나님과 그분의 일에 대한 지식을 더하여 간다. 이제 비로소 참다운 '이해의 눈'이 열려 그는 보이지 아니하는 그분을 보게 된다(히 11:27). 그는 믿는 자들을 향하신 하나님의 능력과 그 사랑의 크심이 어떠한지를 알게 되며 하나님께서 그 크신 사랑으로 말미암아 우리에게 독생자를 주셨으며 그를 믿는 이들을 자녀로 삼으신 사실을 알게 된다. 하나님의 용서하시는 사랑과 그분의 귀하고 큰 약속(벧후 1:4)을 분명히 감지하게 된다. 그는 이제 그리스도에 나타난 영광의 빛을 인식한다. 그의 귀가 열려 하나님의 음성을 듣게 되고 하늘의 부르심을 듣고 순종한다. 모든 영적 감각 기관이 깨어 있으므로 하나님과의 깊은 교제로 나아가게 된다.32)

---

30) 웨슬리는 설교 '우리 자신의 구원을 이룸에 관해서'에서, 빌립보서 2장 13절의 "너희 안에서 행하시는 이는 하나님이시니 자기의 기쁘신 뜻을 위하여 너희에게 소원을 두고 행하게 하시나니."라는 구절을 주석하면서 구원이 하나님 자신에게로부터 나오므로 사람에게 자랑할 것이 없음을 강조한다. *Sermons*, On Working Out Our Own Salvation, I.1.
31) *Sermons*, New Birth, II.4.
32) *Sermons*, The Great Privilege of Those that are born of God, I.9~10.

믿음은 여기서 멈추지 않는다. 믿음은 하나님께서 선행적으로 예비하신 교만의 치료제를 나의 영혼에 적용시킴으로 사탄의 형상의 뿌리에 해당하는 교만을 치유해 나간다. 즉 하나님께서 성령을 통해 교만의 치료제인 회개와 칭의의 은총을 부으실 때 우리는 이 은총을 믿음으로 받아들임으로써, 우리 영혼에 깊게 뿌리 박혀 온갖 죄악을 양산하는 교만을 근원적으로 치유하게 되는 것이다. 회개는 이 치료의 출발점이다. 웨슬리는 회개를 죄에 대해 전적인 책임이 자신에게 있음을 통감하고 그 죄의 해결에서 아무것도 할 수 없음을 깊이 깨달으며 하나님의 은총만을 바라보는 것으로 이해하기 때문에, 진실로 회개한 자는 복음을 믿게 되고 이로써 하나님의 의롭다 하심을 입게 된다고 본다. 다시 말해 복음을 믿는 믿음만이 칭의의 유일한 조건으로, 이 믿음 외의 모든 것을 가졌다고 해도 의롭게 될 수 없고, 이 믿음 외의 모든 것을 갖지 못했다고 해도 그는 의롭다. 이 의롭게 되는 과정, 곧 칭의를 입는 과정에서 우리가 할 일은 오직 믿는 일이며 이 믿음조차도 하나님의 은총으로 부어 준 것이기에 우리는 결코 자랑할 수 없다. 칭의는 우리를 언제나 죄인으로 초청하며 하나님의 자비에 의존하게 하기 때문에, 다시 말하면 교만의 홍수를 막는 방파제이기에, 칭의의 믿음에 머무는 한 교만의 파도는 멈출 수밖에 없다.33) 이렇게 만악의 근원인 교만의 치유는 하나님과의 화해를 가져온다. 이 화해로 말미암아 영혼은 세상이 이해할 수 없는 하늘의 평강을 맛본다.34)

  모든 죄의 근원인 교만이 치유됨에 따라 교만에서 움튼 그릇된 자기(아집)의 근원은 치유되었지만 탐욕에 물든 경향성이 그대로 남아 수시로 하나님의 자녀들을 좌절케 한다. 온전한 하나님의 형상을 이루기 위해서는 탐욕으로 물든 그릇된 자아 또한 치유받아야 한다. 하나님께서는 이것까지도

---

33) *Sermons*, Justification by Faith, IV.8.
34) *Sermons*, The Way to Kingdom, II.11.

이미 준비하셨는데 곧 성령을 통해 베푸시는 성화의 은총이다. 성령은 하나님의 자녀에게 쉬지 않고 하나님의 자녀라 증거하시므로 우리 영은 하나님을 아바 아버지라 확신하게 되고 미래의 사라지지 않을 면류관에 대해 소망을 가지게 되며 이루 말할 수 없는 기쁨 속에 거하게 된다.[35]

이렇게 죄의 뿌리와 줄기에 속하는 교만과 아집이 치유되었다면 남은 것은 여기에서 자라난 안목의 정욕과 육신의 정욕, 그리고 이생의 자랑이라는 죄의 열매들이 치유받아야 할 차례다. 하나님은 이를 위한 치료제 또한 예비하셨는데, 그것이 바로 '완전케 하시는 은총'이다. 이 은총은 '이웃을 내 몸처럼 사랑하도록 돕는 은총'이기도 하다. 하나님은 성령의 이끄심이며, 인도하시고, 가르치심을 통해 우리로 하여금 이웃을 사랑하도록 도우시며 이로써 죄의 열매들을 거룩한 열매들로 전환하게 하시는 것이다. 이때 우리가 할 일은 '믿음'뿐이다. 이 믿음은 곧 사랑의 믿음이며 하나님의 완전케 하시는 은총을 수용하는 믿음이다. 이 믿음을 통해 우리는 하나님을 온전히 사랑하며 이웃을 내 몸과 같이 사랑하는 데에 이른다. 이것은 다름 아닌 그리스도의 마음을 온전히 소유한 것을 의미하며 하나님의 형상이 온전히 회복된 상태를 의미한다.[36]

요컨대 웨슬리에게 하나님의 형상의 상실이라는 치명적 질병의 치료는 치료제인 하나님의 은총을 믿음으로 수용하는 과정을 통해 이루어지는 은총–믿음의 구조다. 이때 하나님의 은총은 치료에 선행하는 것이며 (act) 믿음은 이에 후행(re-act)하는 구조를 이루게 되는데, 회개와 죄 사함의 은총–성화의 은총–완전의 은총의 형태로 전개되고 믿음은 칭의의 믿

---

35) *Ibid.*
36) 웨슬리가 말하는 완전은 하나님을 마음을 다하고 혼과 정성을 다해 사랑하는 것, 이웃을 내 몸과 같이 사랑하는 것이다. 이는 곧 그리스도의 마음을 품는 것이며 성령의 열매들을 맺는 삶을 의미한다. 결국 한마디로 요약한다면 하나님의 형상, 곧 의와 거룩함을 회복하는 도덕적 완전, '성결'을 의미하는 것이다. *Sermons*, On Perfection, I.1~7.

음-소망의 믿음-사랑의 믿음의 형태로 전개되어 나간다. 이렇게 은총과 믿음이 선행과 후행의 구조로 전개해 가는 동안 상실되었던 하나님의 형상이 온전히 회복되어 가는 것이다.

3) Discipline - 하나님의 은총이 열매 맺는 길

하나님께서는 우리가 아직 죄인 되었을 때 하나님의 형상을 회복할 수 있는 길, 곧 하늘 가는 길을 예비하신 은총을 베푸셨고 또한 성령을 우리 가운데 보내셔서 우리 영으로 더불어 이 일이 실제로 일어날 수 있는 은총을 베푸셨다. 하나님의 은총은 여기서 멈추지 않는다. 하나님께서는 이 같은 하늘 가는 사건이 우리에게 체질화, 내재화될 수 있도록 돕는 은총을 베푸셨다. 이 은총이 바로 discipline이다. 하나님의 구원의 은총은 지속적인 '연습'을 통해서 체질화되고 내재화되어 열매 맺는다.[37] 이렇게 은총의 열매를 맺도록 돕는 discipline은 하나님께서 우리를 위해 이미 구체적으로 예비하셨다는 점에서 또 다른 '은총의 사건'이다.

그렇다면 하나님께서 우리의 'discipline을 위해 예비해 두신 은총'이 도대체 무엇인가? 웨슬리는 이를 '은총의 수단(the means of grace)'이라 부른다. 웨슬리에 따르면 은총의 수단은 "하나님께서 기름 부으신 외형적 표징들, 말, 행위들"로서, 자신의 은총을 사람들에게 전달하기 위한 "통상적인 통로(ordinary channels)"로 예비하신 것이다.[38] 그런 의미에서 은총의 수단은 하나님께서 우리로 하여금 하늘 가는 영의 일을 통해 실제로 경험된 하늘을 체질화하고 내재화시키기 위해 예비하신 하나님의 은총이라 할 수 있다. 즉 은총의 수단은 discipline이라는 하나님의 은총을 입도록 하기 위해

---

37) Maddox, *Responsible Grace*(Nashville: Abingdon Press, 1994), p.211.
38) *Sermons*, The Means of Grace, II.1.

하나님이 정하신 또 다른 형태의 은총이 되는 것이다.

웨슬리의 은총의 수단에 대한 견해는 단번에 확립된 것이 아니다. 웨슬리에게 은총의 수단이라는 개념은 약 40여 년이라는 긴 세월 동안 숙성되어 확립되었다. '은총의 수단'이라는 개념이 구체적으로 나타나기 시작한 곳은 설교 '은총의 수단'이다. 이 설교는 1739년부터 1741년 사이에 작성된 것으로 여겨지는데,[39] 여기에서 웨슬리는 기도, 성경 탐색(searching the Scriptures), 성만찬, 이 세 가지를 은총의 수단으로 꼽는다.[40] 은총의 수단에 대한 보다 발전된 형태는 1743년 웨슬리가 공표한 '연합 신우회(united society)'의 '총칙(general rules)'에서 발견된다. 이곳에서는 은총의 수단으로 모두 여섯 가지가 출현한다. 이 중 세 가지는 '은총의 수단'이라는 설교에서 나타난 것들이고 이 외에 공적인 예배(The Public Worship of God), 말씀을 선포하는 사역(the ministry of the word), 금식 혹은 절제(abstinence)의 항목이 추가된다.

웨슬리의 은총의 수단에 대한 매우 체계적이고 정교한 진술은 1763년의 '대회의록(Large minutes)'에서 나타난다. 여기서는 은총의 수단을 크게 두 가지로 나누는데, 하나는 이미 성경에서 언급되었을 뿐 아니라 교회에서 오랜 기간 행해 왔던 '제도적으로 정착된(instituted) 은총의 수단'이고 다른 하나는 메도디스트라는 특정한 정황(context)에서 개발 정착된 '상황적(prudential) 은총의 수단'이다. 제도적으로 정착된 은총의 수단에는 기도, 성경 탐색, 성만찬, 금식, 컨퍼런스 등 다섯 가지가 있고 상황적 은총의 수단은 그 대상이 누구냐에 따라 다른 은총의 수단이 언급된다.[41]

---

39) Ted A. Campbell, "Means of Grace and Forms of Piety," *The Oxford Handbook of Methodist Studies*, ed., by William Abraham and James E. Kirby(New York: Oxford University Press, 2009), p.281.
40) *Sermons*, The Means of Grace, II.1.
41) 예를 들어 모든 하나님의 자녀에게는 '악을 피하고 선을 행하라'는 일반적 원리와 '은총 안에서 성장하는 것,' '거룩한 삶의 실천' 등이 은총의 수단이 되고 모든 메도디스트들에게는 신우회, 클래스, 반회에 참여하는 것이 은총의 수단이 된다. 또 설교자들에게는 신우회, 지도자반, 반회에 참여하는 것과 병자와

그렇지만 은총의 수단에 대한 웨슬리의 이해가 매우 성숙한 형태로 자리 잡은 시기는 보다 후기로 보인다. 그가 사망하기 약 10년 전인 1781년에 작성한 설교 '열심에 관하여(On Zeal)'에 은총의 수단에 관한 정교한 형태의 설명이 나타나는데, 이는 이전에 논의하던 방식과는 다른 방식으로 은총의 수단을 논하고 있다. 웨슬리의 직접적인 언급에 주목해 보자.

"그리스도인에게서 사랑은 보좌를 차지한다. 그것은 인간의 영혼 가장 중심부에 자리 잡는 것인데, 바로 하나님과 이웃을 사랑하는 것이다. 이 사랑은 심령 전체를 채우고 이에 필적할 만한 어떤 경쟁자도 없이 홀로 차지한다. 이 보좌의 바깥에 위치한 원은 성결의 열매이다. 즉 오래 참음과 자비와 양선, 충성, 온유, 절제 등이다. 이것을 달리 표현하면 예수 그리스도의 마음이라 할 수 있다. 이 원 바깥의 원은 사람들의 육적인 필요 혹은 영적인 필요를 채우는 모든 '사랑의 실천(The Works of Mercy)'이다. 이들은 일반적으로는 은총의 수단으로 인식되지 않았지만, 이들 때문에 우리는 모든 거룩한 기질들을 훈련하게 되며 이들로 인해 그들을 성장하게 한다는 의미에서 본다면 이들은 실질적인 은총의 수단이다. 그 다음 원은 소위 '경건의 실천(The Works of Piety)'으로 알려진 것들인데, 말씀을 읽고 듣는 일, 공적으로 혹은 가족 단위나 혹은 개인적으로 하는 기도, 성만찬, 금식 혹은 절제 등이 여기에 포함된다. 끝으로 맨 마지막 원은 믿음의 사람들을 더 효과적으로 사랑과 성결의 열매, 그리고 선한 행위들로 나아가도록 자극하는 것인데, 이것은 그리스도께서 이들 모두를 한 곳에서 연합시킴으로 가능한 것이다. 즉 그것은 바로 땅 끝까지 퍼져 있는

건강한 이들에게 방문하는 것 등이 은총의 수단이며 설교 보조자들에게는 신우회와 반회에 참여하는 것 외에도 좋은 신앙 서적들을 읽는 것, 철야기도회, 애찬회 등에 참여하는 것, 분기별 점검 받는 일, 설교자들에 대한 평가서를 웨슬리에게 통보하는 것 등이 포함된다. 또한 성숙한 신앙의 소유자들은 깨어 있는 것(watching), 자기를 부정하고 자기 십자가를 지는 것, 하나님의 임재를 느끼는 일 등이 은총의 수단으로 간주된다. Wesley, *Large Minutes*, Q.48.

교회인데, 이것은 모든 믿는 자 안에 있는 보편적 교회의 부분들이다."42)

여기서 웨슬리는 은총의 수단을 설명하기 위해 하나의 이미지를 만들어 내고 있음을 보게 된다. 그것은 '하나의 중심을 갖는 네 개의 원'인데, 다음과 같이 정리해 볼 수 있다.43)

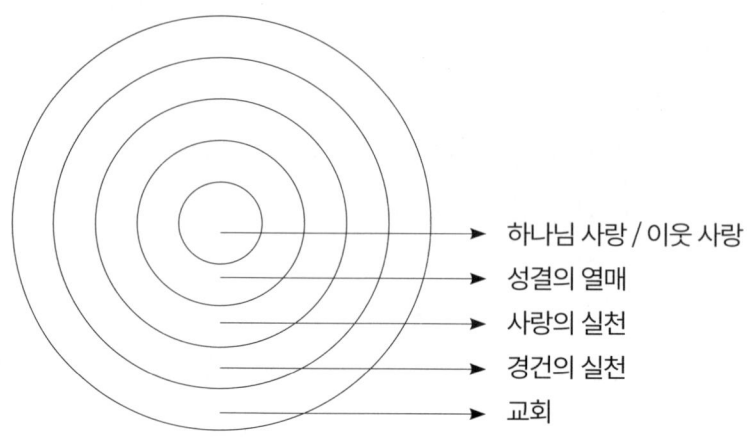

여기에서 언급되고 있는 은총의 수단들 중 먼저 눈에 띄는 것은 경건의 실천들과 사랑의 실천들이다. 이들은 '대회의록'에서 언급된 은총의 수단들과 대부분 겹친다. 특히 경건의 실천들은 제도적으로 정착된 은총의 수단들과 정확히 일치하는 것들이다. 사랑의 실천은 상황적 은총의 수단들 중 모든 그리스도인들을 위한 은총의 수단이었던 '악을 피하고 선을 행하라'는 것과 일치한다. 그런데 여기서 주목해야 할 것은 웨슬리는 경건의 실천과 사랑의 실천 모두를 하나님의 은총의 보좌 앞에 나아가기 위한 수단으로 간주하고 있다는 사실이다. 하나님의 은총의 수단으로서 경건의 실천과 사

---

42) *Sermons*, On Zeal, I.5.
43) 김동환, 『웨슬리에게 목회를 묻다』, p.225 참조.

랑의 실천 양자는 '다르지만 하나'다. 이 주제는 믿음과 행위, 복음과 율법, 칭의와 성화 사이의 관계 설정과 직간접적으로 맞닿아 있다는 점에서 매우 중요한 의미를 갖는다. 웨슬리는 양자 사이를 '구분하면서' 동시에 '분리시키지 않는다.' 이런 사실을 이해하기 위해서 좀 더 자세한 설명이 필요할 것 같다.

먼저 웨슬리에게 사랑의 실천은 구원받은 사람이 어떤 의무로서 꼭 해야 할 것(루터의 입장)이 아닌 하나님의 은총의 보좌 앞으로 가까이 나아가려는 사람들에게 꼭 필요한 '은총의 수단'이 된다. 웨슬리에 따르면 '사랑의 실천'은 의롭다 함에 이르게 하는 은총으로 인도하는 데 꼭 필요할 뿐 아니라 성화의 은총에 이르게 하는 데도 꼭 필요하다. 물론 칭의의 사건은 사랑의 실천이 아닌 '오직 믿음'으로 이루어지는 것이다. 어떤 이가 믿음을 가진 순간 회개와 선행의 삶이 있었든 그렇지 않든 간에 그는 칭의의 은총으로 인도될 것이다. 그럼에도 불구하고 회개와 선행은 결코 무시될 수 없다. 그것은 바로 칭의와 신생을 위한 믿음을 갖도록 돕는 역할을 하기 때문이다. 사실 사랑의 실천은 칭의와 거듭남의 은총보다 성화의 은총에 더 적극적인 역할을 하는 것으로 보인다. 웨슬리는 칭의를 얻은 사람은 사랑의 실천에 열심이어야 한다고 주장하면서 만일 이를 가벼이 여겨 무시한다면 성화에 이를 수도, 은총 안에서 자랄 수도, 하나님의 형상을 닮아갈 수도, 그리스도의 마음을 품을 수도 없을 것이라 단언한다. 예를 들어 웨슬리는 가난한 이들과 병자를 방문하는 것이 그들의 실제적인 어려움을 돕는 것 이외에 돕는 자 스스로에게 하나님의 은총을 덧입는 기회일 수 있음을 인지하였다. 즉 사랑의 실천은 다른 이들을 돕는 일이면서도 동시에 하나님의 거룩함을 닮아갈 수 있도록 돕는 하나님의 은총인 것이다.[44]

---

44) 매덕스에 따르면, 사랑의 실천이 행해지는 과정에서 우리 영혼은 다음 세 가지 중요한 요소들을 더욱 깊게 체험하게 되고 이로 인해 우리는 하나님께서 베푸시는 성화의 은총에 더욱 가까이 다가가게 된다. 첫째는 동정심(compassion)이고, 둘째는 자기 부인(self-denial)이며, 셋째는 하나님을 향한

그런데 여기서 주의할 것은 웨슬리가 사랑의 실천을 구원을 이루어가는 데 필요한 독립적인 은총의 수단으로 인식한 것은 아니라는 사실이다. 웨슬리는 경건의 실천이 빠진 사랑의 실천이나 사랑의 실천이 빠진 경건의 실천은 심각한 부작용이 따르게 된다고 보았다. 이 둘은 혼자서는 충분치 않다. 그것들은 구원의 완성을 이루기 위해 '함께' 나아가야 한다. 웨슬리가 설교 '우리 자신의 구원을 이룸에 관해서'에서 지적했듯이 완전한 구원을 위해 자비의 실천과 경건의 실천 모두에 열심을 다해야 하는 것이다.[45] 우리는 여기에서 웨슬리가 은총의 수단을 단순히 분류하는 단계를 넘어 은총의 수단을 쉬지 않고 연습함으로써 하나님의 은총의 보좌에 이르고자 하는 목회적 비전으로 확장해 나가고 있음을 주목해야 한다. 웨슬리는 우리가 열심으로 하나님의 은총을 추구해야 한다고 확신한다. "왜냐하면 열심이 없이는 믿음의 진보를 이룰 수가 없기 때문이다."[46] 하나님의 은총은 아무것도 하지 않는 이들에게 거저 주어지는 것이 아니다. 그것은 간절히 소원하며 열심으로 추구하는 이에게 주어지는 것이다. 그러므로 하나님의 은총을 구하는 이들은 하나님이 허락하신 은총의 수단을 열심을 다해 연습함으로써 하나님의 은총의 보좌 앞으로 나아가야 한다.

그런데 놀랍게도 하나님께서는 이런 은총의 수단을 연습할 수 있는 또 다른 '은총의 수단'을 예비해 두셨다. 말하자면 '은총의 수단을 열심으로 연습할 수 있는 장(場)'을 은총으로 예비해 두신 것이다. 웨슬리는 이 은총의 수단을 '교회'라고 불렀다. 로버트 폴(Robert Paul)은 웨슬리의 교회

사랑이다. 사랑을 실천하는 이는 단순히 가난한 이들이나 병자들을 돕는 데서 머무르지 않고 그들의 삶을 '방문(visiting)'함으로써 그들의 아픔을 함께 느끼게(compassion) 될 뿐만 아니라 자신을 기꺼이 내어 놓는 자기 부인을 필연적으로 감수하게 되며, 또한 그러한 사랑의 실천을 통해 하나님의 사랑에 더욱 침잠하게 되고 하나님의 형상에 더욱 가까워지는 것이다. Maddox, "Visit the Poor: John Wesley, the Poor, and the Sanctification of Believers," *The Poor and the People Called Methodists*, ed., by Richard Heitzenrater(Nashville: Kingswood Books, 2002), pp.79~80.
45) *Sermons*, On Working Out Our Own Salvation, II.4.
46) *Sermons*, On Zeal, 1.

론에서 복음의 기능적 측면과 관련지으려는 '복음적 실용주의(evangelical pragmatism)'적 경향을 읽는다.47) 다소 어렵게 보이는 이 말을 쉽게 풀어 설명하면 이렇다. 웨슬리 목회의 궁극적 관심은 하늘의 기쁜 소식, 곧 복음을 모든 이들에게 전하는 데 있었기에 교회에 대한 이해도 이 목적에 부합되도록 변형될 수밖에 없었기 때문이라는 것이다. 즉 '하늘 가는 길을 알고 싶다'는 소원을 가슴에 담았던 웨슬리에게 교회가 이 일을 실제로 실천할 수 있는 현장으로 인식되기 시작한 것이다. 그런데 웨슬리가 교회를 하늘 가는 길의 실천 현장으로 인식하게 되었다는 것은 교회를 하나님께서 허락하신 '은총의 수단'으로 이해하게 되었다는 것과 다르지 않다. 앞에서 살펴보았듯이 우리에게 일어나는 하늘의 사건은 전적으로 하나님의 은총 가운데 이루어지며, 이 은총의 보좌 앞으로 나아가는 것은 하나님이 허락하신 은총의 수단들(사랑의 실천과 경건의 실천)을 실제적으로 연습할 수 있도록 하는 장이 은총으로 주신 '교회 공동체'이기 때문이다. 웨슬리가 이 같은 인식에 도달했음을 보여 주는 것이 앞선 인용문의 말미에 나타나는 다음과 같은 진술이다.

"끝으로 맨 마지막 원은 믿음의 사람들을 더 효과적으로 사랑과 거룩한 기질들, 그리고 선한 행위들로 나아가도록 자극하는 것인데 이것은 그리스도께서 이들 모두를 한 곳에서 연합시킴으로 가능한 것이다. 즉 그것은 바로 땅 끝까지 퍼져 있는 교회인데, 이것은 모든 믿는 자 안에 있는 보편적 교회의 부분들이다."48)

즉 웨슬리는 교회를 중요한 은총의 수단 중 하나로 평가하고, 이 교회 안

---

47) Robert Paul, *The Church in Search of Itself* (Grand Rapids: Wm. B. Eerdmans Publishing Co., 1972), p.123.
48) *Sermons*, On Zeal, I.5.

에서 사람들로 하여금 경건의 삶, 자비의 삶으로 나아가도록 자극하며 이로 인해 성령의 열매들(거룩한 기질들)을 맺도록 하여 마침내 하나님과 이웃을 사랑하는 데로 나아가게 할 수 있다고 확신했던 것이다. 다시 말해 하늘 가는 길을 목표로 추구했던 웨슬리 목회는 하나님의 은총의 수단 중 하나인 '교회'라는 믿음의 공동체를 통해 구체적으로 실현된다. 그런 의미에서 '은총의 수단으로서의 교회'는 웨슬리 목회 방향을 결정짓는 매우 중요한 요소라 할 수 있다.49) 실제로 웨슬리는 이런 교회에 관한 이해를 기초로 자신의 목회를 전개해 갔다.

결론적으로 웨슬리 목회의 핵심이 되는 'doctrine-spirit-discipline'을 조화롭게 삼겹줄로 묶는 일이 가능한 것은 '하나님의 은총'이다. 하나님의 은총으로 하늘 가는 길이 준비되었고, 하나님의 은총으로 성령을 부어 주심으로 그 일이 우리 안에서 실제로 이루어지며, 하나님의 은총으로 우리가 교회 안에서 은총의 수단을 연습하게 되는 것이다. 그야말로 하나님의 은총은 구원의 원천인 셈이다. 여기서 관건은 우리가 어떻게 하나님의 은총의 보좌 앞에 나아갈 수 있는가 하는 것이다. 이 문제는 바로 우리가 논의하고 있는 웨슬리 목회의 중심 주제이기도 하다. 웨슬리 목회의 기본 축 중에서 이 질문과 가장 밀접한 것은 바로 discipline이 될 것이다. discipline이 하나님의 은총의 보좌 앞으로 나아가기 위해 우리가 구체적으로 실천해야 할 연습임을 고려한다면 웨슬리 목회는 discipline 그 자체라 해도 과언이 아닐 것이다.

만일 웨슬리 목회를 이렇게 discipline 그 자체로서 이해하게 된다면 웨슬리 목회의 장(場) '속회'에 내포된 진정한 의미 또한 밝힐 수 있다. 앞에서

---

49) 그런 의미에서 스나이더(Howard A. Snyder)가 웨슬리의 교회론에 주목하고 그 교회론에 기초하여 웨슬리의 목회적 성격을 분석하려 한 시도는 주목할 만 하다. Snyder, H. A., *The Radical Wesley & Patterns for the Church*, 조종남 역, 『혁신적 교회갱신과 웨슬레』(대한기독교서회, 1986) 참조.

언급한 바 있듯이(머리말 참조) 웨슬리에게 속회는 목회가 이루어지는 현장이다. 웨슬리 목회, 곧 '하나님의 은총의 보좌 앞에 나아가기 위해 예비해 주신 은총의 수단을 실천적으로 연습하는 일'이 이루어지는 현장이 다름 아닌 하나님의 은총의 수단 중 하나인 '교회 공동체'라는 점을 고려한다면 교회 공동체는 곧 속회로 간주할 수 있다. 다시 말해 웨슬리 목회에서 속회는 웨슬리가 은총의 수단 중 하나로 간주했던 '교회'가 되는 것이다. 이런 의미에서 웨슬리의 은총의 수단으로서의 교회가 실제 목회 현장에 드러난 것이 속회인 셈이다. 즉 웨슬리에게 속회는 '교회'라 말할 수 있겠다. 그러나 엄밀히 말하자면 웨슬리가 말하려는 교회는 '은총의 수단으로서의'라는 수식어를 동반한 교회다. 왜냐하면 웨슬리에게 교회는 사람들로 하여금 하나님의 은총의 보좌 앞으로 나아가도록 돕는 명백한 은총의 수단으로 인식되었기 때문이다. 결론적으로 웨슬리의 목회의 장(場)이라 할 수 있는 속회는 '은총의 수단으로서의 교회'라 정의할 수 있다. 그러므로 은총의 수단으로서의 교회의 의미를 밝히는 것은 웨슬리에게 속회가 무엇을 의미하는가를 밝히는 길이 되기도 할 것이다.

2장
웨슬리 목회에서 속회 이해

속회가 '은총의 수단으로서의 교회'라고 이해할 때 속회의 본질적 속성은 다음의 두 가지와 연관될 수밖에 없다. 하나는 속회는 '교회'며 또 다른 하나는 속회가 '은총의 수단'으로 기능한다는 것이다. 속회의 본질을 좀 더 자세히 알아보기 위해서는 이 두 가지 사실들을 면밀하게 살펴볼 필요가 있다.

1. 교회로서의 속회

속회의 본질을 드러내는 첫 번째 내용은 속회가 곧 '교회'라는 것이다.

그렇다면 웨슬리가 말하는 교회란 무엇을 의미하는가? 젊은 시절의 웨슬리에게 교회는 '영국성공회(The Church of England)'였다. 웨슬리는 성공회를 사도직이 계승되고 성례전적 예전이 잘 간직되어 온 진정한 교회라고 생각했던 것 같다. 그렇기 때문에 그는 성공회의 한 사람으로 살고 죽을 것이라는 입장을 고수했던 것이다.1) 이는 젊은 웨슬리는 성례전적 의식이 제도적으로 잘 갖춰진 '가시적인 교회(visible church)'를 참된 교회로 인식하는 교회론에 천착했음을 의미한다. 그러나 웨슬리의 신앙이 성숙해짐에 따라 그의 교회관은 변화를 겪게 된다. 그는 가시적 교회만을 참된 교회로 인식하던 태도에서 벗어나 제도의 틀을 벗어난 '비가시적인 교회(invisible church)' 또한 교회로 인식하는 태도를 견지하게 된 것이다. 이는 그가 '복음으로 새롭게 되어 그리스도의 삶을 재현하고자 모인 이들의 믿음의 교제'를 또 다른 형태의 교회로 인식하게 되었음을 의미한다. 즉 제도적으로 완비된 교회, 성례전적 전통이 확고한 가시적 교회만이 교회라고 하던 태도에서 믿는 이들의 교제가 이루어지는 곳이 교회라는, 보편적이고 비가시적 교회 또한 교회로 인식하게 된 것이다.

웨슬리는 이러한 자신의 교회관이 영국성공회의 그것과 다르지 않다고 보았으며 오히려 영국성공회의 교회에 관한 이해를 보다 명확히 드러낸다고 확신했다. 영국성공회의 신앙의 표준이 되는 신조는 모두 39개조로 이루어져 있다. 이 중 교회에 관련된 신조는 열아홉 번째에 위치해 있는데, 이렇게 진술되고 있다.

"그리스도의 가시적 교회는 신실한 믿음을 가진 이들의 모임이다. 그 교회 안에서 하나님의 순전한 말씀이 선포되며 성례전이 올바로 집행되어야

---

1) Wesley, "Farther Thoughts on Separation from the Church," *The Works of the Rev. John Wesley*(이하 *Works*로 표기), ed. by Thomas Jackson Vol.8, p.274.

한다."2)

　웨슬리에 따르면, 영국성공회는 참된 교회의 표지를 다음 두 가지에서 찾는다. 하나는 '신실한 믿음을 가진 이들의 모임'이고 또 하나는 '순전한 말씀의 선포와 올바른 성례전의 집행'이다. 여기서 처음 것은 비가시적이고 비제도적인 교회를 의미하는 것이라면 두 번째 것은 가시적이고 제도적인 교회를 의미한다. 웨슬리는 성공회가 교회를 이렇게 이해한다는 점에서 자신의 교회관이 철저히 성공회의 교회관을 따른다고 생각했던 것이다. 그렇다면 웨슬리의 교회관은 성공회의 그것과 아무런 차이가 없는가? 그렇지 않다. 웨슬리가 가시적이고 제도적인 교회와 비가시적이고 비제도적인 교회를 동시에 자신의 교회론에 수용하였을지라도 후자를 보다 더 강조하고 있다는 점에서 성공회와는 다른 길을 걸었다고 보아야 한다. 웨슬리는 '신실한 믿음을 가진 이들의 모임'이라는 교회의 표지를 참된 교회냐 아니냐를 판가름하는 시금석과 같은 것으로 '순전한 말씀의 선포와 올바른 성례전의 집행'이라는 교회의 표지보다 본질적인 것으로 간주했다. 이것은 그의 설교 '교회에 관하여(Of the Church)'에서 두드러진다.

　그렇다면 '교회란 무엇인가'에 대한 명료하고도 분명한 답이 여기에 있다. 보편적인 교회 혹은 우주적인 교회는 하나님께서 이 세상으로부터 불러낸 모든 이들이다. 하나님은 그들에게 한 영을 부으셔서 하나의 몸으로 만드셨다. 그러므로 그들은 '한 믿음, 한 소망, 한 세례'를 소유하게 되었고 모든 것 위에, 모든 것을 통해, 그리고 그들 모두 안에 계시는 아버지를 섬기게 되었다.3)

　웨슬리에게 교회란 '하나님께서 우리 모두의 아버지가 되셔서' '영도 하

---

2) *Sermons*, Of the Church, I.10.
3) *Ibid*., I.8.

나 소망도 하나 주도 하나 믿음도 하나 세례도 하나가 되는 곳'을 의미하는데, 이는 다시 말해 '믿는 이들의 모임 자체'를 의미하는 것이다.4) 물론 웨슬리는 순전한 말씀의 선포와 올바른 성례전의 집행이 이루어지는 교회의 표지를 약화시키거나 배제한 것이 아니다. 이 또한 매우 중요한 교회의 표지다. 그러나 웨슬리에게 이것은 '신실한 믿음을 가진 이들의 모임'이라는 교회의 표지에 비해 덜 본질적인 것이다. 이것은 웨슬리의 가톨릭 교회에 대한 평가에서 분명해진다. 웨슬리에 의하면 가톨릭은 순전한 말씀의 선포와 올바른 성례전의 집행이 제대로 이루어지는 곳이 아니다. 그렇지만 그들도 한 성령과 한 소망과 한 주님과 한 믿음과 한 하나님과 한 아버지를 가졌다는 점에서, 다소 부족한 점이 있을지라도 교회로 인정할 수 있다는 것이다.5) 즉 웨슬리에게 교회는 제도적/비제도적, 가시적/비가시적, 개별적/보편적 교회 양자를 모두 포괄하는 의미를 가지면서도, 후자의 영역 곧 비제도적이고 비가시적이며 보편적 교회의 속성이 더욱 강조되는 것이다.6)

이 같은 웨슬리의 교회 이해는 루터(Martin Luther)와 스펜서(Philip Jacob Spener) 그리고 진젠돌프 백작(Nikolaus von Zinzendorf)으로 이어지는 '교회 안의 작은 교회(ecclesiola in ecclesia)'의 개념에 빚진 바 크다. '교회 안의 작은 교회'의 개념은 루터로부터 시작되어 경건주의의 기초를 닦은 스펜서를 거쳐 모라비안 지도자 진젠돌프에 이르러 체계화되는데, 주지하다시피 웨슬리는 이러한 진젠돌프의 교회론에 큰 영향을 받았다.7) 진젠돌프의 교회

---

4) *Ibid.*, I.11.
5) *Ibid.*, I.13.
6) 스나이더는 이런 웨슬리의 교회관을 트뢸취가 '교회(church)'와 '분파(sect)'로 구분한 것과 유사한 것으로 평가한다. 여기서 교회가 가시적이고 제도적이라면 분파는 비가시적이고 카리스마적으로, 웨슬리는 이 둘을 인정했지만 후자에 마음이 있었다는 것이다. Snyder, 『혁신적 교회갱신과 웨슬레』, p.96.
7) Martyn Lloyd-Jones, "Ecclesiola Ecclesia," http://thirdmill.org/newfiles/dm_jones/dm_jones.Ecclesiola.Ecclesia.pdf, pp.4~10. 웨슬리가 '교회 안의 작은 교회'라는 개념을 받아들이기 시작한 시점을 1730년부터라고 고백한다. *Sermons*, The Ministerial Office, 16 참조.

론은 "참된 교회는 여러 장소에서 다른 형태를 취한다."는 명제로부터 출발한다.8) 진젠돌프에 의하면 참된 교회는 보편적이고 우주적인 교회며 이 교회는 다양한 모습으로 존재할 수 있는 것이다. 모라비안은 바로 이 다양한 교회들 중의 하나며 특히 전문적인 선교적 훈련 방식을 가진('tropus'라 부른다) 교회다.9) 요컨대 진젠돌프에게 에클레시아는 보편적이고 우주적인 교회요 비가시적인 교회고, 에클레시올라는 모라비안이나 루터교회, 심지어는 가톨릭교회 등을 의미하는 것이라 할 수 있다. 웨슬리는 진젠돌프와의 직접적인 만남을 통해, 또 진젠돌프로 대표되는 모라비안과의 만남을 통해 '교회 안의 작은 교회'의 개념에 기초한 교회론에 많은 영향을 받았다고 보아야 한다.10) 그러나 웨슬리가 비록 모라비안으로부터 '교회 안의 작은 교회' 개념을 이어받았다고 할지라도 그대로 따랐던 것은 아니고 모라비안의 그것을 기초로 나름대로 새로운 방향으로 나아갔다고 보아야 한다. 스나이더는 이 점에 대해 상당히 치밀한 논의를 전개한다. 그에 따르면 웨슬리가 '교회 안의 작은 교회'라는 용어를 직접 사용한 적은 없었지만 그의 메도디스트 모임은 그 이론이나 실제에 있어서 하나의 작은 교회, 곧 '에클레시올라(ecclesiola)'로 이해될 만한 요소는 명백하다. 그렇지만 스나이더는 웨슬리에게서 모라비안과 다른 무엇인가가 있음에도 주목한다. 그것은 다름 아

---

8) Howard A. Snyder, "Models of Church and Mission: A Survey," https://tyndale.ca/sites/default/files/ws/Models-of-Church-and-Mission-A-Survey--Dr-Howard-A-Snyder.pdf, p.4.
9) *Ibid.*, p.5.
10) 웨슬리는 올더스게이트 체험(1738년 5월 24일)을 하고 약 3주가 흐른 후에 모라비안의 본부가 있던 헤른후트를 방문했다. 이때 7월 초 마리엔보른(Marienborn)이란 곳을 경유하게 되는데 여기에서 웨슬리는 모라비안 지도자 진젠돌프와 만나게 된다. 당시 마리엔보른에는 세계 각국에서 이주해 온 약 90명의 모라비안들이 공동 생활을 하고 있었는데 진젠돌프가 가톨릭교도들의 핍박을 피해 이곳에 왔던 것이다. 웨슬리와 모라비안의 관계는 사실 1735년 말경 웨슬리가 선교사의 신분으로 조지아로 떠날 때부터 시작되었으며 그가 조지아에 머물 때는 물론이고 1738년 런던에 돌아와서, 그리고 그 이후에도, 심지어는 그의 인생 후반기라 할 수 있는 1783년에 이르기까지 지속되었으며 그의 목회에 지대한 영향을 끼쳤다. 김동환, 「목사 웨슬리에게 목회를 묻다」, pp.81~82, 모라비안에 관해서는 J. Taylor and Kenneth Hamilton, *History of the Moravian Church*(Interprovincial Board of Christian Education, Moravian Church in America, 1967) 참조.

닌 보다 큰 교회, 곧 '에클레시아(ecclesia)'에 관한 이해다. 스나이더의 말을 직접 들어보자.

"만일 메도디즘이 '교회 안에 있는 하나의 교회(ecclesiola in ecclesia)'였다면 사실 무엇이 '보다 큰 교회,' 즉 에클레시아(the ecclesia)였단 말인가? 으레 그 대답은 영국교회라 할 것이다. …… 그가 메도디즘을 단지 영국교회 안에서만이 아니라 우주적인 교회 안에 있는 전도 단체로 보았기 때문이다. 교회(ecclesia)란 영국교회(Anglicanism)가 아닌 더 넓은 것이었다. 그리고 메도디즘은 영국교회만 개혁시키려고 한 것이 아니라 어느 곳에나 있는 교회를 개혁시키려고 애썼다."11)

여기서 우리는 웨슬리의 '교회 안의 작은 교회'의 이해가 모라비안의 그것과는 분명 차이가 있음을 발견하게 된다. 즉 모라비안들에게 '교회 안의 작은 교회'라는 의미는 '우주적이고 보편적인 교회의 다양한 형태'라고 말할 수 있지만, 웨슬리는 '우주적이고 보편적인 교회는 물론 가시적이고 제도적인 교회를 포함하는 교회(예를 들면 영국교회) 안의 다양한 형태'다. 이 양자는 비슷해 보여도 그 내용적으로는 상당한 차이가 있다. 그 차이가 가장 두드러지는 것이 바로 '가시적이고 제도적인 교회'라는 자리다. 전자의 경우에는 우리와 매일 만나는 지역교회(local church)를 배제할 가능성이 농후하지만, 후자의 경우에는 그 지역교회가 참다운 교회를 지향하는 한 오히려 우주적이고 보편적인 교회와 동일시될 수 있다는 점에서 중대한 의미를 갖게 된다. 이런 차이는 모라비안과 메도디즘의 활동이 본격화되었을 때 실제로 드러났다. 모라비안의 경우에는 처음부터 독자적인 교단을 추구하는 방향으로 나아갔고 웨슬리의 메도디즘은 끝까지 영국교회에 남고자

---

11) Snyder, 『혁신적 교회갱신과 웨슬레』, p.158.

했던 것이다(결국 나중에는 웨슬리의 의도대로 되지 않고 메도디즘 또한 하나의 교단으로 남게 되었지만……).

결국 웨슬리의 '교회 안의 작은 교회'는 넓은 의미로는 모라비안이 이해했던 '우주적이고 보편적인 교회 안에서의 여러 다양한 작은 교회들'이라는 의미와 다르지 않다. 그러나 웨슬리에게는 이 땅에 현존하는 가시적이고 제도적인 교회들 또한 소중한 것이었기 때문에 이 교회들이 우주적이고 보편적인 교회, 곧 참된 교회의 모습을 지키는 한 다양한 작은 교회들은 그 교회 안에 머무는 것이 당연하다고 생각했던 것이다. 바로 이런 관점 때문에 웨슬리의 교회론은 매우 혁신적 성격을 띠게 된다. 즉 웨슬리는 당시 현존했던 교회(구체적으로는 가톨릭과 영국성공회)의 존재 가치를 인정했지만 그 교회는 참된 교회의 본질을 유지 혹은 회복하기 위해 끊임없이 자신을 개혁해 나가야 할 책무가 있음을 요구한 것이다. 이때 메도디즘과 같은 에클레시올라의 역할은 필수적이다. 에클레시올라는 다양한 형태의 작은 교회로서, 이들이 참된 교회로의 끊임없는 자기 갱신을 이루어냄으로써 참된 에클레시아로의 자기 갱신 또한 가능하기 때문이다.

여기서 우리는 웨슬리가 꿈꾼 '교회 안의 작은 교회'의 모습을 짐작해 볼 수 있다. 우주적이고 보편적인 교회, 참된 교회가 이 땅에서 가시적 제도적 교회로 드러나는 것이다. 이것이 웨슬리가 추구했던 에클레시아였다. 그런데 이 같은 교회가 어떻게 실현될 수 있는가? 그것은 바로 에클레시올라들의 역동적이고 실제적인 활동에 의해서다. 즉 에클레시아는 에클레시올라를 통해 실현되고 스스로를 갱신해 나간다. 이렇게 말할 때 한 가지 오해하지 말아야 할 것이 있다. 에클레시올라들의 전체 합산을 에클레시아로 이해하는 것이다. 곧 '에클레시올라들의 총합=에클레시아'로 등식화시키는 것이다. 웨슬리는 양자가 독립적이면서 상호 연관되어 있다고 보았다. 즉 다양한 에클레시올라들(작은 교회들)은 독립적으로 하나하나의 교회이지 어떤 교회 혹은 교단의 부분적인 조직이 아니라는 것이다.

웨슬리의 '교회 안의 작은 교회'의 내적 관계를 이해하기 위해서는 웨슬리 형제가 공부했던 옥스퍼드 대학의 구조를 이해하는 것이 도움이 될 수 있다.12) 옥스퍼드 대학은 38개 컬리지(college)들로 이루어진 대학이다. 많은 이들이 컬리지를 한 개의 전공과목을 가르치는 '단과대학'으로 오해하고 있는데, 실상은 그렇지 않다. 각 컬리지는 여러 과를 가지는 하나의 작은 '종합대학'이다. 즉 38개의 작은 종합대학이 모여 옥스퍼드라는 하나의 대학(university)을 이룬 것이다. 이 때문에 옥스퍼드 대학 출신자들은(케임브리지 대학도 이런 구조를 갖고 있다) 졸업할 때 컬리지 단위로 졸업하고 졸업장에도 '옥스퍼드 대학 컬리지'라는 문구가 들어가는 것이다.

웨슬리가 이해하는 '교회 안의 작은 교회'는 바로 이런 구조와 매우 유사하다. 작은 교회로서 에클레시올라는 교회로서의 에클레시아의 하부구조나 부분이 아니라 하나의 완전한 교회로서, 교회로서의 모든 속성을 그 안에 완전히 가지고 있다. 즉 이 에클레시올라 또한 에클레시아와 다름없이 하나님께서 제한 없으신 은총으로 불러 모은 이들이 하늘 가는 길을 기초로 성령이 우리 영과 더불어 증거하시는 사건을 경험하는 곳이며 이 경험이 우리 안에 체질화, 내재화되도록 끊임없이 연습하는 공간인 것이다. 다시 말해 에클레시올라는 모든 교회의 속성을 완전히 갖춘 작은 '교회'로서 그 본질상 고립되지 않고 하나님의 은총의 역사라는 큰 틀 속에서 다른 작은 교회들과 한데 묶여 에클레시아, 곧 참된 의미의 교회를 형성하게 된다.

이 같은 웨슬리의 '교회 안의 작은 교회'는 단지 영국성공회-메도디즘의 관계 설정에만 머물지 않는다. 웨슬리에게 메도디즘은 독립적인 하나의 교

---

12) 나는 웨슬리가 자신의 목회적 사상을 구축하는 데 그의 옥스퍼드 대학에서의 삶이 지대한 영향을 미쳤다고 보는데, 교회론 또한 그중 하나일 것이라 판단한다.

회로 간주되었기에 그 교회는 또 다른 형태의 작은 교회들, 각각의 독립적이면서 역동적인 교회로서의 활동을 통해 참된 교회로 존재할 수 있게 되는 것이다. 이와 반대로 메도디즘 내에 작은 교회들이 이 같은 활동이 이루어지지 않고 무기력해진다면 메도디즘의 존재 기반은 상실될 것이다. 메도디즘 안의 작은 교회의 무기력 증상에 대해서는 이미 앞에서 살펴본 바 있다. 즉 메도디즘이 'doctrine-spirit-discipline'의 삼겹줄이 느슨해진 상태를 의미하는 것이다. 이런 증상은 곧 메도디즘 안의 작은 교회의 무기력을 의미한다. 이 때문에 웨슬리는 자신의 목회가 이루어지는 현장이 작은 교회의 현장이 되도록 온 힘을 기울였던 것이다. 이 메도디즘 안의 작은 교회가 바로 웨슬리의 목회의 장이었던 '속회'다. 즉 속회는 메도디즘 안의 작은 교회, 곧 에클레시올라라 할 수 있다. 웨슬리는 이 에클레시올라를 통해 에클레시아로서의 메도디즘이 참된 교회가 되기를 추구했고, 이렇게 될 때 메도디즘이 또 하나의 에클레시올라로서 영국성공회로 하여금 참다운 의미의 에클레시아가 되는 데 기여할 것이라 확신했던 것이다. 그런 의미에서 속회는 웨슬리 목회의 핵심이라 할 수 있다. 여기서 문제는 웨슬리 목회의 장, 속회가 어떻게 작은 교회로서 참다운 길로 나아갈 수 있는가 하는 것이다. 이 문제에 대해 웨슬리의 답은 명확하다. 그것은 그 작은 교회(속회)가 '은총의 수단'이 될 때다. 즉 웨슬리가 말하는 참된 작은 교회, 곧 속회가 '은총의 수단으로서의 교회'가 될 때다.

2. 속회, 은총의 수단으로서의 교회

웨슬리의 '교회 안의 작은 교회'라는 교회 이해에 따르면 메도디즘의 자리는 이중적 의미를 내포한다. 즉 메도디즘은 '교회'인 동시에 '작은 교회,'

곧 '에클레시아'며 동시에 '에클레시올라'가 된다. 영국성공회, 더 나아가서 보편적 교회와의 관계에 있어서 메도디즘은 하나의 에클레시올라가 되고, 웨슬리 목회 현장인 속회와 관련해서는 에클레시아가 되는 것이다. 이런 의미에서 속회는 진정한 메도디즘을 형성하는 핵심적인 에클레시올라, 곧 작은 교회다. 이 말은 속회가 이 땅의 가시적이고 제도적인 교회를 우주적이고 보편적인 참된 교회로 나아가기 위해 끊임없이 자기 변혁을 이루도록 매개할 수 있는 매우 중요한 목회의 장임을 의미한다. 속회가 이런 역할을 감당할 수 있는 것은 다름 아닌 속회가 하나님의 '은총의 수단으로서'의 작은 교회(에클레시올라)로 자리매김이 될 때다.

에클레시올라로서 속회가 은총의 수단이 된다는 것은 속회가 하나님께서 우리의 구원을 위해 예비하신 은총을 수용하는 공동체여야 함을 의미하는 것이다. 이것은 속회가 하나님께서 예비하신 하늘 가는 길(doctrine)이 목표가 되어야 하며 이 길이 실제로 체현될 수 있는 성령의 공동체여야 하며 이 경험이 체질화, 내재화될 수 있도록 하는 연습 도장이 되어야 함을 의미한다. 이는 다름 아닌 '작은 교회로서 속회'의 본질과 기능이 무엇인가를 말해 주는 것이다. 이것을 좀 더 상세히 설명할 필요가 있다.

속회는 doctrine, 곧 하늘 가는 길을 추구하기 위한 장(場)이다. 속회의 목표는 무엇인가? 속회의 존재 이유는 무엇인가? 속회가 은총의 수단으로서의 작은 교회인 한, 한마디로 속회는 '하늘을 추구하는 모임'이다. 참된 속회는 성경이 가르쳐 준 하늘 가는 길을 추구하는 목표를 이탈하면 결코 존재할 수 없다. 모임이라는 측면에서 다양한 관심을 가진 사람들이 모이고 다양한 형태의 교제가 일어날 수밖에 없지만 이 모든 것은 하나님께서 측량키 어려운 은총으로 그리스도를 통해 이루신 '하늘 가는 길'을 지향할 때만 참된 의미를 가질 뿐이다.

속회는 spirit의 역사가 일어나는 공동체다. 다시 말해 속회가 은총의 수단으로서의 작은 교회인 한, 속회는 하나님께서 우리에게 은총으로 주신 하늘 가는 길이 우리 안에 실제로 경험되는 공동체여야 한다. 이것은 속회가 '성령 공동체'여야 함을 의미하기도 한다. Doctrine, 곧 하늘 가는 길이 우리 안에서 실제적인 사건이 되려면 하나님의 영이신 성령의 역사가 필연적으로 선행되어야 하기 때문이다. 속회가 성령 공동체일 때 바로 그곳이 은총의 수단으로서의 참된 교회며, 여기에서 하늘 가는 사건이 경험되는 것이다.

속회는 성령의 도우심 가운데 doctrine이 언제 어디서나 경험될 수 있도록, 즉 하늘 가는 길이 체질화, 내재화되도록 연습하는 연습장이다. 하나님의 영이신 성령의 역사는 우리의 영의 반응을 기다린다. 다른 말로 표현하자면 우리 영은 믿음으로 성령을 통해 베푸시는 하나님의 은총의 보좌 앞으로 나아가게 되는 것이다. 이 믿음의 훈련이 바로 하늘 가는 길의 연습이다. 하나님께서는 우리의 믿음의 연습을 위해 다른 은총의 수단들을 허락하셨다. 이것이 바로 '경건의 실천'과 '사랑의 실천'이다.

결국 속회의 존재 이유와 그 역할은 다름 아닌 doctrine-spirit-discipline을 꽉 매는 일 그 자체라 할 수 있다. 웨슬리에게 목회란 바로 doctrine-spirit-discipline을 삼겹줄로 꽉 매는 일임을 상기할 때, 우리는 속회가 웨슬리의 목회가 이루어지는 현장임을 다시금 확인하게 된다. 그런데 속회에 부여된 역할이 doctrine-spirit-discipline을 꽉 매는 일이라 할 때 유의해야 할 사실이 있다. 그것은 속회가 '은총의 수단'이라는 것이다. 이는 속회를 '은총의 수단'으로 사용할 때 오용하지 않도록 신중하고 사려 깊은 접근이 필요함을 의미한다. 웨슬리는 '은총의 수단'이라는 설교에서 은총의 수단을 오용하는 것에 대해 경고하는데, 은총의 수단에 대한 그릇된 이해가 가져올 부작용을 그 누구보다도 잘 알고 있었기 때문이었다.

웨슬리에 따르면 은총의 수단을 그릇 사용하는 방향은 두 가지로 나타난다. 하나는 지나치게 은총의 수단에 의존하는 것이고 다른 하나는 반대로 은총의 수단을 경시하는 태도다. 전자는 수단을 '수단' 이상으로 받아들이는 것이다. 수단이 수단에 머물지 않고 목적을 대치해 버릴 때에는 수단을 마치 '반드시 행해야만 하는 법적 의무'로 삼는 율법주의적 경향으로 나아가거나, 혹은 수단에 하나님의 자유를 가둬버리고 보이지 않고 들려지지 않는 하나님의 세계를 마음대로 조작 가능한 것으로 만드는 자연주의적 경향으로 나아가는 것이다.13) 후자 곧 은총의 수단을 경시하는 태도는 앞의 경우와는 정반대의 그릇된 태도인데, 은총의 수단을 하나님의 은총의 보좌로 나아가는 데 거추장스럽고 필요 없는 것으로 생각하는 것이다. 웨슬리는 이런 잘못된 방향으로 나아가는 사람들 중에 소위 큰 믿음을 가진 이들도 많다고 지적한다. 그들은 수단에 의지해 하나님께 나아갈 수 있다고 하는 것은 잘못이라 주장하며 참된 길은 수단에 얽매이지 않고 직접 하나님께 나아가야 한다고 주장하기도 한다.14) 웨슬리는 우리가 은총의 수단을 활용할 때 이 같은 두 가지 형태의 그릇된 태도를 늘 경계해야 한다고 조언하는 것이다. 즉 은총의 수단은 목적을 이루기 위한 '수단'일 뿐 목적이 아니다. 그것은 목적에서 분리되는 순간 아무것도 아니며 헛것이 될 뿐이다.15) 그렇다고 이것이 은총의 수단을 경시하는 핑계가 되어서도 안 된다. 은총의 수단은 하나님께서 우리에게 은총을 베푸시기 위해 친히 제정하신 참으로 귀중한 도구기 때문이다. 그러므로 우리는 하나님께서 정하신 수단을 간절히 소망해야 한다.16)

그렇다면 웨슬리가 추천하는 은총의 수단의 사용법은 무엇인가? 다음

---

13) *Sermons*, The Means of Grace, I.2.
14) *Ibid.*, I.5.
15) *Ibid.*, II.2.
16) *Ibid.*, III.1.

몇 가지로 볼 수 있다.17) 첫째, 은총의 수단을 사용할 때, 하나님은 모든 수단에서 자유롭다는 점을 기억해야 한다. 은총의 근원이신 하나님은 자신이 원하실 때 무엇이든 행하실 수 있는 전적으로 자유하신 분이다. 그렇기 때문에 하나님은 결코 어떤 수단에도 매이지 않고 자신이 제정하신 수단이나 그 수단을 넘어서 은총을 베풀고자 하실 때에 그렇게 하실 수 있다. 은총의 수단을 사용함에 있어서 이 수단에 구애됨 없이 역사하시는 이 같은 하나님을 직시해야 한다. 둘째, 수단 자체에는 아무 힘이 없다는 사실을 명심해야 한다. 수단 자체는 아무것도 아니요, 죽은 것이요, 공허한 것이다. 그것이 의미가 있는 것은 바로 하나님이 그 수단에 함께 있기 때문이다. 하나님께로부터 떨어지는 순간, 그것은 마른 잎사귀요 그림자일 뿐이다. 그러므로 은총의 수단이 비록 하나님께서 정하신 것이라 해도 하나님만을 신뢰하는 믿음이 없다면 아무것도 아니다. 오히려 모든 은총의 수단에서 단절되었다 해도 하나님을 참으로 신뢰하면 하나님의 은총이 함께 있을 것이다. 셋째, 모든 수단을 사용할 때는 하나님만을 집중해야 한다는 것이다. 은총의 근거는 수단이 아니라 하나님 한 분에게 있음을 기억해야 한다. 본말이 전도되어 수단에 집착하느라 근원을 망각해서는 안 된다. 수단은 목적에 봉사할 때 참 가치가 있을 뿐이다. 넷째, 은총의 수단 자체를 종국적인 목적으로 삼지 말아야 한다. 은총의 수단을 통해 큰 기쁨을 맛볼 수 있지만 그 기쁨에 머무는 것은 위험한 일이다. 수단을 종국적인 목적으로 삼으면 스스로 교만한 자의 자리에 앉는 결과를 초래하기 때문이다. 진실로 수단을 통해 하나님의 은총을 입은 자는 오히려 은총을 베푸신 하나님을 주목하고 그분이 하신 일을 찬송할 수밖에 없다.

속회를 '은총의 수단' 중 하나로 간주할 수 있다면 우리는 웨슬리가 조언해 준 '은총의 수단 사용법'을 속회 활용에도 동일하게 적용해야 한다. 즉

---

17) *Ibid.*, V.4.

우리는 속회를 절대화시키거나 반대로 속회를 경시해서는 안 된다는 전제 하에, 먼저 속회가 은총의 수단 중 하나일 뿐임을 기억해야 한다. 이 말은 하나님의 은총이 반드시 '속회'라는 현장을 통해서만 경험될 수 있다고 고집해서는 안 된다는 것이다. 사실 하나님께서는 은총의 근원 그 자체이시기에 수단에 얽매이지 않고 자신이 원하실 때 자신이 원하시는 방식으로 은총을 베푸실 수 있음을 기억한다면, 우리는 속회만이 하나님의 은총의 수단이 발현되는 현장이라고 주장할 수 없고 오히려 하나님께서는 속회 이외의 방식으로도 은총을 베푸실 수 있음을 겸손히 인정할 것이다. 또한 우리는 속회 자체가 특별한 능력을 지니고 있다고 생각해선 안 된다. 속회가 하나님의 은총의 보좌로 인도하는 능력을 보유하고 있는 것이 아니라 단지 하나님의 은총의 보좌 앞으로 인도하는 통로일 뿐임을 기억해야 한다. 속회 그 자체는 아무것도 아니고 속회가 능력을 갖게 되는 것은 속회에 하나님의 은총이 함께하기 때문이다. 은총의 수단으로서의 속회는 비록 하나님께서 정하신 은총의 통로라 해도 하나님을 향한 진실한 믿음에 기초하지 않는다면 하나님의 은총이 경험될 수 없음을 명심해야 한다. 또 우리는 속회라는 하나님의 은총의 수단을 사용할 때 속회 자체를 목적으로 삼아서는 안 될 것이다. 은총의 본질을 안다면 은총을 베푸신 자 앞에서 겸손할 수밖에 없다. 속회라는 은총의 수단으로 인해 큰 기쁨을 맞이한 그 순간일지라도 하나님을 바라보며 그분이 하신 일을 찬미하게 될 뿐이다. 끝으로, 우리는 하나님께서 속회를 통해 하시려는 일만을 집중해야 한다. 본말이 바뀌어 수단에 집착하느라 근원을 망각하는 우를 범해서는 안 된다. 속회라는 은총의 수단은 속회 그 자체를 만족하기 위해서가 아닌 속회를 통해 하시려는 하나님의 계획, 곧 사람들로 하여금 하늘 가는 길을 완성해 하나님의 형상을 온전히 회복하기 위해서 사용할 때만 의미가 있는 것이다.

3. 속회의 구조 - 단일성과 다양성

속회를 영혼으로 하여금 하나님의 은총의 보좌 앞으로 이끄는 '은총의 수단으로서의 교회'라고 이해할 때, 이는 속회의 구조에 관련해서도 여러 가지 사실들을 말해 준다. 그중에서도 다음 두 가지 사실들은 매우 중요한 의미를 갖는다. 그 하나는 속회가 하나님의 은총을 전달하는 포괄적 공동체라는 사실이다(단일성). 속회가 은총의 수단으로서 하나님의 은총을 전달하는 통로라고 할 때, 속회는 하나님의 은총이 이끄는 바에 따라 대응해야 하는 '종속변수'임을 의미하는 것이다. 하나님의 은총은 본질적으로 하나의 일관된 목적을 향한다. 즉 하나님의 은총은 하늘을 회복시키는 일, 다시 말해 인간에게 상실된 하나님의 형상을 온전히 회복시키는 확고한 초점을 지향한다. 속회는 바로 이러한 하나님의 은총을 섬기는 은총의 수단이다. 하나님의 은총이 오직 영혼에게 하나님의 형상을 회복시키려는 초점을 향하는 한, 속회 또한 이 목표를 향하는 교회 공동체일 수밖에 없는 것이다. 이런 의미에서 웨슬리의 속회를 그의 여러 공동체 중 하나라고 말하는 것은 심각한 왜곡이라 할 수 있다. 그런데 우리는 실제로 이와 같은 우를 쉽게 범하고 있다. 예를 들어 보통 우리가 속회라 말할 때 웨슬리의 교회 공동체들, 곧 신우회(society), 클래스(class), 밴드(band) 중의 하나를 지칭한다(아마 그중에서 가장 많이 언급되는 것은 클래스일 것이다). 웨슬리의 속회를 이렇게 간주해 버리면 속회의 전체성은 무시되고 하나의 소그룹 형태로 이해되고 만다. 웨슬리 속회는 결코 교회의 일부나 하나의 소그룹으로 이해될 수 없다. 그의 속회는 하나님의 일관된 은총을 전달하는 포괄적인 은총의 수단이요 교회라는 속성을 그대로 지닌 독립적인 작은 교회기 때문이다.

속회를 '은총의 수단으로서의 교회'라고 이해할 때 속회의 구조에 관련해서 말해 주는 또 하나의 중요한 사실은 속회가 '다양한 형태'를 갖는다는 것이다(다양성). 속회가 영혼을 하늘 가는 길로 인도하도록 이끄시는 하나님의 은총에 종속변수라는 사실은 이미 언급했다. 그런데 이 하나님의 은총은 구원의 여정 중에 다양한 형태로 전개되기 때문에 이 은총을 담아낼 속회 또한 다양한 형태를 갖는 것이 당연하다. 웨슬리에 따르면 하늘 가는 길은 구원의 여정으로 알려진 구원의 국면들, 곧 회개-칭의-거듭남-성화-완전과 다르지 않다. 하나님의 은총은 이 국면들을 일으키는 원천으로, 회개의 은총, 칭의의 은총, 거듭남의 은총, 성화의 은총, 완전의 은총이다. 즉 하늘 가는 사건을 일으키는 하나님의 은총은 영혼이 성장함에 따라 그 형태를 달리하는데, 하나님께서는 우리의 영적 상태에 필요한 적절한 은총, 곧 '때를 따라 돕는' 은총을 우리에게 베푸시는 것이다.[18] 속회는 이런 하나님의 은총의 종속변수이기에 이런 은총들을 수용하는 현장 또한 그 형태가 다르게 나타날 수밖에 없다. 이것이 바로 웨슬리의 속회가 한 가지 형태에 머무는 것이 아니라 다양한 형태의 공동체 모습으로 나타났던 이유다.

앨빈(Thomas Albin)은 웨슬리 속회에서 나타나는 다양한 형태의 공동체를 '대중 전도 집회, 신우회와 클래스, 밴드, 선발자 밴드, 참회자 밴드' 다섯 가지로 제시하는데, 이러한 공동체들이 각각에 따라 역사하는 하나님의 은총에 대응하기 위해 생겨났다고 이해한다. 즉 대중 전도 집회는 하나님의 선행적 은총(Prevenient Grace)이, 신우회와 클래스에는 회개케 하는 은총(Convincing Grace)이, 밴드는 칭의의 은총(Justifying Grace)이, 선발자 밴드는 성화의 은총(Sanctifying Grace)이, 그리고 참회자 밴드(Penitent Bands)에는 구속하는 은총(Redeeming Grace)이 '주된 역할(active)'을 했다는 것이

---

18) 성경에는 이와 관련된 구절들이 있다. 다음 내용들은 그 대표적인 것들이다.
"내가 그들에게 복을 내리고 내 산 사방에 복을 내리며 때를 따라 소낙비를 내리되 복된 소낙비를 내리리라(겔 34:26)."
"그러므로 우리는 긍휼하심을 받고 때를 따라 돕는 은혜를 얻기 위하여 은혜의 보좌 앞에 담대히 나아갈 것이니라(히 4:16)."

다.19)

    나는 기본적으로 웨슬리의 다양한 속회 공동체들이 각기 다른 형태의 주도적인 하나님의 은총과 관계한다는 앨빈의 생각에 동의하지만 그 구체적 내용에서는 일부분 수정된 견해를 견지한다. 나는 웨슬리의 속회를 대중 집회, 신우회, 클래스, 밴드, 선발자 밴드로 나눈다. 참회자 밴드를 밴드의 일종으로 이해하기 때문에, 앨빈과 달리 따로 분류하지 않고 밴드 속에 포함시켰다. 각 공동체에서 주도적으로 역사하는 은총의 종류를 구분하는 것도 나는 앨빈과 일부분 달리 해석한다. 대중 집회는 '죄를 깨닫게 하여 회개케 하는 은총'을, 신우회는 죄의 용서함에 이르게 되는 '칭의의 은총'을, 클래스는 칭의에 이른 사람이 실제적인 의로운 삶에 참여하도록 돕는 '거듭남의 은총'을, 밴드는 죄를 정복하여 거룩한 삶을 살아가도록 돕는 '성화의 은총'을, 선발자 밴드는 완전으로 인도하는 완전케 하는 은총을 주도적인 은총으로 상정한다(자세한 내용은 3장에서 다루고 있다).

    여기서 유의할 것은 웨슬리의 각각의 공동체에 어떤 특정한 형태의 은총만이 활동했다고 속단해서는 안 된다는 사실이다. 하나님의 은총은 본질적으로 동일한 것이기 때문에 그것을 종류별로 분류한 것은 불변의 고정적인 것이 아니라 임의적일 수밖에 없으며, 또 이렇게 임의적으로 분류된 은총의 종류라 해도 어떤 공동체에 특정한 은총만이 활동했다고 말할 수 없다. 예를 들어 대중 집회에 선행적 은총만이 적용되었다고 볼 수 없고 그곳에 참석한 사람들에게 각기 다른 형태의 은총이 임했을 가능성이 있다. 대중 집회에 모였던 사람들 중 많은 사람들이 회개의 체험을 했다는 점에서, '주도적인 역할'을 한 하나님의 은총은 사람들로 하여금 죄의 고백과 회개로 인도하는 '선행적 은총'이었다고 말할 수 있는 것이다.

---

19) Thomas Albin, "An Empirical Study of Early Methodist Spirituality," *Wesley's Theology Today: A Bicentennial Theological Consultation*, ed., by Theodore Runyon(Nashville: TN: Kingswood Books, 1985), p.278.

3장
웨슬리 목회에서 속회 활용

———

　지금까지 우리는 웨슬리 목회에서 속회가 무엇을 의미하는지 살펴보았다. 본 장에서는 이러한 속회가 웨슬리 목회 현장에서 구체적으로 어떻게 활용되었는가를 살펴보고자 한다. 이를 위해 먼저 웨슬리 목회에서 속회가 어떻게 발전되었는지를 살펴보겠다. 말하자면 속회의 역사적 발자취를 살펴봄으로써 어떻게 속회가 웨슬리에게 목회의 핵심으로 자리 잡았는지 탐구해 보는 일이 될 것이다. 다음으로는 웨슬리가 목회의 핵심으로 속회를 활용할 때 어떤 방식으로 활용했는지 구체적으로 살펴봄으로써 웨슬리의 속회 활용 방법이 무엇인지 탐구해 보려 한다.

1. 웨슬리 속회의 역사적 전개

웨슬리 속회는 '교회 안에서의 작은 교회'며 이때 이 작은 교회는 '은총의 수단으로서의 교회'를 의미한다. 이 같은 웨슬리의 속회는 하루아침에 갑자기 세상에 등장한 것이 아니라 상당한 기간을 거치며 틀을 잡게 되었다. 이에 대해 웨슬리는 이렇게 설명한다.

"(1738년) 5월 1일 월요일, 우리의 작은 신우회(little society)가 런던에서 시작되었다. 그렇지만 소위 말하는 메도디즘의 처음 시작은 아마도 1729년 11월에 옥스퍼드에서 우리 네 사람이 홀리 클럽으로 모였던 그 시점이라 해야 할 것이다. (메도디즘의) 두 번째 국면은 1736년 4월 (조지아) 사반나에서 20~30명으로 시작한 신우회라 할 수 있을 것이다. 세 번째 국면이 바로 오늘 런던에서의 모임이 될 것이다. 40~50명으로 형성된 이 모임은 매주 수요일 저녁에 함께 모여 자유로이 대화하며 찬송과 기도로 시작과 끝을 맺기로 뜻을 모았다."1)

웨슬리의 설명에 따르면 메도디즘 성장은 자신의 목회 공동체, 곧 속회의 성장과 그 궤를 같이하는데, 여기에는 세 가지 중요한 계기들이 있다는 것이다. 첫째는 옥스퍼드에서 결성된 '홀리 클럽'이고, 둘째는 웨슬리가 선교사 신분으로 가 있었던 조지아의 사반나라는 지역에서 형성했던 '조지아 신우회'며, 셋째는 1738년 5월 1일에 결성된 페터레인신우회. 즉 옥스퍼드 홀리 클럽이 웨슬리 속회의 출발점이라면 조지아신우회는 그 기초가 되겠고 페터레인신우회는 속회가 구체적으로 완전한 형태로 드러난 것이라 할 수 있다.

---

1) Wesley, *A Short History of the People called Methodists*, 9.

1) 웨슬리 속회의 원형(prototype), 홀리 클럽(holy club)

웨슬리는 스스로 메도디즘의 첫 부흥(the first rise)이 옥스퍼드에서 시작되었던 '홀리 클럽(holy club)'이라고 인식한다.2) 웨슬리 속회의 원형적 모습 역시 홀리 클럽에서 찾을 수 있을 것 같다. 홀리 클럽은 존 웨슬리가 자신의 고향 엡웟에 가서 아버지 사무엘 웨슬리의 목회를 도우며 수련 과정(curate)을 밟고 있던 1726년, 동생 찰스 웨슬리가 두 명의 다른 친구들과 더불어 결성한 젊은 그리스도인들의 모임이었다. 존 웨슬리가 홀리 클럽과 관계를 맺은 것은 그가 옥스퍼드 대학의 여러 컬리지 중 하나였던 '링컨컬리지'의 강사로 돌아왔던 1729년 11월이었다. 존 웨슬리가 이 모임에 참여했을 때 가장 연장자였을 뿐 아니라 연구강사(fellow)라는 위치였기 때문에 지도자가 된 것은 자연스런 일이었다.

존 웨슬리가 홀리 클럽을 지도하자 모임에 활기가 더해졌고 내용면에서도 견실해졌다. 이 모임은 여러 다른 이름으로도 불렸는데, 그 대표적인 것들이 '메도디스트(Methodist),' '성경 고집쟁이들(Bible Bigots),' '성경 좀벌레들(Bible Moths),' '성찬주의자들(Sacramentarians),' '공덕주의자들(功德主義者, Supererogation Men)' 등이다. 홀리 클럽에 참석한 이들의 숫자는 적을 때는 4명에서 많을 때는 27명에 이르렀다. 이 모임에서 핵심적인 역할을 담당한 이들은 웨슬리 형제를 포함, 벤자민 잉험(Benjamin Ingham), 토마스 브로우턴(Thomas Broughton), 존 클레이턴(John Clayton), 제임스 허비(James Hervey), 1735년 마지막으로 합류한 조지 휫필드(George Whitefield)가 있다.3)

홀리 클럽은 지향하는 목적이 명확했다. 그것은 바로 '내적인 성결

---

2) Wesley, John, *Works*, Vol.9, pp.425~503.
3) Wesley, *A Short History of Methodism*, 4.

(inward holiness)'을 이루는 것이었다. 1734년 웨슬리가 아버지 사무엘에게 보낸 편지에서 자신이 내적인 성결을 추구하는 일에 얼마나 몰두하고 있는지를 다음과 같이 피력하고 있다.

"제 생애에서 단 하나의 목표는 개인적인 성결을 이루는 것입니다."4)

웨슬리는 내적인 성결이라는 목표를 이루기 위해 모임을 필요로 했고, 홀리 클럽은 이 목표를 이루는 데 매우 유용한 모임이었다. 사실 내적 성결이라는 목표를 지향하며 모였던 모임은 홀리 클럽 이전, 약 40여 년 전부터 여러 모양의 '경건 모임(religious society)' 형태로 존재해 왔다. 웨슬리 시대의 영국성공회는 믿음의 생동감이 사라져 가고 있을 때였고, 이런 상황을 우려하며 자체적으로 경건한 삶을 회복하고자 하는 움직임들이 있었다. '경건 모임'은 그중의 하나였다. 성 가일즈(St. Giles)의 목사 스미디즈 박사(Dr. Smithies), 성 피터의 목사 베버리지 박사(Dr. Beverage), 사보이 교회(Savoy Church) 목사 호네크 박사(Dr. Horneck)가 이 운동을 주도했는데,5) 1678년 런던에서 처음 결성되었다.

이후 경건 모임은 여러 곳에서 여러 모양으로 생겨났다. 모임마다 활동의 내용이 조금씩 달랐지만 서로의 성결한 삶을 지지하기 위해 모였다는 데는 차이가 없었다. 이 같은 경건 모임들의 활동은 영국성공회 내에서 많은 호응을 이끌어 내었다. 웨슬리의 아버지 사무엘은 이 경건 모임에 대해 많은 관심을 기울였고6) 실제로 자신이 시무하던 엡웟 지역에 모임을 직접

---

4) Snyder, 『혁신적 교회갱신과 웨슬레』, p.29에서 재인용.
5) Henry D. Rack, *The Future of John Wesley's Methodism; Ecumenical Studies in History* 2(Richmond: VA: John Knox Press, 1965), pp.14~15. 그리고 Henry Bett, *The Spirit of Methodism*(London: The Epworth Press, 1937), pp.45~46 참조.
6) David Lowes Watson, *The Early Methodist Class Meeting: Its Origins and Significance*(Discipleship Resource, Nashville, 1987), p.72.

만들어 주도적으로 활동하기도 했다.7) 경건 모임에 관한 영국성공회 안에서의 매우 호의적인 반응과 아버지 사무엘의 지대한 관심은 웨슬리에게도 많은 자극이 되었을 것이다. 실제로 웨슬리는 어디에 가든지 경건 모임을 본뜬 모임을 만들었으며, 옥스퍼드 홀리 클럽은 그 대표적인 예라고 할 수 있다. 그러므로 홀리 클럽은 당시의 다른 경건 모임과 마찬가지로 내적 성결을 추구했고 웨슬리는 이 홀리 클럽 안에서 자신의 내적 성결을 이루어 나갔던 것이다.

 웨슬리를 포함한 홀리 클럽의 구성원들이 자신들의 내적 성결을 이루기 위해서 행한 일들은 다양했으나 이들은 크게 두 가지 방향의 실천에 집중했다. 하나는 '기도'로 대표되는 경건의 실천들이다. 그들은 경건한 삶을 바라시는 하나님의 뜻대로 더욱 하나님께 가까이 나아가기를 갈망했다. 무엇보다도 그들은 하나님의 말씀을 탐구하는 데 온 힘을 기울였다. 홀리 클럽이 처음 시작될 때부터 그 구성원들은 성경을 신앙의 표준으로 삼고 성경의 진리 탐구에 몰두하는 '한 책의 사람(*homo urius libri*; a man of one book)'들이었다.8) 이 말은 그들이 오직 성경만을 탐구하는 사람들이었다는 의미는 아니다. 그들은 성경의 의미를 보다 정확히 이해하기 위해 헬라어로 된 성경을 읽었으며 선조들의 귀한 신앙적 경험을 담고 있는 경건 서적, 특히 초대교회 교부들의 저작물들을 심도 있게 읽었다.9) 또한 그들은 매주 한 번 규칙적으로 성찬을 나누었고 일주일에 두 차례씩 금식하였으며 매일 기도

---

7) 사무엘은 1699년 '경건 모임들에 관한 편지(A Letter concerning Religious Societies)'에서 이렇게 강조한다. "모든 크리스천의 목표인 하나님의 영광과 그들 자신의 구원을 추구하기 위해 경건 모임들은 모든 곳에 설립되어야 한다." Luke Tyerman, *The Life and Times of the Rev. John Wesley*, Vol.1(New York: Harper & Brothers, 1872), pp.227~228.
8) 웨슬리는 훗날 홀리 클럽의 초기를 회상하며 이렇게 고백한다. "우리 네 사람이 처음 모였을 때에, 우리의 손에는 다만 한 권의 책이 있었을 뿐이었다. 이 책은 우리의 사상과 행동의 유일한 지침이었다. 그래서 우리를 비웃는 사람들은 우리를 '성경벌레들'이라고까지 불렀다." *Sermons*, On God's Vineyard, I.1.
9) 웨슬리의 초대교회 교부들에 대한 관심을 더 체계적으로 설명한 자료는 다음을 참조하라. Ted Campbell, *John Wesley and Christian Antiquity: Religious Vision and Cultural Change*(Nashville: Kingswood Books, 1991).

에 힘썼다.10) 이 같이 경건의 실천에 힘을 쓰면서 자신들의 삶이 하나님께 더 가까이 나아가고 있는지 날마다 자신들의 상태를 면밀하게 점검해 갔다.11)

홀리 클럽의 구성원들이 자신들의 내적 성결을 이루기 위해 행했던 또 다른 중요한 실천은 '구제'로 대표되는 '사랑의 실천'이다. 홀리 클럽은 경건의 실천에 힘썼을 뿐 아니라 가난하고 고통받는 이웃을 돌보는 일에도 많은 애를 썼다. 교도소를 방문하는 일,12) 병자들을 방문하는 일, 도시 빈

---

10) 웨슬리는 1733년 초기 메도디스트 구성원들이 사용할 『매일기도문집(A Collection of Forms of Prayer for Everyday in the Week)』을 만들어 사용했다.
11) 웨슬리의 자기 평가 시스템은 메도디스트 모임이 처음 형성되던 1729년 말 혹은 1730년 초에 처음 등장한다. 이와 비슷한 질문들이 3년 후에 발간된 『매일기도문집』에서도 발견된다. 1781년 후반기에 웨슬리가 출판한 Arminian Magazine에 22가지 항목으로 정리되어 있다. 그 내용을 번역해 보았다.
  ① 의식적이든 무의식적이든 원래 내 모습을 숨기고 포장하며 살아가지 않는가? 나는 위선적 삶을 살아가지 않는가?
  ② 자신의 행동과 말에서 솔직한가? 아니면 과장하며 살아가는가?
  ③ 누군가 내게 은밀히 털어놓았던 바를 다른 이에게 공개하진 않았는가?
  ④ 나는 신뢰할 만한가?
  ⑤ 옷이나 친구, 일 혹은 음주, 흡연 등의 어떤 습관들에 얽매이지 않았는가?
  ⑥ 자부심이나 자기 연민, 자기 의에 물들지 않았는가?
  ⑦ 성경 말씀이 오늘 내 안에서 살아 약동하는가?
  ⑧ 매일 성경 말씀을 듣기 위해 시간을 따로 떼어 놓았는가?
  ⑨ 기도하기를 좋아하는가?
  ⑩ 내 신앙에 대해 다른 이에게 말한 적이 언제인가?
  ⑪ 내가 소비하는 돈에 관해 기도하는가?
  ⑫ 정해진 시간에 잠자리에 드는 것과 일어나는 것에 대해 기도하는가?
  ⑬ 어떤 부분에서든지 하나님께 불순종하며 살지 않는가?
  ⑭ 양심이 편치 않은 일을 지속하고 있는가?
  ⑮ 내 삶의 어떤 부분에서 승리하지 못하고 있는가?
  ⑯ 내 안에 질투심, 더러운 것, 불평, 안절부절못함, 신경질, 의심이 일어나는가?
  ⑰ 여분의 시간이 생길 때 어떻게 보내는가?
  ⑱ 교만한가?
  ⑲ 내가 다른 이들, 특히 세리들을 멸시했던 바리새인들과 같지 않다는 사실로 하나님께 감사하고 있지 않은가?
  ⑳ 내가 두려워하거나 싫어하거나 배척하거나 비난하거나 묵은 감정을 갖거나 무시하는 대상이 있는가? 그런 사람을 어떻게 대하고 있는가?
  ㉑ 투덜대거나 불평하는 일이 습관처럼 되어 있는가?
  ㉒ 예수 그리스도를 정말로 살아 역사하는 분으로 받아들이는가?
12) 교도소 방문은 홀리 클럽의 한 사람이자 웨슬리 형제와 같은 컬리지(크라이스트 처치 컬리지)에서 동문

민들을 돌보는 일, 가난한 아이들을 교육하는 일 등은 홀리 클럽 구성원들이 행했던 대표적인 사랑의 실천이었다. 존 웨슬리 자신도 사랑을 실천하는 일에 솔선수범했다. 예를 들어 그는 자신의 수입에서 생활을 위한 최소한의 경비를 제외하고서는 모두 가난한 이들을 위해 사용했다.13)

홀리 클럽 경험은 웨슬리의 삶과 목회에 지대한 영향을 끼쳤다. 특히 이 경험은 웨슬리가 장차 본격적으로 전개할 자신의 목회에 필수적인 통로라 할 수 있는 속회를 준비하는 데 가장 기초적이고 본질적인 토양, 곧 원형(prototype)이 된다. 이 말은 속회라는 관점에서 볼 때 홀리 클럽이 깊은 의의를 갖는다는 것을 의미한다. 그 의의들을 다음 몇 가지로 정리해 볼 수 있겠다.

첫째, 홀리 클럽은 doctrine, 곧 하늘 가는 길을 우리의 일상적 삶의 자리에서도 추구할 수 있게 하였다는 점에서 의의가 크다. 원래 하늘 가는 길의 실천은 특별한 사람들이, 특별한 장소에서만 실천 가능한 것이라 간주되었다. 말하자면, 종교적으로 선별된 종교 엘리트들이 세속적 환경을 벗어난 수도원 같은 데서나 실천 가능한 것이 하늘 가는 길이었던 것이다. 그러나 홀리 클럽은 이 일을 우리가 늘 접하는 일상의 삶 한가운데에서 실천하는 것이 가능하다는 사실을 보여 주었다. 다시 말해 홀리 클럽은 일상적 삶의 자리를 하나님의 거룩한 자리로 만들기 위해 끊임없이 자기를 쳐서 그리스

수학했던 윌리엄 모건(William Morgan)이 먼저 시작했다. 그의 교도소 방문은 드라마틱하다. 불행히도 그의 부인이 갑자기 살해를 당했는데, 그 살해범은 성채에 딸린 교도소에 수감되어 있었다. 모건은 자신의 부인을 죽인 그 살인범을 방문하면서 그곳에서 채무로 인해 수감된 이들을 접하게 되었다. 그들 안에도 선한 마음이 있음을 확신하고서는 그들을 돌보는 사역을 지속했다. 1730년 8월 24일, 존 웨슬리는 동생 찰스도 이곳을 방문하게 하였으며, 이후 홀리 클럽 구성원에겐 교도소 방문이 매우 중요한 사역이 되었다.

13) 웨슬리의 첫 해 수입은 30파운드였다. 웨슬리는 그중 28파운드를 자신의 생활을 위해 소비했고 나머지 2파운드는 가난한 이들을 돕는 일에 사용했다. 다음해에는 60파운드를 벌었지만 그는 28파운드만 생활비로 사용하고 나머지 금액은 이웃을 돕는 일에 사용했다. 그의 수입이 90파운드, 120파운드 등으로 계속 증가했을 때도 그는 자신의 생활비를 위해서는 여전히 28파운드만을 사용했고 이 금액을 제외한 나머지는 가난한 이들에게 나누어주었다.

도께 복종시키는 경건 훈련의 장으로 삼음으로써 하늘 가는 길을 일반 대중도 일상 가운데서 추구할 수 있다는 가능성을 보인 것이다.14)

둘째, 홀리 클럽은 하늘 가는 길이 '나 홀로' 추구하는 고독한 신비주의의 길이 아니라, 다른 이들과 '더불어' 추구하는 길이라는 사실을 보여 주었다는 데서 의의가 크다. 하늘 가는 길을 걷는 사람의 모습에서 나타나는 전형적인 삶의 태도는 '홀로 고독하게' 살아가는 것이다. 그러나 홀리 클럽은 하늘 가는 길이 격리된 장소에서 홀로 '여기가 좋사오니'를 외치는 삶의 모습이 아니라 그 길을 추구하는 다른 이들과 함께 모여 '서로를 지지하고 격려하는' 공동체 속에서 추구해 나가는 삶의 모습을 보여 주었다. 여기에는 그 어떤 차이나 차별도 제약이 없었다. 이 모임에는 교파도 문제가 되지 않았고 성직자냐 평신도냐, 부자냐 가난한 자냐 하는 것도 문제되지 않았다. 그들에게 필요했던 것은 오직 하늘을 가고자 하는 간절한 소원뿐이었다. 홀리 클럽은 하늘 가는 길을 함께 걸으며 연약한 이를 세우고 좌절한 이에게 소망을 북돋우며 넘어진 이를 부축하는 공동체를 경험했던 것이다.

셋째, 홀리 클럽은 하늘 가는 길을 걸을 때 무엇을 해야 하는가에 대해 명확히 제시했다는 점에서 의의가 크다. 홀리 클럽 구성원들은 하늘을 사모하여 함께 모인 이들이었다. 이들은 한마음이 되어 하늘 가는 길을 지금 여기 일상의 삶 가운데서 실천했다. 이것은 주로 '기도'와 '구제'로 대표되는 경건의 실천과 사랑의 실천을 통해 이루어졌다. 그들은 끊임없이 한 책의 사람이 되어 하늘 가는 길을 탐구했고 기도와 성만찬, 금식 등의 실천을 통해 하나님의 은총에 더욱 가까이 다가섰다. 이뿐만 아니었다. 그들은 이

---

14) 나는 이 같은 하늘 가는 길의 두 가지 실천 방식을 각각 '소수 엘리트적 영성'과 '대중적 영성'이라 칭한다. '소수 엘리트적 영성'은 종교적 엘리트들이 수도원과 같은 구분된 장소에서 하늘 가는 길을 추구하는 방식이고, '대중적 영성'은 모든 사람들이 일상의 삶 한가운데에서 하늘 가는 길을 추구하는 방식이다.

웃을 사랑하는 일에도 온 힘을 기울였다. 이 같은 실천은 일회성에 그친 것이 아니라 지속적인 실천을 통해 내재화되고 체질화되었다. 이 '지속적인 실천'은 바로 '훈련(discipline)'을 의미한다. 기도와 구제의 훈련을 통해 모든 이들이 일상 중에서 하늘 가는 길을 걸을 수 있다는 사실을 보여 준 것이다.

이처럼 하늘 가는 길을 모든 사람이 일상적 삶의 현장에서 참여 가능한 대중적 영성으로 전환한 점, 이 길을 홀로 고독하게 걷는 것이 아니라 다른 이들과 함께 걷는 공동의 사건으로 간주한 점, 또 이 길을 걷는 구체적인 방법으로 경건과 사랑의 실천을 기반으로 하는 훈련을 중심으로 삼은 점은 옥스퍼드 홀리 클럽에 나타나는 특징들이다. 이 같은 특성들은 차후에 웨슬리 속회에서 정교한 모습으로 드러나는데, 특히 1739년 이후에 본격적으로 전개되기 시작한 웨슬리의 '은총의 수단'이라는 개념과 결합하면서 더욱 조직적이고 체계적으로 속회 속에 실현된다. 결국 홀리 클럽은 장차 웨슬리 목회의 근간이 되는 속회의 '원형적 모델'인 셈이다. 즉 홀리 클럽의 경험은 속회 공동체로 이어지고 발전되어 사람들이 하늘 가는 길을 걷도록 하는 데 중요한 역할을 하게 되었다.

2) 웨슬리 속회의 기본 틀(frame), 조지아신우회

메도디즘의 부흥의 역사에서 홀리 클럽을 첫 단계(the first rise)로 평가했던 웨슬리가 그 두 번째 단계(the second rise)로 언급한 것은 조지아에서의 신우회(society)였다.15) 이것은 홀리 클럽이 웨슬리 속회의 원형적 모델이었다면 조지아신우회는 웨슬리 속회의 가장 기본적인 틀(frame)로 이해될 수 있음을 의미한다. 앞에서 언급했듯이, 홀리 클럽은 당시 영국성공회

---

15) Wesley, John, *Works*, Vol.9, pp.425~503.

에서 상당한 호응을 얻었던 여러 신우회들을 본떠 만들었다는 점에서 이미 웨슬리가 신우회를 시작하고 있다고 보아야 한다. 그러나 홀리 클럽을 일반적인 신우회로 간주하기 어려웠던 것은 모임에 참여했던 이들이 모두 옥스퍼드 대학에 소속되었기 때문이다. 즉 홀리 클럽 구성원들은 옥스퍼드 대학의 학생이거나 교원들이었던 것이다.[16] 다시 말해 옥스퍼드 홀리 클럽은 신우회의 하나였으나, 다양한 삶의 배경을 가진 일반적인 신우회와 달리 옥스퍼드 대학이라는 배경에서 모인 하나의 특성화된 그룹이었다.

웨슬리가 실질적으로 신우회를 조직하고 운영해 본 경험은 1736년과 그 이듬해 1737년, 약 2년간 선교사 신분으로 머물렀던 조지아에서 있었다고 보아야 한다. 웨슬리는 서른두 살이 되었던 1735년 10월, 약 15년간의 옥스퍼드 생활을 뒤로 한 채 동생 찰스, 벤자민 잉햄(Benjamin Ingham), 찰스 델라모트(Charles Delamotte)와 함께 선교 사역을 위해 조지아를 향한 배를 탔다. 델라모트를 제외한 세 사람은 옥스퍼드 홀리 클럽의 핵심 구성원이었으므로 이는 홀리 클럽의 조지아 이동이라 할 만했다.[17] 조지아에 도착한 웨슬리는 자신의 기대와는 달리 조지아의 원주민 선교에 전념할 수 없었다.[18] 오히려 대부분의 시간을 영국에서 식민지로 건너가 정착한 영국인들을 위한 '이민 목회'에 할애해야만 했다.

웨슬리가 힘을 기울였던 것 중 하나가 신우회를 조직하고 운영하는 것이었다. 웨슬리는 이민자 교인들 중에서 신실한 이들을 모아 신우회를 만들었고 매주 수요일과 금요일에 규칙적으로 모임을 가졌다. 이 모임은 개

---

[16] 홀리 클럽의 구성원들 중 셋은 존 웨슬리를 포함하여 옥스퍼드 대학의 강사였으며, 나머지는 옥스퍼드 대학 소속 칼리지에 재학 중인 학생이었다.
[17] 실제로 이들 셋이 홀리 클럽에서 이탈한 후로 옥스퍼드 홀리 클럽은 서서히 활기를 잃었고 마침내 사라지고 말았다.
[18] 조지아에는 영국에서 건너간 사람들을 위해 마련된 정착촌들이 여러 곳에 있었다. 웨슬리 일행은 주로 사반나와 프레데리카라는 곳에서 활동했다. 웨슬리 일행은 그 주변에 살던 토착민들에게 복음을 전하고자 애썼으나 결실은 크지 않았다.

인의 내적 성결을 이루려는 소망을 향해 엄격한 훈련을 수행하고자 했다는 점에서 기본적으로 옥스퍼드 홀리 클럽의 연장이라 할 수 있었다. 그렇지만 이 모임은 홀리 클럽과는 다른 특성들을 내포하고 있었다. 이 특성들은 웨슬리 속회가 어떻게 발전되어 나가고 있는지를 보여 주고 있다는 점에서 면밀하게 살펴볼 필요가 있다. 먼저 조지아신우회는 옥스퍼드 홀리 클럽과는 달리 다양한 배경을 가진 평범한 교인들로 이루어져 있다는 점에서 일반적인 형태의 신우회와 가깝다고 할 수 있다. 즉 조지아신우회는 명실상부한 '평범한 교인들의 모임'이라고 할 수 있다. 이는 웨슬리의 신우회가 옥스퍼드 대학이라는 특수한 상황을 배경으로 하는 모임이 아닌 우리가 늘 직면하는 실제 세상 가운데에서 비로소 시작되었음을 의미한다.

조지아신우회가 옥스퍼드 홀리 클럽과 다른 또 하나의 차이는 웨슬리가 조지아에서 생활을 하며 접했던 모라비안 공동체 특성들을 깊이 수용했다는 점이다. 웨슬리는 조지아에 머무는 동안 빈번하게 모라비안들과 교제를 가졌는데, 이 과정에서 웨슬리는 모라비안으로부터 많은 영향을 받았고 그들의 모임에 대해 여러 가지를 배워 자신의 신우회에 적용했다. 그중에 평신도 지도자를 양성하여 그들이 모임에서 주도적인 역할을 하게 하는 것이라든지, 즉흥 기도나 회중 찬송 등을 활용하여 모임을 보다 활기차고 생동감 있게 만드는 것 등을 신우회에 직접 적용하기도 했다. 웨슬리가 모라비안들에게 배워 자신의 신우회에 적용한 것은 비단 이런 외형적인 것만은 아니었다. 웨슬리는 모라비안들로부터 믿음으로 의롭다 하심을 믿는 믿음과 구원함을 입었다는 확신을 갖는 것이 얼마나 중요한지 의식하기 시작하면서, 이 주제들은 이미 조지아의 신우회에도 직간접적으로 영향을 끼치고 있었다고 보아야 한다. 요컨대 조지아의 신우회는, 웨슬리 속회의 원형이라 할 수 있는 옥스퍼드 홀리 클럽 안에 모라비안의 삶과 정신을 수용하고 이를 실제적인 삶의 현장에서 적용했던, 한층 성숙된 형태의 속회라 볼 수 있는 것이다. 그렇지만 조지아신우회는 아직 완성된 형태의 속회라고 할 수 없었다. 기본적인 뼈대는 갖춰졌을지라도 그 뼈대가 살아 있는 몸으로 성숙되기까지는 아직 많은 시간이 필요했다.

3) 속회의 완성 - 페터레인신우회

웨슬리의 조지아에서의 사역은 1737년 12월 2일 조지아를 떠남으로써 종료된다. 긴 항해의 시간을 지나 그가 나고 자랐던 영국 땅을 다시 밟은 것은 1738년 2월 1일이었다. 그로부터 이틀 후 런던에 도착하여 제임스 허튼의 집에서 임시 거주하게 된다. 이 당시 웨슬리는 조지아에 체류하며 겪었던 일들로 인해 심각한 후유증에 시달리며 영적으로 방황하고 있었다.[19] 그러나 그의 영적 방황은 독일에서 막 도착한 모라비안 목사 피터 뵐러(Peter Böhler)를 만나면서 서서히 정리된다. 뵐러는 웨슬리보다 아홉 살이나 어렸지만 영적으로는 웨슬리보다 성숙한 면이 있었다. 뵐러는 1738년 5월 4일 영국을 떠날 때까지 웨슬리와(존뿐만 아니라 동생 찰스까지도) 깊은 대화를 나누며 영적 성숙에 매우 큰 영향을 미쳤다. 특히 1738년 3월 5일의 대화는 매우 주목할 만한 내용을 담고 있다. 웨슬리는 그 대화를 통해 자신에게 '구원의 믿음(saving faith)'이 없음을 깨닫게 된 것이다. 그는 일기에서 다음과 같이 적고 있다.

---

19) 웨슬리의 조지아 생활은 시련의 연속이었다. 매우 엄격한 믿음 생활을 요구하는 웨슬리와 이에 따르지 못하는 교인들 사이의 불화의 골은 점점 깊어만 갔고 설상가상 '소피 홉키'라는 여성과의 사랑의 실패와 그로 야기된 법적 소송으로 웨슬리는 더 이상 조지아에 머물 수 없게 되었다. 영국행은 일종의 도피였는데, 이 과정에서 웨슬리는 조지아에서의 생활을 이렇게 평가하고 있다. "나는 아메리카 사람들을 회개케 하려고 그곳에 갔다. 그렇지만 나는 누가 회개시킬 것인가? 나를 이 불신의 죄로 물든 심령에서 건져낼 자는 누구인가? 나는 외양상 믿음이 좋은 자로 보일지 모른다. 아무 위험이 없을 때는 복음도 잘 전하고 괜찮은 믿음의 소유자로 보일지도 모른다. 그런데 죽음의 두려움에 직면해서는 불안과 공포에 휩싸여 떨며 '죽는 것도 내게 유익함이라.'는 고백을 감히 하지 못한다. … 과연 그동안 무엇을 했단 말인가?" *Journals*, January 24, 1738.

"나는 내가 불신앙인이며, 구원에 이르게 하는 유일한 것, 그 믿음을 소유하지 못했다는 사실을 확실히 알게 되었다."[20]

여기서 우리는 웨슬리가 믿음으로 말미암은 구원에 대한 참다운 이해와 경험을 추구하고 있음을 목격하게 된다. 구원에 이르는 믿음에 대한 추구는 이후에도 지속되었다. 그해 4월 26일은 웨슬리에게 의미심장한 날이라 할 수 있다. 모라비안의 기록에 의하면 뵐러는 이날 웨슬리와 함께 산책을 하며 구원의 믿음에 관한 깊은 대화를 한 것으로 기록되어 있는데, 이날의 대화에서 뵐러는 웨슬리가 예수 그리스도의 의를 갈구하는 진심 어린 죄인의 모습을 보였다고 회고하고 있다.[21] 이날의 대화 이후에 웨슬리 심경에 큰 변화가 일어났던 것 같다. 웨슬리는 일기를 통해 자신의 가슴속에 품고 있는 믿음에 관해 교회에서, 거리에서 그리고 친구들에게 분명하게 증거하기 시작했다고 고백하고 있다.[22] 웨슬리에게 구원에 이르는 믿음에 대한 이해가 분명해지고 있음을 말해 주는 중대한 언급인 것이다.

이날의 대화가 더욱 의미를 갖는 것은 웨슬리가 믿는 사람들의 더 깊은 영적 교제를 위해 하나의 그룹(a band)을 만들기를 원했다는 사실이다. 웨슬리의 이런 바람은 즉각 실천으로 옮겨졌다. 5월 1일 하나의 작은 모임을 만들었는데, 이것이 바로 런던 시내의 페터레인(Fetter Lane)이란 곳의 한 건물에서 모인 '페터레인신우회'였다. 이날 모임에서 그들은 이 모임의 목적과 방향에 대한 몇 가지 규정들을 정하게 된다. 즉 '피터 뵐러 목사의 조언에 따라, 야고보 사도를 통해 허락하신 하나님의 말씀에 순종하기 위해 합의한 회칙(rule)'을 정하게 된다. 이 회칙은 이후에 두 차례, 곧 5월 29일과 9월 25일의 모임에서 수정을 거쳐 최종 확정되었다. 이 내용들을 발췌 정리

---

20) *Journals*, March 5, 1738.
21) *Moravian Archives*, World Parish, Vol.2, p.8.
22) *Journals*, April 6, 1738.

해 보면 다음과 같다.

① 신우회 모임: 일주일에 1회 모여 '죄를 서로 고백하며 병이 낫기를 위하여 서로 기도한다.'

② 밴드 모임: 신우회 안에 작은 모임, 곧 밴드를 구성하되 5명 이상 10명 이하의 구성으로 한다. 밴드는 지도자를 두고 인도하도록 한다. 밴드는 일주일에 2회 모임을 갖되 그중 한 번은 반드시 월요일에, 다른 한 번은 밴드 자체의 형편에 따라 모인다. 정해진 시각에 늦지 않아야 하며 정해진 시간에 반드시 시작해야 한다. 시작과 종료는 반드시 찬송과 기도로 한다. 모임에서 각 사람은 자신의 심령 상태를 자유롭고 명확하며 간결하게 표현할 수 있어야 한다.

③ 연합 밴드 모임: 수요일 저녁 8시에 모인다. 찬송과 기도로 시작한다. 9시에는 모든 회원들의 이름을 호명하고 결석자들을 체크한다. 특별한 모임을 위한 광고를 한다. 10시 이전에 끝내는 것을 목표로 하되 그때까지 일이 끝나지 않으면 먼저 갈 사람은 가게 하고, 남은 사람이 회무를 계속하되 10시 30분을 넘지 않도록 한다. 발언권을 얻어 기립을 해서만 발언할 수 있도록 한다. 이 회의에서의 내용에 대해 참석자는 반드시 비밀을 엄수해야 한다.

④ 신우회와 밴드 참여: 다른 신우회의 참여에는 제한이 없으나 본 신우회와 소속 밴드에 최우선으로 참여해야 한다. 신우회 및 밴드에 특별한 이유 없이 불참하면 그 모임에서 권고를 받게 되고 2회 계속되면 연합 밴드 모임에서 권고를 받는다. 여행 계획이 있을 경우 소속 밴드에 사전 고지해야 한다. 모임이 하나님의 영광을 가릴 경우에는 모임 자체를 취소해야 한다. 신우회와 밴드에 새로이 참여하려는 사람에게는 다음의 질문을 해야 하고 참여를 원하는 사람은 기꺼이 대답해야 한다. "가입하려는 이유는 무엇입니까? 모임 안에서 이루어질 대화에 거리낌 없이 기꺼이 자신을 개방할 수 있습니까? 모임에서 첫째가 되려 하고 자기를 드러내고자 하는 유혹에 맞설 수 있습니까? 밴드 인

도자에게 순종할 수 있습니까? 본 규칙들을 준수할 수 있습니까?" 이러한 질문들에 "예"라고 하는 이는 매월 네 번째 수요일 회의에 예비회원으로 천거되는데 그 회의에서 반대하는 회원이 있을 경우 그 이유를 분명히 듣는다. 반대 사유가 합당하면 그 사유가 제거될 때까지 천거된 사람의 예비회원 허입을 일정기간 보류한다. 천거된 이에 대한 반대 사유가 없으면 그를 천거한 밴드에 예비회원으로 소속된다. 2개월의 예비 기간을 거쳐 정식 회원으로 받아들여진다.

⑤ 특별 모임들: 매월 네 번째 토요일에는 신우회 전체의 중보기도의 날로 모인다. 그날은 12~2시, 3~5시, 6~8시 모임 중 하나를 택할 수 있다. 그다음 날 주일 저녁 7시부터 10시까지 애찬식을 거행한다.

⑥ 모든 회원들의 의무: 중보기도-편리한 시간을 선택, 모임의 형제들을 위해 쉼 없는 중보기도를 해야 한다. 릴레이 금식-주일과 공휴일을 제외한 모든 날에 금식이 이어지도록 하기 위해 밴드 중 세 사람은 돌아가며 금식과 기도를 하며 하루를 지낸다. 헌금-자신이 속한 밴드 인도자에게 밴드에 소용될 금액의 일부를 감당할 것을 약속하고 최소한 한 달에 한 번은 이 헌금을 전달하도록 한다.

⑦ 모든 사람은 이 회칙을 반드시 준수해야 하며, 만일 세 번 권고를 받고도 회칙을 준수하지 않으면 회원에서 제명한다.

⑧ 신우회 전체 회원이 인정하는 경우 통신회원이 될 수 있으나 월 1회 이상의 통신이 이루어져야 회원 자격을 유지할 수 있다.

웨슬리의 속회 발전을 이해하는 데 이 모임이 큰 의미를 갖는 것은 두 가지 이유 때문이다. 첫째는 웨슬리가 이 모임 혹은 유사한 다른 모임을 통해 자신이 하늘 가는 길의 전모를 이해하고 확신하게 되는 영적 성장을 경험했다는 것이고, 둘째는 이 모임을 통해 웨슬리가 속회의 구조 및 내용을 완성해 가는 계기가 되었다는 것이다.

웨슬리의 속회 발전을 이해하는 데 페터레인신우회가 갖는 중요한 첫 번째 의미는 이 모임 혹은 이와 유사한 작은 공동체 모임을 통해 웨슬리의 영적 성장이 비약적으로 이루어졌다는 데 있다. 스나이더는 이 사실을 주목하면서 다음과 같이 평가한다.

"후에 많은 일들이 뒤따라 일어난 이 중대한 체험이 한 작은 종교 단체 모임이라는 맥락 안에서 일어났다는 것은 주목할 만하다."[23]

이 중 하나는 아무래도 '올더스게이트 체험'이 될 것이다. 페터레인신우회가 결성된 지 3일 후, 웨슬리의 영적 멘토였던 뵐러가 예정되었던 대로 아메리카의 캐롤라이나로 떠나게 된다. 웨슬리에게 뵐러의 빈 자리는 생각보다 컸다. 뵐러가 웨슬리 곁을 떠난 뒤 약 일주일 후 힘든 시간을 보내던 웨슬리는 자신의 심정을 이렇게 기술하고 있다.

"이때부터 13일 토요일 저녁까지 나는 슬픔과 억눌림 속에 있었다. 읽을 수도, 명상을 가질 수도, 찬송할 수도, 기도할 수도 없었다."[24]

이런 웨슬리에게 큰 힘이 되었던 것은 뵐러가 영국을 떠나기 직전 웨슬리와 함께 결성했던 페터레인신우회였다. 웨슬리는 자신이 직면한 영적 분투를 홀로 감당하기보다는 다른 사람들과 함께 감당하는 것이 더욱 효과적이라고 판단하고 적절한 모임을 구상하고 이를 행동에 옮겼는데, 이것이 페터레인신우회다. 페터레인신우회와 함께 진행했던 웨슬리의 영적 분투

---

23) Snyder, 『혁신적 교회갱신과 웨슬레』, p.44.
24) *Journals*, May 10, 1738.

는 놀랍게도 페터레인신우회와 관련 있었던 올더스게이트 거리의 또 다른 모임에서 결실을 맺게 된다. 페터레인신우회의 주요 회원이었던 제임스 허튼은 웨슬리 형제에게도 깊은 관심과 호의를 가졌지만 모라비안 모임에 더욱 깊은 관심을 가졌다. 그는 그야말로 모라비안 중심의 모임을 올더스게이트 거리에서 만들었다. 1738년 5월 24일 저녁, 웨슬리는 아마도 이 모임에 참석하여 루터의 로마서 서문을 읽는 소리를 듣고 우리가 익히 아는 '마음이 뜨거워지는 올더스게이트 체험'을 하게 되었던 것 같다.[25] 올더스게이트 체험에 대한 다양한 논의가 있지만 확실한 것은 이날의 경험으로 웨슬리가 doctrine, 곧 '하늘 가는 길'에 대한 전체적인 이해에 도달했다는 점이다.[26]

1738년 5월 24일의 경험이 웨슬리가 하늘 가는 길의 전모를 이해하는 데 결정적인 계기가 되었다면 1739년 1월 1일 새벽 페터레인신우회 모임은 웨슬리가 하늘 가는 길을 주도적으로 인도해 가는 성령의 역사를 강력하게 체험하는 계기가 되었다. 1739년 1월 1일 월요일, 웨슬리 형제는 휫필드, 잉험, 킨친, 허칭스 등 옥스퍼드 홀리 클럽 회원들과 함께 런던의 페터레인신우회의 애찬회(love feast)에 참석했다. 이 자리에는 약 60여 명의 사람들이 모였다. 이들은 이날의 모임에서 성령의 강력한 역사를 체험한다. 웨슬리는 자신의 일기에서 이날 있었던 일을 다음과 같이 적고 있다.

"새벽 3시쯤 되었을까. 우리는 쉬지 않고 기도하고 있었다. 그때 하나님의

---

[25] 이날의 체험에 대해 웨슬리 자신의 고백을 그대로 옮겨 본다. "이날 저녁 나는 별로 내키지 않은 채로 올더스게이트 거리에 위치한 한 경건 모임에 참석했다. 그곳에서 사람들은 루터의 로마서 서문을 읽고 있었다. 저녁 8시 45분쯤 되었을까. 그 모임의 리더자가 그리스도를 믿음으로 일어나는 마음의 변화에 대해 설명하는 동안 이상하게도 나의 심령 깊은 곳에서 뜨거워짐을 느꼈다. 나는 그 순간 그리스도만을 나의 구주로 신뢰하게 되었고 그리스도께서 나의 죄를 사하시고 죄와 사망의 법에서 구원했다는 확신을 갖게 되었다." *Journals*, May 24, 1738.
[26] 이 논의에 대해서는 나의 책 『목사 웨슬리에게 목회를 묻다』, pp.77~86을 참조하라.

능력이 우리 가운데 강하게 역사하였다. 많은 이들이 넘치는 기쁨으로 외쳤으며 또 다른 많은 이들은 바닥에 엎드렸다. 이러한 전능하신 하나님의 현존을 경외와 놀라움으로 체험한 후 우리는 한목소리로 외쳤다. '오 하나님, 당신을 찬양합니다. 당신이 주님이 되심을 알게 되었습니다.'"27)

우리는 앞에서 웨슬리에게 doctrine은 성령의 역사를 통해 실재화된다는 사실을 살펴본 적이 있다(본서 1장 참조). 이런 관점에서 볼 때 1738년 5월 24일 있었던 올더스게이트 체험이 웨슬리의 doctrine이 전체적인 뼈대를 갖춘 사건이라면, 1739년 1월 1일에 있었던 페터레인 성령 체험 사건은 이 doctrine을 확고하게 실제로 체득한 사건이라고 볼 수 있다. 그러나 페터레인신우회에서의 성령 체험이 웨슬리의 하늘 가는 길의 끝점이라 성급히 판단해서는 안 된다.28) 웨슬리의 페터레인 체험은 웨슬리의 하늘을 향한 순례에서 의미 있는 것임에는 틀림없지만 그렇다고 해서 이 사건이 그 모든 것을 다 이룬 결정적인 사건이라 단정하는 것은 무리가 있다. 이 경험이 있고 난 후에도 웨슬리의 하늘 가는 길의 순례가 지속되었다는 사실은 이 사건이 있은 지 사흘 후에 작성된 웨슬리의 일기에 잘 나타나 있다.

"그렇지만 또다시 '나는 지금 그리스도인이 아니라'고 말하려 한다. 지금 내가 예수께서 그리스도라는 사실을 확실하게 아는 것만큼, 내가 그리스도인이 아니라는 사실을 확실히 안다. 그리스도인이라면 사랑, 화평, 희락 등의 성령의 열매들을 소유해야 할 터인데 나는 이 열매들을 갖고 있지 않기 때문이

---

27) *Journals*, January 1, 1739.
28) 실제로 이 페터레인 사건을 웨슬리 사역의 결정적인 것으로 이해하는 이들도 있다. 그들은 영국에서의 메도디스트 부흥 운동과 미국에서의 대각성 운동이 바로 이 페터레인 체험을 기점으로 이루어졌다고 본다. Tim Dowley(ed.), *Eerdman's Handbook to the History of Christianity* (Herts, England: Lion Publishing, 1977), pp.434, 448.

다."29)

웨슬리는 페터레인 성령 체험에도 불구하고 아직 온전한 '그리스도인이 아니라'고 느꼈던 것 같다. 뜨거운 성령 체험에도 불구하고 아직 사랑, 화평, 희락 등 성령의 열매가 자신에게 발견되지 않았기 때문이었다. 이것은 성령 체험으로 인해 확신을 갖게 된 하늘나라가 아직 웨슬리 자신에게 내재화, 체질화되지 않았기 때문이다. 즉 웨슬리는 페터레인신우회 내에서 하나님의 은총의 수단을 통해 보좌에 가까이 나아가는 끊임없는 연습(discipline)의 시간이 요청되었음을 의미한다. 그러나 이런 웨슬리의 바람은 페터레인신우회 내에서는 충족될 수 없었다. 앞으로 살펴보겠지만 페터레인신우회는 시간이 흐를수록 은총의 수단을 배제하는 '정숙주의(quietism)'로 진행되어 나갔기 때문이다.

그렇지만 페터레인신우회는 웨슬리의 속회 형태를 구체적으로 완성해 가는 데 근간을 제공해 주었다는 점에서 또 다른 의미를 갖는다. 페터레인신우회는 회칙에서도 명백하게 나타나 있듯이 신우회(society)와 밴드(band)를 적절히 조합하고 있다. 데이비드 왓슨(David L. Watson)에 따르면 페터레인신우회는 영국성공회 교인들 사이에 널리 알려졌던 신우회에 모라비안의 밴드를 조합한 새로운 형태다.30) 예를 들어 회칙을 만들어 회원들로 준수하게 한다든지 경건한 삶을 위한 상호 점검, 회원 수의 엄격한 규정 등은 신우회의 뚜렷한 특성들이지만 신앙적 성숙을 위한 친밀한 영적 교제는 모라비안 밴드의 틀이다. 즉 줄리아 웨지우드(Julia Wedgwood)의 표현대로, 웨슬리의 페터레인신우회는 영국성공회의 신우회를 몸으로 삼고 모라비안 밴드를 영혼으로 삼았던 것이다.31) 이 같은 신우회 구조는 장차 드러날

---

29) *Journals*, January 4, 1739.
30) Watson, *The Early Methodist Class Meeting: Its Origins and Significance*, p.81.
31) *Ibid*.

웨슬리 속회의 모습이기도 하다. 웨슬리 속회는 이 페터레인신우회의 신우회-밴드 모델을 그대로 포함하게 된다.

결국 페터레인신우회라는 공동체를 통해 웨슬리가 하늘 가는 길의 전모를 이해하고 확신하게 되는 영적 성장으로 인도되었다는 사실은 웨슬리로 하여금 목회에서 이런 모임이 반드시 필요하다는 사실을 확신케 했던 것이다. 뿐만 아니라 이런 공동체는 웨슬리에게 어떤 구조를 가지며 어떻게 운영되어야 하는가에 대한 상당히 깊은 통찰을 가져다줌으로써 웨슬리가 자신만의 목회 공동체, 곧 속회를 구축하는 데 결정적인 기여를 했다고 말할 수 있다.

4) 웨슬리 자신의 속회 - 파운더리신우회

페터레인신우회가 웨슬리 속회를 완성해 가는 데 결정적 역할을 했을지라도 그것은 아직 웨슬리 자신의 속회는 아니었다. 웨슬리 자신의 고유한 속회의 등장은 웨슬리가 초기에는 실행하기 꺼려했던 '옥외집회'가 본격화되었던 시기와 맞물려 있다. 웨슬리가 옥외집회를 시작하게 된 것은 홀리클럽 회원인 휫필드의 강력한 권유에 의해서였다. 휫필드는 하우얼 해리스(Howell Harris)라는 웨일스 지역의 대 설교가에게서 옥외에서 설교하는 방법을 배웠다. 1739년 2월에 그는 킹스우드(Kingswood)라는 곳의 광부들에게 첫 옥외집회를 시작하였는데 이때 약 2만 명이 운집할 정도로 큰 반향을 일으켰다. 이후 그는 브리스톨과 킹스우드를 오가며 옥외설교를 지속했는데, 그 지역의 사람들로부터 큰 반응을 얻게 되었고 많은 영혼들을 그리스도께 인도했다. 그의 활동이 전국적으로 확대되어 감에 따라 이 사역을 도저히 홀로 감당할 수 없음을 직감하고 자신의 오랜 영적 멘토였던 웨슬리에게 브리스톨에서 옥외집회를 해달라고 도움을 청했다.

이때까지만 해도 웨슬리는 영국성공회의 전통적인 교회론에 얽매여 있었기 때문에 휫필드의 제의에 부정적이었다.32) 그러나 이런 웨슬리의 개인적 입장은 페터레인신우회의 생각과는 달랐다. 1739년 3월 28일 페터레인신우회의 결정에 따라 웨슬리는 브리스톨로 향하게 된다. 이날이 3월 31일 토요일이었다.33) 시작은 이러했을지라도 웨슬리의 옥외집회에는 하나님의 예비된 은총이 강물처럼 흘렀다. 4월 2일 오후 4시경, 웨슬리가 처음으로 약 3천 명의 청중을 앞에 두고 시작했던 옥외집회는 이제 거침이 없었다. 마치 강의 범람을 막고 있던 둑이 허물어진 것처럼 웨슬리가 옥외에서 외친 복음 선포의 목소리는 브리스톨과 킹스우드 전 지역에 울려 퍼졌으며 몇 년이 되지 않아 영국 전역에 울려 퍼졌다.

웨슬리의 복음 사역의 영향력이 전국적으로 퍼져 나가자 더욱 많은 이들이 웨슬리가 전하는 복음을 듣기를 원했고 이렇게 복음을 전해들은 이들은 더 뜨거운 열망으로 '그다음'을 요청했다. 이 요청에 대한 응답은 당시 옥외집회의 두 거두였던 휫필드와 웨슬리로부터 각각 다르게 주어졌다. 휫필드는 '그다음'을 무시했고, 웨슬리는 '그다음 카드'를 신중히 준비했다. '그다음 카드'란 복음을 듣고 나아온 자들을 돌볼 수 있는 공동체를 마련하는 것이었는데, 휫필드는 이를 간과했고 웨슬리는 이를 진지하게 고려했다. 그 결과 휫필드의 청중은 "모래로 엮은 밧줄처럼 흩어졌고" 웨슬리의 청중은 더욱 열심히 하늘 가는 길을 걸었던 것이다.34)

---

32) 웨슬리는 1739년 3월 15일자 일기에서 이렇게 적고 있다. "나는 조지 휫필드 씨로부터 그리고 시워드(Seward) 씨로부터 지체 없이 브리스톨로 와 달라는 매우 단호한 어조의 편지를 받았지만 런던을 떠날 생각이 조금도 없었다." *Journals*, March 15, 1739.
33) *Journals*, March 28, 31, 1739.
34) 초기 메도디스트 역사가이자 웨슬리의 사역을 이어받았던 클라크(Adam Clarke)는 자신이 전해들었던 휫필드의 고백을 이렇게 적고 있다. "웨슬리는 바른 방향으로 나아가는 것 같다. 그는 복음을 전함으로 깨어난 영혼들을 클래스로 인도했고 그의 노력은 열매도 계속 나타났다. 나는 이 일을 하는 데 실패했다. 결국 나를 따르던 이들은 모래로 엮은 밧줄처럼 흩어지고 말았다." D. Michael Henderson, *John Wesley's Class Meeting: A Model for Making Disciples*(Indiana: Francis Asbury Press, 1997), p.30에서 재인용.

웨슬리가 준비한 '그다음'은 1739년 말에 등장한 웨슬리의 신우회에서 구체화되었다. 웨슬리는 이 일을 다음과 같이 회상한다.

"1739년 말경이었다. 8~10명의 사람들이 런던에 머물던 내게 찾아왔다. 그들은 자신들의 죄를 깊이 깨닫고 있었으며 진심으로 구원받기를 갈구했다. 다음날에는 두세 사람이 더 추가되었는데 그들은 내가 그들을 위해 기도해 주기를 원했고 또한 끊임없이 그들의 영혼을 짓누르던 '다가올 진노(the wrath to come)'에서 어떻게 하면 벗어날 수 있을 것인지 권면해 주길 바랐다. 우리는 이 중요한 문제를 추구하기 위해 함께 더 많은 시간을 가져야만 했다. 그래서 나는 그들이 모두 함께 내게 올 수 있는 적절한 때를 정해 주었으며 그때부터 우리는 매주 목요일 저녁에 모이게 되었다."[35]

이렇게 시작된 웨슬리의 신우회는 모임을 진행할수록 참석자의 수효가 늘어갔다. 웨슬리는 그들을 위해 기도했고 그들에게 필요한 영적인 충고를 했다. 이렇게 시작된 웨슬리의 신우회는 하나둘 늘어났고 영국 전역에 퍼져 나갔다.

이런 와중에 웨슬리는 페터레인신우회와의 갈등에 직면하게 된다. 앞에서 이미 페터레인신우회는 영국성공회의 신우회와 모라비안 밴드의 결합임을 살펴보았다. 다시 말해 페터레인신우회는 모라비안적 요소를 강력하게 포함하고 있었던 것이다. 웨슬리는 처음에는 이 상황에 대해 의문을 품지 않았다. 그 자신이 모라비안에게 이루 말할 수 없는 영적인 도움을 받았기 때문이다. 선교사 신분으로 조지아를 향할 때 만났던 모라비안들로부터 죽음을 초월한 실제적인 믿음에 크게 감동받았던 웨슬리는 조지아에서 모라비안들과의 깊은 교제를 통해 구원의 믿음과 그 확신에 대해 눈을 뜨게

---

35) Wesley, *The Nature, Design, and General Rules of Our United Societies*, 1.

되었고, 런던으로 돌아와서는 모라비안 목사 피터 뵐러로부터 평생 잊을 수 없는 영적인 멘토링을 받았다. 심지어 웨슬리는 모라비안에 대해 더 많은 것을 배우기 위해 모라비안의 본부가 있던 독일의 헤른후트를 직접 방문하기도 했다. 아마 모라비안들의 도움이 없었다면 어쩌면 웨슬리의 영적 성숙은 불가능했거나 훨씬 오랜 세월을 보내야만 했을지 모른다.

그러나 웨슬리의 모라비안에 대한 호감은 이전에 경험했던 모라비안들과는 전혀 다른 색깔을 지닌 필립 묄터(Philip Henry Molther) 목사가 등장하면서 갈등 국면으로 접어들게 된다. 묄터는 웨슬리가 브리스톨에서 옥외집회를 하며 전도 사역에 밤낮으로 힘을 쏟고 있던 1739년 10월경에 독일 모라비안 본부에서 런던에 파송한 목사로서 웨슬리가 런던에서 자리를 비운 동안 페터레인신우회를 책임지기도 했다. 묄터는 오직 예수 그리스도를 믿음으로 의롭다 함을 얻기 때문에 다른 어떤 인간적 수단, 심지어 교회가 오랫동안 지켜 온 은총의 수단들마저도 의지해서는 안 되고, 은총 가운데 믿음을 부어 주시는 하나님만을 바라보며 기다려야 한다는 '정숙주의(quietism)'의 신봉자였다.[36] 문제는 묄터 자신이 신봉했던 이 같은 내용을 공개적으로 페터레인신우회 회원들에게 전파하는 것이었다. 웨슬리는 이런 묄터의 시도에 동의할 수 없었다. 웨슬리에게는 이런 주장이 교회 전통이 오랫동안 지켜 온 은총의 수단들을 무력화할 뿐 아니라 거룩한 삶의 가치를 무용하게 만들 것으로 여겨졌기 때문이다. 웨슬리는 런던의 페터레인신우회가 이런 정숙주의에 물들어 가는 상황을 우려하면서 런던을 향하게 된다. 런던으로 돌아온 후에 그는 많은 신우회 회원들이 이미 묄터의 정숙주의에 노출되어 영향을 받았다는 사실을 알게 되었다. 웨슬리는 페터레인신우회 회원들을 만나 정숙주의의 위험성을 지적하고 그 길에서 돌이킬 것

---

36) 정숙주의에 내포되어 있는 위험성에 대해서는 Luke Tyerman, *The Life and Times of the Rev. John Wesley*, Vol.3, pp.279~281 참조.

을 권면했다.37)

　그러나 웨슬리의 이런 노력에도 불구하고 혼란은 가라앉지 않았다. 이 듬해에는 혼란이 극에 달했다. 1740년 4월 23일 웨슬리는 심슨(Simpson)이라는 모라비안 추종자와 격렬한 논쟁을 하게 되는데, 이 논쟁 후에 그는 '무거운 마음(a heavy heart)'을 느꼈다. 그 여파 때문에 그날 저녁의 페터레인신우회 모임은 "차갑고 곤핍하며 냉랭하며 죽음과 같은 분위기였다."38) 웨슬리는 이제 무엇인가 결단을 내려야 했다. 웨슬리가 선택한 길은 결국 페터레인신우회를 떠나는 것이었다. 웨슬리는 1740년 7월 20일 저녁에 있었던 애찬회 시간을 끝으로 페터레인신우회에서 탈퇴했다.39) 이때 웨슬리와 뜻을 함께한 사람들은 18~19명 정도였다. 웨슬리는 페터레인신우회의 탈퇴 3일 후, 이들과 함께 페터레인에서 멀지 않은 파운더리(Foundry)라는 곳에서 새로운 신우회를 창설하게 된다. 이 창설 모임에는 25명의 회원들이 참석했는데 이들은 웨슬리와 '동일한 마음을 품은 이들'이었다.40) 이 모임이 웨슬리의 고유한 신우회의 시작이라 할 수 있는 '파운더리신우회'였다.

　파운더리신우회는 웨슬리의 지도력이 중심이었다는 점, 그리고 과도한 정숙주의적 요소를 제거했다는 점 등을 빼고는 페터레인신우회와 내용상으로는 별반 차이가 없었다. 즉 파운더리신우회는 신우회-밴드라는 기본 형태를 기초로 페터레인신우회에서 행했던 내용들을 그대로 진행했다. 웨슬리의 지도력 아래 '웨슬리의 신우회들'은 기하급수적으로 늘어 갔다. 그러나 신우회의 숫자가 늘고 회원의 숫자가 크게 늘어남에 따라 부작용도

---

37) *Journals*, September 12, 1739.
38) *Journals*, April 23, 1740.
39) 웨슬리는 애찬회에서 다음과 같은 성명서를 발표하게 된다. "아홉 달 전에 여러분 중에서 우리가 들었던 가르침과 반대되는 내용들을 말하기 시작했습니다. 저는 이러한 가르침이 하나님의 말씀과 다르다는 것을 확신합니다. 저는 여러분이 잘못을 돌이키길 바라면서 오랫동안 인내해 왔습니다. 그렇지만 이제는 제가 여러분을 하나님께 의뢰하는 것 외에는 아무것도 남지 않았습니다. 여러분 중 누구라도 저와 뜻을 같이하는 분들은 저를 따라주시기 바랍니다." *Journals*, July 20, 23, 1740.
40) *Ibid*.

드러나기 시작했다. 파운더리신우회 형태로는 계속 불어나는 회원들의 삶을 심도 있게 관찰하고 그들이 거룩한 삶을 살도록 적절한 도움을 제공하기가 어려웠기 때문이었다. 파운더리신우회 방식은 신우회-밴드라는 구조에 기초해 있었는데 신우회는 규모가 너무 커 회원들의 영적 상태를 깊이 들여다볼 수 없었고 밴드는 지나치게 선별적이고 엄격한 모임이라 참석자 모든 사람들에 적용할 수 있는 보편적 방식일 수 없었던 것이다. 웨슬리는 이 당시의 상황을 깊이 고민하면서 다음과 같이 토로하기도 했다.

"모이는 사람의 수가 점점 늘어 감에 따라 그들을 결속시키고 돌보는 일이 어려워졌다. 그들은 자꾸 모임으로부터 이탈하려 했고 우리는 그것을 막을 방법을 알지 못했다."[41]

그러나 이런 상황을 타개할 방법이 "불현듯" 나타났다.[42] 그것은 '하나님이 예비해 주신 방법'으로 '클래스(class)'라는 공동체의 고안이었다.[43] 이 모임의 첫 시작은 브리스톨에서 이루어졌다. 당시 웨슬리는 브리스톨에서 신우회 모임을 위한 건물을 구입하게 되었는데 이때 지게 된 빚이 큰 부담이었다. 웨슬리는 1742년 2월 15일 채무 해결을 논의하기 위한 회의를 개최하였고, 이때 은퇴한 선장 캡틴 포이(captain Foy)가 '1주일에 1페니(penny) 운동'이라는 매우 중요한 제안을 하였다. 신우회 모든 회원이 1주일에 1페니씩 모금하도록 하는 것이었다. 이를 위해 한 사람이 '12명씩'을 맡아 책임지고 진행하되 가난한 회원의 경우에는 그룹을 맡은 이가 대신 책임을 지는 방식이었다. 그런데 이렇게 시작된 모임은 모금만으로 끝나지 않았다. 그룹의 책임을 맡은 이가 모금을 위해 회원들의 집을 방문하는 과정에서

---

41) Wesley, *Thoughts upon Methodism*, 5.
42) Wesley, *A Plain Account of the People Called Methodists*, II.3.
43) Wesley, *Thoughts upon Methodism*, 5.

회원들의 실상을 속속들이 알게 되었고 이런 과정에서 자연스러운 상담이 이루어진 것이다.

웨슬리는 이런 과정을 예의주시하면서 이것이 신우회가 직면한 문제를 해결할 수 있는 길임을 확신했다.44) 웨슬리는 즉각 그룹의 지도자들을 불러 모아 그들에게 매주 자신들이 돌보는 회원들의 특별한 사항들을 알아보도록 부탁했다. 얼마 후 많은 이들이 방탕하게 사는 것이 파악되었다. 웨슬리는 이들을 강력하게 견책하고 권면했다. 그들 가운데 어떤 이들은 악한 삶을 청산하였지만 어떤 이들은 그러지 못했다. 돌이키지 않은 사람들은 신우회에서 축출되었다. 웨슬리는 이런 과정에서 "많은 이들이 두려움으로 악한 삶에서 벗어나 하나님을 더욱 경외하게 되는 모습을 목도하게 되었다."45) 웨슬리는 이 모임을 '클래스(class)'라 이름 붙였는데 이는 '작은 모임(little company)' 혹은 '그룹'이라는 뜻을 가진 라틴어 'classis'에서 차용한 것이었다.46)

이렇게 불현듯 시작된 클래스는 런던을 비롯하여 다른 모든 지역에 적용되었다. 그에 따라 초기에 애매했던 클래스의 역할과 목적은 분명해졌다. 그것은 신우회에 유입된 회원들의 '죄를 책망하고 회개에 이르도록 돕는 일'이었다. 즉 악한 이들을 세밀하게 관찰하고 그들의 악행을 주님의 가르침에 따라 권고하며 자신들의 죄를 시인하고 회개할 때까지 그들을 양육하는 일이었다.47) 이 과정에서 악행을 돌이키지 않는 이들에 대한 엄격한 견책은 불가피했다. 이를 위해 활용한 것이 티켓 교부다. 분기(quarter)마다 각 클래스의 신실한 참가자들은 티켓을 교부 받았다. 이 티켓은 다음 분기

---

44) Wesley, *A Plain Account of the People Called Methodists*, II.3.
45) *Ibid.*, II.3.
46) Philip F. Hardt, *The Soul of Methodism: The Class Meeting in Early New York City Methodism* (Lanham: University Press of America, 2000), p.150.
47) Wesley, *A Plain Account of the People Called Methodists*, II.4.

동안 클래스 참가를 위한 일종의 허가서로서, 이 티켓을 소지 못한 이들은 다음 클래스와 신우회에 참석할 수 없었다.[48] 반면에 이 티켓을 소지한 이들은 어디를 가나 신우회의 정식 회원으로 인정되었고 신우회의 다른 형제자매들에게 환영받았다.[49]

클래스의 도입으로 이전과는 다른 웨슬리 고유의 신우회 형태를 갖추게 되었다. 웨슬리 목회 공동체, 곧 속회가 '신우회-클래스-밴드'라는 독특한 체제로 자리잡게 된 것이다. 그런데 여기에서 주목할 것은 클래스의 도입과 함께 변화를 가져온 밴드의 역할이다. 신우회-밴드의 구조로 이루어진 이전 신우회에서 밴드의 역할이 신우회-클래스-밴드의 구조로 이루어진 신우회에서는 새로이 설정되었음을 의미한다. 주지하다시피 밴드는 모라비아인들이 창안해 활용해 오던 '믿는 이들의 교제 방식'이었다. 모라비안은 자신들이 모이던 곳에서는 언제든지 밴드를 조직했다. 페터레인신우회의 주축 회원들은 모라비안이었기 때문에 신우회는 자연스럽게 여러 밴드들로 구성되었던 것이다. 그러므로 1738년 5월 1일에 발표된 규칙들은 다름 아닌 밴드의 규칙들이었다. 이렇게 보면 웨슬리의 밴드는 클래스보다 거의 4년 가까이 앞서 시작한 셈이다. 그러나 이 밴드는 클래스가 도입되면서 웨슬리에 의해 재평가되어 그의 속회 내에서 새로운 모습으로 자리잡는다. 웨슬리의 밴드가 이전의 밴드와 뚜렷이 구분되는 때는 클래스의 도입으로 신우회 회원이 폭발적으로 증가되었던 1742년 이후로 보이는데, 웨슬리는 이때 밴드를 다른 공동체들, 즉 신우회 및 클래스와 조화를 이루며 작동하도록 활용하고 있다. 다시 말해 '은총의 수단으로서의 교회(속회)'라는 틀 안에서 밴드의 역할을 감당하도록 재배치했던 것이다.

웨슬리가 밴드의 위치를 은총의 수단으로서의 교회라는 전체 틀 안에서

---

48) 웨슬리는 연합 신우회가 발족되기 전인 1743년 3월경 뉴캐슬신우회에서 64명을 축출하기도 했다. *Journals*, March 12, 1743.
49) Wesley, *A Plain Account of the People Called Methodists*, IV.3.

재조정했다는 사실은 이 시기에 그의 은총의 수단에 대한 이해가 비약적으로 확대되었음을 의미한다. 실제로 그의 은총의 수단에 대한 이해는 폭발적으로 늘어난 신우회를 하나로 묶기 위해 1743년 5월 10일에 결성한 '연합 신우회(United Societies)'의 총칙(General Rules)에서 조직적으로 잘 드러나 있다(이 점에 대해서는 본서 1장을 참조하라). 밴드 이해를 은총의 수단으로서의 교회라는 전체 틀에서 이해하면서 웨슬리는 소위 '은총의 낙오자들을 위한 밴드'와 '밴드를 넘어서는 더 깊은 은총을 사모하는 밴드' 또한 관심을 가졌다. '은총의 낙오자들을 위한 밴드'는 죄의 유혹을 이기지 못하고 다시 타락한 사람을 위한 밴드인데, 웨슬리는 이를 '참회자 밴드(penitent band)'라 불렀다. 웨슬리는 이 밴드를 통해 많은 이들이 이전보다 더 깨어 있게 되었고 더 온유하며 겸손해졌으며 더 큰 사랑으로 역사하는 믿음을 소유하게 됨을 목도했다.50) '밴드를 넘어서는 더 깊은 은총을 사모하는 밴드'는 '선발자 밴드(select band)'로 하나님의 현존의 빛을 지속해서 추구하는 이들에게 조언을 주기 위한 밴드다.51) 이런 밴드는 1740년 12월경 킹스우드(Kingswood)에 있었던 선발자 밴드와 어떤 연관이 있을 수도 있지만,52) 은총의 수단과 관련지어 뚜렷해진 웨슬리 고유의 밴드 개념의 출현과 더불어 본격적으로 활용되었던 것 같다. 이 모임의 회원들의 총 숫자는 적게는 6명에서 많게는 65명 혹은 77명까지 이르렀으며 이들 대부분은 신우회를 지도하던 사람들이었다.53)

지금까지 논의해온 속회의 발전 과정을 요약해 보자. 웨슬리 속회의 발

---

50) *Ibid*., Ⅷ.1.
51) *Ibid*., Ⅷ.2.
52) Henry D. Rack, *Reasonable Enthusiast*(London: Epworth Press, 2002), p.240.
53) Albin, "Inwardly Persuaded," *Heat Religion*, ed., by Richard B. Steele(Lanham: Scrarecrow Press, 2001), p.50; Rack, *Reasonable Enthusiast,* p.240.

전은 하루아침에 이루어진 것이 아니다. 그 원형적 모습은 옥스퍼드에서 형성된 젊은 청년들의 홀리 클럽에서 찾을 수 있을 것이나 그 본격적인 발전은 조지아에서의 신우회, 런던의 페터레인신우회를 거쳐 이루어졌고, 웨슬리의 고유한 속회의 모습은 파운더리신우회에서 이루어졌다. 파운더리신우회는 처음에는 페터레인신우회와 본질적으로 다르지 않았으나 1742년 클래스의 도입과 웨슬리의 은총의 수단에 대한 체계적인 이해가 진행됨에 따라 밴드의 역할이 새로이 이해되고 재조정되어 마침내 은총의 수단으로서 교회라는 전체 틀 속에서 '대중 집회(옥외집회)-신우회-클래스-밴드(참회자 밴드)-선발자 밴드'라는 구조를 가진 독특한 웨슬리 목회 공동체, 즉 속회가 완성되게 된다. 1744년에 열린 연회 회의록(conference)에서 웨슬리가 '대중 집회-신우회-클래스-밴드(참회자 밴드)-선발자 밴드'로 이루어진 자신의 속회가 제대로 작동되고 있음을 언급한 것으로 미루어 볼 때[54] 적어도 1744년에는 웨슬리 속회가 확정된 것으로 보인다. 웨슬리는 이렇게 마련된 자신만의 목회 공동체를 통해 자신의 목회적 비전, 곧 사람들이 하늘 가는 길을 성공적으로 걸을 수 있도록 도왔던 것이다.

2. 웨슬리 목회에서 속회 구조와 활용

1) 웨슬리 목회의 '방식(Method)'으로서의 속회

웨슬리가 활동했던 18세기 당시뿐 아니라 그 이후로도 웨슬리가 추구했던 '하늘을 향한 여행'을 '메도디즘(Methodism)'이라 부른다. 메도디즘의 문자적 의미는 '방식주의'다. 웨슬리는 '하늘 가는 길'을 향방 없이 제시한 것

---

54) Snyder, 『혁신적 교회갱신과 웨슬레』, p.84.

이 아니라 정교하고 체계적인 방식에 따라 제시했다는 점에서 '방식주의'라는 별명이 일면 타당해 보인다. 그러나 웨슬리가 채택한 '방식주의'는 사람들에게 또 하나의 율법을 짐 지우려는 의도가 아님을 알아야 한다. 그의 '방식주의'는 사람들에게 잃어버린 하나님의 형상을 회복하는 데, 다시 말해 사람들에게 하늘에 이르도록 하는 데 가장 효과적이고 체계적인 방식을 제공하고자 했던 방식주의로 이해해야 한다. 웨슬리는 자신이 고안한 '방식'을 통해 수많은 영혼을 하늘 가는 길로 인도했던 것이다.

웨슬리가 사람들을 '하늘 가는 길'로 효과적으로 인도했던 그 '방식'은 다름 아닌 속회다. 여기서 말하는 속회는 앞에서 이미 언급했듯이 신우회나 클래스 혹은 밴드 중 하나가 아니라 이들 모두를 포괄하는 웨슬리 목회 공동체 전체를 의미한다. 물론 속회의 형태는 다양하게 나타난다. 그러나 이들은 독자적으로 존재하는 것이 아니라 하나의 목적, 즉 '하늘'을 향한다. 하나님의 온전한 형상을 회복하여 하나님과 인간과 다른 피조물과 '완전한 사랑의 관계를 이루는' 하늘나라의 삶을 이루기 위해 '함께 일한다.' 헨더슨은 이를 '상호 연결 체계(inter-locking system)'라 명명한다. 헨더슨에 따르면 웨슬리의 작은 공동체들, 즉 신우회, 클래스, 밴드, 선발자 밴드, 참회자 밴드는 상호 연계하에 각각 다른 기능으로 작동하면서 웨슬리 목회를 지원한다. 구체적으로 말하면 신우회는 하늘 가는 길이 무엇인지 이해하는 '인지적 기능(cognitive mode)'에 주안점을 두었고, 클래스는 구체적인 삶의 결단과 변화를 추구하는 '행위적 기능(behavioral mode)'을, 밴드는 삶의 태도와 감정적 정서를 재조정하는 '정서적 기능(affective mode)'에 초점이 맞추어져 있다. 이를테면 신우회는 머리에, 클래스는 손에, 밴드는 가슴에 초점을 둔 것이라 할 수 있다. 선발자 밴드는 지도자들의 보다 깊은 차원의 영적 삶을 지원하기 위한 '훈련의 기능(training mode)'에 치중하고, 참회자 밴드는 각 공동체에서 영적으로 전진하지 못하고 머물거나 퇴보한 이들을 돕기 위한 '재활적 기능(rehabilitative mode)'에 집중한다.55) 헨더슨의 이런 분석은 웨슬리의 작은 공동체들이 각기 고유한 자신의 기능에 집중하면서 상호 연계적으로 작동함으로써 사람들의 영적 성장을 이루어 내었는가를 처음으로 밝히고 있다는 점에서 매우 주목할 만한 연구 결과라 할 수 있다.56)

그렇지만 헨더슨은 웨슬리 목회 공동체에 대해 상호 연계적 관점을 제공했을지라도 지나치게 '교육학적 관점'에 매이는 바람에 영혼의 변화에 주체가 되는 하나님의 은총과 웨슬리 목회 공동체, 곧 속회와의 상호 관련성에 크게 주의를 기울이지 못했던 것 같다. 물론 헨더슨은 웨슬리가 인간의 변화를 야기하는 궁극적인 원인이 하나님의 은총에 있음을 확신했다는 사실, 이 은총은 믿음으로 말미암아 우리에게 실재화됨을 확신했다는 사실, 또한 이 믿음은 하나님께서 우리에게 주신 은총의 수단에 열심히 참여함으로써 성장하게 됨을 확신했다는 사실을 인정한다.57) 그러나 헨더슨은 이런 사실들이 자신이 언급했던 웨슬리의 작은 공동체들의 상호 연계 체계를 가능케 하는 핵심적인 요소들임을 인식하지 못함으로써 웨슬리의 목회 공동체의 교육학적 기능의 진술에 그치고 말았던 것이다.

웨슬리 목회에는 목회적 행위가 따로 없었다. 있었다고 한다면 참여자 모두가 하늘 가는 길을 걸을 뿐이다. 그런 의미에서 웨슬리 목회 공동체는 '하늘을 가고자 하는 소원을 품은 이들이 서로를 돕기 위해 모인 모임'이다. 그렇다면 웨슬리 목회가 항상 물어야 하는 질문은 오직 하나다. 우리가 어떻게 간절히 소망하는 하늘을 소유할 수 있을까? 웨슬리는 이에 대한 답을 이미 갖고 있었다. 즉 우리를 하늘로 인도하는 길은 '오직 하나님의 은

---

55) Henderson, *A Model for Making Disciples*, pp.83~126 참조.
56) 놀랍게도 헨더슨 스스로 탄식하고 있듯이 그 이전에는 웨슬리에 대한 많은 연구가 진행되었을지라도 웨슬리가 '실제로 어떤 방식으로' 당시 거의 활력을 잃어가던 교회에 역동적인 활기를 불어넣었는가에 대한 실천적 연구는 진행되지 않았다. *Ibid.*, p.15.
57) *Ibid.*, pp.129~131, 그리고 pp.134~135 참조.

총'이다. 하늘을 원하는가? 그렇다면 하나님의 은총의 보좌 앞으로 나아가라! 그런데 하나님께서 자신의 은총을 우리에게 부어 주실 때 우리의 영적 상태에 따라 적절한 은총을 주시기를 기뻐하신다. 즉 하나님께서는 우리에게 '때를 따라 돕는 은총'을 베푸시기 때문에 은총의 보좌 앞에 나아가는 우리는 하나님의 때를 따라 돕는 은총을 구하기 위한 '적절한 은총의 수단'에 의지해야 하는 것이다. 이것은 속회라는 은총의 수단에 대해서도 동일하게 적용할 수 있다. 웨슬리는 속회를 은총의 수단으로 인식했기 때문에 속회를 철저히 하나님의 은총의 종속변수에 귀속시켰다. 앞에서(2장) 우리는 은총의 수단으로서의 속회가 하나님의 선행하시는 은총에 어떻게 종속변수로 응답하였는지 간략하게 살펴보았다. 웨슬리에 따르면 하나님의 은총은 우리를 하늘로 인도하는 원천이며 이 은총은 선행은총, 회개의 은총, 칭의의 은총, 거듭남의 은총, 성화의 은총, 완전의 은총으로 전개된다. 즉 하늘 가는 사건을 일으키는 하나님의 은총은 하나님께서 우리의 영적 상태에 필요한 적절한 은총, 곧 '때를 따라 베푸시는' 은총을 의미하는 것이다. 웨슬리는 속회를 이 같은 하나님의 은총들의 종속변수, 곧 은총의 수단으로 활용했다.

웨슬리의 속회 활용법은 매우 정교하고 치밀하다. 먼저 그는 영혼의 영적 상태를 파악한다. 그런 다음 영적 상태에 적합한 하나님의 은총이 무엇인지 숙고했다. 그리고 그 은총을 수용할 수 있는 믿음의 형태가 어떠해야 하는지 면밀히 관찰했다. 믿음만이 하나님의 은총을 수용하는 유일한 길이라 확신했기 때문이다. 또한 이 믿음을 형성하는 데 가장 도움이 되는 길이 무엇인지 심사숙고했고, 그런 다음 이 길을 모색하는 데 가장 적합한 은총의 수단을 선택하고 활용하는 방식을 개발해 나갔다. 웨슬리 속회는 바로 이 은총의 수단의 실질적인 전개라 할 수 있다. 이를 요약 정리해 보면 웨슬리 속회는 영적 상태의 진단-필요한 하나님의 은총-은총을 수용하기 위한 믿음-믿음 형성을 위한 통로-적합한 은총의 수단과 그 활용으로서의 속회의 전개라는 모습을 띠게 된다.

  이 내용을 하나님의 은총과 은총의 수단의 활용이라는 두 축을 놓고 단순화시켜 보면 대중 집회는 선행은총 아래 있는 모든 사람들에게 그들의 죄를 회개케 하고 복음을 믿게 하는 '회개의 은총'으로의 초대에 집중했고, 신우회는 회개의 은총에 응답한 이들이 '죄 사함의 은총(칭의의 은총)'에 나아오도록 독려하는 일에 집중했으며, 클래스는 칭의의 은총을 입은 이들이 실제로 의로운 삶을 시작할 수 있도록 하는 '거듭남의 은총'으로 초대하는 일에 집중했다. 또 밴드는 유혹과 죄를 정복하고 거룩한 삶을 살아가도록 돕는 '성화의 은총'으로 이끄는 데 주력했고, 참회자 밴드는 이 여정에서 굳게 서지 못하고 이탈한 이들을 회복케 하는 '회복의 은총'에 인도하는 일에, 그리고 선발자 밴드는 하나님과 인간을 향한 사랑으로 충만한 사람으로 성숙하게 하는 '완전케 하는 은총'으로 이끄는 데 집중했다. 이를 하나님의 은총의 형태/이에 대응하는 속회의 전개라는 도식으로 요약해 보면, 회개의 은총/대중 집회, 칭의의 은총/신우회, 거듭남의 은총/클래스, 성화의 은총/밴드, 회복의 은총/참회자 밴드, 완전케 하는 은총/선발자 밴드의 구조가 된다. 이 구조를 중심으로 웨슬리가 자신의 목회 안에서 속회를 어떻게 활용했는가를 좀 더 상세히 살펴보기로 한다.

2) 웨슬리 속회의 기본 구조와 그 활용

(1) 회개의 은총/대중 집회

  웨슬리 속회에 나타나는 첫 번째 구조가 '회개의 은총/대중 집회'다. 이것은 선행은총 아래 놓인 모든 사람을 회개의 은총으로 이끄는 속회의 형태가 설교를 중심으로 한 옥외집회였다는 것을 의미한다. 웨슬리에 따르면 원래 인간은 하늘을 소유했다. 그는 늘 하늘 안에 있었고 하늘은 그 안에 있었다. 즉 태초의 인간은 하나님을 대면하고 대화하고 함께 거닐고 교제했다. 그것은 그의 영이 바로 하나님의 영이었기에 가능하다. '하나님의 형상대로 지음 받았다.'는 의미가 바로 이것이다. 그러나 인간은 범죄하고 만다. 먹지 말라고 한 나무의 실과를 먹고 말았던 것이다. 이는 창조주의 주권에 대한 노골적인 불순종이요 피조물의 자리를 넘는 교만한 행위였다. "네가 먹는 날에는 정녕 죽으리라."는 하나님의 선언은 즉각 발효되었다. 이 말씀이 육체적 죽음을 의미하는 것은 아니다. 그것은 보다 근원적인 죽음, 곧 우리 영혼으로부터 하나님의 분리를 의미하는 것이다. 이는 영원한 죽음을 말하며,[58] 모든 인간에게 내려진 심판이기도 했다.

"아담 안에서 모든 사람은 죽었다!"

죽음의 선언은 아담의 허리에서 난 자들, 즉 모든 인류를 향한 것이다. 모든 자는 영적으로 죽은 채 이 세상에 태어난다. 모든 이는 하나님에 대해 죽은 자다. 하나님의 생명은 떠났고 형상은 파괴되었으며 사랑과 의와 거룩함은 상실되었다. 한마디로 우리의 영은 죽었다.[59] 우리는 죄와 허물로 죽었다. 이 세상 풍조를 따르고 공중의 권세 잡은 자를 따른다. 우리 육체의 욕심을 따라 지내며 육체와 마음의 원하는 것을 행한다. 본질상 진노의 자녀다. 웨슬리는 이런 인간의 처지를 '자연적 인간'의 상태에 있는 인간과 동일시한다. 설교 '노예의 영, 양자의 영(The Spirit of Bondage and of Adoption)'에서 모든 인간, 곧 자연적 인간의 상태를 잠에 들었다고 표현하면서 영적 지각이 닫혀 있기에 영적인 선악을 분별하지 못한다고 본다. 그

---

58) *Sermons*, Justification by Faith, I.3.
59) *Sermons*, New Birth, I.4.

의 눈은 구름과 암흑에 가려 있기에 마땅히 알아야 할 하나님에 대해 무지하고 율법의 참된 의미를 알지 못하며 그리스도와 함께 하나님 안에 감추인 참된 행복이 무엇인지도 모르는 상태다.[60] 하나님의 형상이 파괴되어 하나님을 알 수 없다. 허물과 죄로 죽어 있는 상태인 것이다. 그러므로 이 세상 풍조를 따르고 공중의 권세 잡은 자를 따를 수밖에 없고 육체의 욕심을 따르고 육체와 마음의 원하는 것을 행하는 본질상 진노의 자녀인 것이다.

그러나 이들도 하나님의 은총 아래 있다. 하나님의 선행은총 아래 있다는 말이다. 하나님의 계시의 빛은 모든 이들에게 동일하게 비추어진다. 그들의 양심은 하나님의 계시의 빛에 의해 언제나 자극 받는다. 그들에게는 자유의지 또한 주어져 있어서 하나님의 계시를 믿음으로 받아들이기만 하면 된다. 즉 인간 스스로 자신을 진지하게 돌이켜 보게 하고 자신이 얼마나 큰 죄인인지, 자신에게 미칠 하나님의 진노의 크기와 심판의 시급성이 어떠한지 깨닫고 하나님께서 예비하신 회개의 은총으로 나아오면 된다. 사람들은 '회개'라고 말하면 '악행'을 먼저 떠올린다. 그러나 진정한 회개는 이보다 훨씬 깊은 차원이다. 근원이 제거되는 회개를 의미한다. 진정한 회개는 죄의 뿌리와 줄기를 근절하는 것이다. 이 일에 가장 중요한 열쇠는 나를 바로 아는 것, 곧 '자기에 대한 올바른 인식'이다. 웨슬리에게 회개가 '자기 인식'과 관련해서 뚜렷이 드러난 설교는 '하늘 가는 길(The Way to the Kingdom)'이다.[61] 설교 '믿는 자들의 회개(The Repentance of Believers)'에서도 이런 입장이 견지되고 있는데, 이곳에서 웨슬리는 회개를 '자기 인식'이라고 명백히 밝힌다.

---

60) *Sermons*, The Spirit of Bondage and of Adoption, I.1~2.
61) *Sermons*, The Way to the Kingdom, II.1~7을 참조하라.

"회개란 빈번하게 어떤 내적 변화, 곧 죄로부터 거룩함으로 향하는 마음의 변화로 이해된다. 하지만 나는 그것을 매우 다른 방식으로 말하려 한다. 그것은 일종의 자기 인식인데, 우리 스스로를 죄인으로, 비참한 죄인으로 인식하는 것을 의미한다."62)

하늘을 소유하려면 회개해야 한다. 즉 자신을 올바로 인식해야 한다. 자신이 눈을 감고 있다는 사실을 먼저 알아야 한다. 자신의 삶이 죄의 뿌리에 기초하여 만들어 내는 죄의 열매임을 알아야 한다. 이 때문에 하늘을 곁에 두고도 하늘을 소유하지 못하는 어리석은 영혼임을 보아야 한다. 또한 이런 삶의 종말은 두려운 심판임을 알아야 한다. 하나님의 진노가 극에 달해 영원한 죽음에 직면해 있음을 알아야 한다. 참된 회개란 바로 이런 나의 모습을 깊이 깨닫는 것이다. 이 반성에 이르렀을 때, 우리에겐 이 죄를 해결할 능력이 없다는 사실을 알게 된다. 어떤 최고의 선을 행한다 해도 하나님의 가장 작은 요구에 맞출 수 없음을 안다. 한 영혼을 구원하기 위해 인류의 모든 것을 행한다 할지라도 죄를 해결할 수 없음을 안다. 즉 회개란 죄에 대해서는 전적인 책임이 있음을 통감하는 것이며 그 죄의 해결에 있어서는 아무것도 할 수 없음을 깊이 깨닫는 것이고 죄에 대해 통렬히 슬퍼하며 하나님의 진노를 영혼 깊이 두려워하며 하나님의 은총만을 바라보는 자기 인식인 것이다.63) 이 같은 회개를 이루는 자는 하나님 나라에 멀지 않다(막 12:34). 그런 의미에서 회개는 구원의 현관이라 할 수 있다.

그렇다면 우리는 어떻게 이런 구원의 현관에 이를 수 있을까? 회개가 죄에 깊이 잠든 자기를 발견한다는 것이라면 어떻게 이것이 가능한가? 대부분의 사람들은 자신이 얼마나 죄에 물들어 있는지, 그 죄로 인해 얼마나 하

---

62) *Sermons*, The Repentance of Believers, I.1.
63) *Sermons*, The Way to the Kingdom, II.7.

나님께 가증한 일들을 하고 있는지, 그 죄의 심판이 무엇인지 깊이 알려고 하지 않는다. 그러므로 나 자신을 진실되게 들여다보는 일은 우리 힘으로는 거의 불가능하다. 하나님께서는 은총 가운데 깊이 잠든 영혼을 들여다볼 수 있는 도구를 주셨다. 이 도구를 우리는 '율법'이라 부른다. 그런데 여기서 말하는 율법은 종교 의식상의 율법이 아니라 첫 아담에게 주었던 하나님의 의롭고 거룩한 품성을 일컫는다.64) 이것이 없이는 사람은 죄를 이해할 수 없고 자신의 처지를 알 수 없다. 하나님께서 은총으로 이 율법을 기록된 형태로(십계명) 혹은 양심 안에 각인하셨다. 성령은 이 율법을 밝히 비춤으로 우리의 죄악을 드러낸다. 죄의 줄기와 뿌리까지도 드러내고 마음의 의도에까지 그 거울을 들이민다. 우리 영혼은 양날이 선 칼보다도 더 날카로운 율법의 고발에 의해 자신의 벌거벗은 모습을 알게 되는데, '그는 모두 죄의 덩어리'요, '만물보다 거짓되고 심히 부패된 존재'임을 자각하게 된다.65)

또한 율법은 우리에게 하나님의 진노와 심판의 목소리를 듣게 한다. '누가 이 사망의 몸에서 구원하리요.'라는 처절한 탄식으로 인도하게 되는 것이다. 한마디로 성령의 율법을 통해 비추시는 역사로 말미암아 우리는 스스로 구원할 길이 없음을 철저히 깨닫게 되고 그리스도의 복음 안에 나타난 하나님의 은총을 응시하게 된다. 즉 율법은 우리를 회개로 이끄는 하나님의 은총이라 할 수 있다. 성령은 율법을 통해 우리 자신을 보게 한다. 죄와 허물로 죽은 자임을 보게 하며 하나님의 진노의 잔이 우리 발 앞에 놓여 있음을 보게 한다. 더 나아가 이런 운명을 우리 스스로 헤쳐갈 능력이 없음

---

64) 웨슬리는 바울이 '율법'이라 말할 때 두 가지 종류를 염두에 둔 것으로 보았다. 첫째는 믿음으로 폐지되는 율법이요 또 하나는 믿음으로 세우는 율법이다. 믿음으로 폐지될 율법은 '종교 의식'을 말하지만 믿음으로 세워지는 율법은 '도덕법'이다. 그러므로 바울이 말한 굳게 세울 율법은 바로 이 '도덕법'을 의미하는 것이다.
65) *Sermon*, The Spirit of Bondage and of Adoption, II.1~3.

을 깨닫게 하고 마침내는 하나님의 의롭게 하시는 은총 아래 우리를 엎드리게 한다.

성령이 율법을 통해 비추시는 역사를 우리는 '회개의 은총'이라 한다. 이 일이 은총이라 함은 성령의 비추시는 역사 자체가 은총이기 때문이다. 이 은총을 받아들이는 일은 '믿음'이다. 그렇다면 이 은총을 수용할 수 있는 적합한 믿음의 형태는 무엇인가? 웨슬리에 따르면 그것은 '겸손'이다. 겸손은 "우리 자신에 대한 올바른 인식"을 의미하는데, 이는 우리가 "부자라 부요하여 부족한 것이 없다(계 3:17)."는 허황된 생각을 철저히 끊어버리고 우리의 "곤고한 것과 가련한 것과 가난한 것과 눈 먼 것과 벌거벗은 것"을 인식하는 것을 의미한다. 이 겸손의 믿음을 가질 때, 우리는 하나님의 은총으로 인해 스스로 죄와 허물의 덩어리요 혼란과 무지와 죄악으로 점철되어 있음을 철저히 깨닫게 되고, 더 나아가 우리 자신이 여기에서 결코 헤어날 수 없음을 절감하게 된다.[66] 결국 하나님의 회개케 하는 은총의 보좌로 나아가기 위해서는 바로 이 같은 겸손의 믿음을 가져야 하는 것이다.

이제 우리는 겸손의 믿음을 불러일으킬 수 있는 가장 유용한 길이 무엇인가를 물어야 한다. 이를 알아야 여기에 합당한 속회의 전개가 가능할 것이기 때문이다. 웨슬리는 지체하지 않고 '말씀을 듣는 것(listening)'이라 답할 것이다. 겸손의 믿음을 갖는 데는 죄의 심각성과 그 심판의 두려움, 시급성 등에 관한 메시지를 듣는 것이 매우 중요하다. 듣지 않고서는 스스로 잠든 것을 인식할 수조차 없기 때문이다. 이 때문에 웨슬리는 사람들을 하나님의 말씀 앞으로 초대하는 데 많은 힘을 기울였고, 또한 그들이 하나님의 말씀을 들을 수 있도록 적합한 은총의 수단을 준비하는 데 최선을 다했다. 특히 웨슬리가 선행은총 아래 있는 이들에게 말씀을 듣도록 적절한 은총의 수단을 활용했는데, 그것은 바로 웨슬리 자신이 한때 부정적으로 생

---

66) *Sermons*, The Circumcision of the Heart, I.2~4.

각했던 '옥외집회'였다. 초기 웨슬리는 옥외집회에 대해 기꺼운 생각을 갖지 않았지만 이 집회를 통해 많은 영혼이 하나님의 죄인들을 위해 예비하신 은총 앞으로 나아오는 것을 목도하면서 가장 열렬한 옥외집회의 옹호자가 되었다.

옥외집회에 대한 웨슬리의 변화된 입장이 '대회의록'에 문답 형식으로 나와 있다. 웨슬리는 옥외에서 행해지는 집회에 대해 "하나님의 어떠한 법이나 사람의 어떠한 법에 저촉되는지 알지 못한다."고 강조하면서, 메도디스트 설교자들에게 옥외집회에 적극 나설 것을 촉구한다. 웨슬리는 그 이유를 다음 세 가지로 정리한다. 첫째, 그들의 소명이 잃어버린 자를 찾는 것이기 때문이다. 그들이 우리를 찾기를 기대할 수는 없기 때문에 우리가 그들을 찾아나서야 하는 것이다. 둘째, 다른 이들은 사람들을 강권해서 데려오도록 하는 소명을 받지 않았기 때문이다. 셋째, 제도권의 교회들이 모든 이들을 포함할 수 없기 때문이다. 그 교회들은 기득권이나 헌금이 줄 것을 염려하여 옥외집회를 반대하지만 옥외집회를 기다리고 있는 사람들은 이들 이외에도 얼마든지 있다.[67] 즉 웨슬리의 옥외 대중 집회는 하나님께서 긴 잠에 빠진 영혼을 깨우려는 하나님의 회개의 은총을 수용하도록 돕는 은총의 수단이었던 것이다.

이상의 내용을 요약해 보면 하늘 가는 길의 첫 단추는 하나님의 회개케 하는 은총을 입는 일이고 이를 위해서 영혼은 '겸손의 믿음'으로 나아가야 하며 이 믿음을 일으키는 데 가장 중요한 요소가 '하나님의 말씀을 듣는 것'이고, 이 '듣기'를 돕는 은총의 수단이 옥외집회라는 속회의 형태라는 것이다. 이 같은 옥외집회의 의미를 속회 공동체라는 관점에서 다시 한 번 정리해 보면 다음과 같다.

---

67) Wesley, *Large Minutes*, Q.8.

첫째, 옥외집회는 사람들을 하나님의 회개의 은총 앞으로 이끄는 데 주력하는 속회 공동체다. 즉 웨슬리의 옥외집회는 사람들이 하늘 가는 길의 현관에 해당하는 '회개'라는 주제에 집중하며 그들을 하나님의 회개의 은총 앞으로 이끄는 데 주력한 공동체였다. 그 대상은 '모든 사람'이었다. 그것은 하나님의 선행은총이 모든 사람에게 미치기 때문이다. 옥외집회는 모든 사람을 영혼의 잠에서 깨우려는 하나님의 선행은총에 기반하여 회개의 은총을 추구한다는 점에서 '제도권 교회를 넘어서는' 보편적이고 우주적인 교회의 사역을 포함하게 된다. 하나님의 선행은총은 제도화된 교회에 머무르지 않고 세상 사람들 모두를 향할 수밖에 없다는 점에서 세상은 '교구(parish)'로 인식될 수밖에 없다.68) 이 같은 이유로 웨슬리 속회는 무한한 선교적 지평을 갖게 된다. 쉬플리(David Shipley)의 지적대로 웨슬리의 메도디즘은 세상에서 살아가는 사람들을 찾아 교회로부터 세상을 향해 나선 신앙 운동이었던 것이다.69) 실제로 웨슬리와 메도디스트들은 때와 장소와 무관하게 하나님의 선행은총이 미치는 모든 사람에게 복음을 전했다. 옥외집회는 그 대표적인 활동이라 할 수 있다.

둘째, 옥외집회는 사람들이 하나님의 말씀을 듣도록 초대하는 속회 공동체다. 듣는 것은 사람들을 회개의 은총으로 인도하는 핵심적 기능이다. 믿음은 바로 이 들음에서 시작되기 때문이다. 사람들이 하나님의 말씀을 듣도록 초대하기 위한 가장 효과적인 방식은 설교다. 그러므로 웨슬리의 옥외집회는 설교를 중심으로 진행되었다. 이 설교를 통해 회개를 촉구했고

---

68) '세계가 나의 교구'라는 용어는 웨슬리가 허비(James Hervey)에게 보낸 편지에 포함되어 있다. 이 편지는 허비가 웨슬리에게 보낸 편지에 대한 답장인데, 허비는 웨슬리가 제도권 교회를 뛰어넘는 목회로 나아가고 있는 데 대해 우려하며 웨슬리에게 교구를 돌보는 목회를 하든지 아니면 옥스퍼드에서 가르치는 일을 하든지 둘 중 하나를 택하라고 권면하였다. 그러나 웨슬리는 어디서나 복음을 전하는 것이 하나님의 뜻이므로 자신은 교구에 관계없이 어디서나 설교할 것이라 역설하였다. *Letters*, March 20, 1739.
69) David C. Shipley, *The Ministry in Methodism in the Eighteenth Century*, ed., by Gerald O. McCulloh(Nashville: The Board of Education of the Methodist Church, 1960), p.15.

복음을 믿는 믿음으로 초대했다.70) 그는 가감 없이 인간의 죄성을 폭로하고 그에 따른 하나님의 진노와 심판을 주저함 없이 선포했으며 이에 기초하여 복음에 나타난 구원의 길을 제시했다. 그의 메시지를 들었던 수많은 청중에게 회개하고자 하는 역사가 일어났다. 그들은 하나님의 말씀을 들음으로써 하나님의 선행은총으로 인도되었고 이 은총을 수용하는 '겸손한 마음'을 가졌으며 통렬한 회개의 심령을 갖게 되었던 것이다.

　셋째, 옥외집회는 하나님의 은총을 자각하도록 하기 위해 사람들을 직접 찾아 나선 선교적 속회 공동체다. 옥외집회는 '여기가 좋사오니'를 외치며 '자신들만 하늘의 영광을 누리겠다는 고립된 영성'을 탈피하고 산 아래에서 고통받는 이들에게 기꺼이 다가가 그 하늘을 나누는 영성을 지향했음을 보여 준다. 즉 옥외집회는 세상 안에서 살아가는 사람들이 나아올 것을 기다린 것이 아니라 오히려 그들에게 먼저 다가가 손을 내밀었다는 데 큰 의의가 있다. 다시 말해 옥외집회는 교회 건물과 예전 등을 준비해 놓고 사람들이 찾아오도록 기다리는 수동적이고 예전적인 성격을 넘어서고 있으며 오히려 고난과 고통이 현재하는 세상 속으로 들어가 그곳에서 그리스도를 발견하고 그분의 삶을 재현함으로 하늘에 이르고자 하는 참여적이며 능동적인 선교를 수행했던 선교적 속회 공동체였음을 말해 준다.

　넷째, 옥외집회는 사람들과 '소통할 수 있는 길'을 추구한 속회 공동체다. 옥외집회는 성직자와 교회가 교리나 신조 등과 같이 어떤 정해진 내용을 일방적으로 전수하고 이 내용에 동의하도록 이끄는 '일방통행 방식'을 연장하지 않았다. 오히려 그것은 사람들의 삶의 현장에서 그들의 삶의 양식과 언어를 기꺼이 사용하여 하늘 가는 길을 전하는 '쌍방통행 방식'을 시도했다. 이런 시도에서 웨슬리가 가장 중요한 매개로 간주했던 것이 '설교

---

70) 대회의록에서 웨슬리는 옥외집회에서 설교할 때 그 목표가 무엇인지 다음과 같이 밝히고 있다. "하나님의 이름으로 광장에 나가 회개하고 복음을 믿도록 사람들을 초청해야 한다." Wesley, *Large Minutes*, Q.8.

(preaching)'였다. 설교는 사람들이 하나님의 말씀을 듣도록 초대하는 가장 효과적인 도구였다. 그렇지만 웨슬리의 설교는 사람들이 일방적으로 듣게만 하는 것이 아니었다. '설교 안에서' 설교자와 청중이 상호 교제를 나누는 현장이었다.71) 실제로 웨슬리는 옥외집회에서 보통의 사람들이 알아들을 수 있는 언어를 통해 설교했고, 이 설교 안에서 대중은 하늘 가는 길을 어렵지 않게 듣고 받아들일 수 있었다.

(2) 칭의의 은총/신우회

웨슬리 속회에 나타나는 두 번째 구조가 '칭의의 은총/신우회'다. 회개한 이에게 필요한 은총은 '칭의의 은총,' 곧 '용서함을 입는 은총'이다. 회개는 철저한 자기 인식을 기초로 한다. 진실한 회개에 이른 영혼은 성령이 율법을 통해 영혼을 비출 때 자신이 벌거숭이인 것을 알게 되고 자신을 가린 가식들, 종교나 도덕, 자기변명이 아무 소용이 없음을 깨닫는다. 그 자신이 모든 죄의 덩어리요 만물보다 거짓되고 부패한 것임을 처절하게 느낀다. 그의 영혼은 조금도 선한 것이 없고 불경건과 불의밖에 없음을 알게 되는 것이다. 자신을 적나라하게 보는 사람은 자신이 처할 심판의 운명을 보게 된다. 깊은 죄책감으로 인해 자신이 결코 스스로 해결할 수 없는 심판의 불 속에 있음을 안다. 죄의 정당한 삯이 지옥에서의 영원한 죽음임을 알게 된다. 죄와 싸워 보지만 정복하지 못하고 죄에 반항하지만 그 죄의 사슬은 그럴수록 더 옥죄어 들어오는 특수한 사슬이다. 회개하고 죄를 범하고 회개하고 죄를 범하는 일이 끊임없이 반복된다. 그는 떨쳐버릴 수 없는 무거운 짐을 지고 있는 사람이다. 이 짐은 예수 그리스도 안에 나타난 하나님의 은총을 만날 때까지 지속될 수밖에 없다.72)

---

71) Wesley, *Preface to Sermons on Several Occasions*, 3.
72) *Sermons*, The Spirit of Bondage and of Adoption, II.

율법의 역할은 제한적이다. 우리의 죄의 뿌리를 드러내고 죄악을 임시적으로 제어하고 방지하는 역할을 수행한다. 그러나 율법이 죄를 근절할 수는 없다. 우리 영혼은 율법을 통해 우리 자신에 대한 신뢰가 얼마나 허망한 것인지를 깨닫게 할 뿐이다. 그러나 이렇게 진정한 회개에 이른 사람에겐 소망이 있다. 그는 그리스도를 통해 나타난 예비하신 복음을 믿음으로 바라보게 되기 때문이다. 즉 믿음으로 자녀가 되는, 이른바 칭의의 은총을 입게 된다. '칭의'는 예수를 주라 부르며, 성령이 친히 그의 영과 더불어 하나님의 자녀임을 증거하는 사건이다. 칭의의 은총을 입은 자는 하나님과 화평을 이룬 자가 된다. 하나님의 평강이 그 마음을 주장하고 그리스도의 지식을 통해 모든 의혹과 공포에서 마음과 생각을 자유롭게 하므로 평강을 얻게 된다. 이 평강은 머리터럭까지도 세시는 그분에게 의지하므로 흉한 소식을 두려워하지 않고 흑암의 권세를 두려워하지 않으며 죽음조차도 두려워하지 않고 오히려 세상을 떠나 그리스도와 함께 있기를 원한다.[73]

그렇다면 이 칭의의 은총을 받는 길은 무엇인가? 웨슬리에 의하면 이 길은 오직 하나, '믿음'이다. 율법의 행위가 아닌 믿음으로 칭의를 얻게 되는 것이다. 그런 의미에서 우리는 칭의를 '오직 믿음으로 의롭다 함을 입는' '이신칭의'의 사건이라 부르는 것이다.[74] 그런데 여기서 말하는 '믿음'의 의미에 대해 좀 더 면밀히 살펴볼 필요가 있다. 웨슬리가 언급하는 믿음은 '복음을 믿는 믿음'이라는 구체적인 믿음의 형태를 의미한다. 하나님의 은총을 수용하는 길은 '믿음'이다. 그런데 칭의의 은총이라는 특수한 형태의 은총을 받는 길은 이런 일반적 믿음을 지칭하는 것이 아니라 '복음을 믿는 믿음'이라는 형태의 믿음을 의미하는 것이다. 이는 마치 회개의 은총을 입기 위해서는 겸손의 믿음이 요청되는 것과 같다. 즉 하나님께로부터 의롭다 함

---

73) *Sermons,* Scriptural Christianity, I.1~3.
74) *Sermons,* Justification by Faith, IV.2.

을 인정받는 길은 '복음을 믿는 믿음,' 곧 예수 그리스도의 죽음이 나의 죄를 대속하기 위한 것이라는 것, 그분의 다시 사심이 내 안에 새로운 하나님의 형상을 창조하기 위한 것임을 확고히 믿는 믿음이요 그리스도께서 나를 위해 죽으시고 나를 사랑하시며 나를 위해 자신을 주셨다는 사실에 대한 확신이요 신뢰인 것이다.[75] 칭의의 은총은 이렇게 복음을 믿는 사람들에게 허락된다. 이 믿음만이 칭의의 필연적 조건이요 유일한 조건인 것이다. 이 믿음 이외의 모든 것을 가졌다고 해도 의롭게 될 수 없고 믿음 이외의 모든 것을 갖지 못했다고 해도 그는 의롭게 되는 것이다. 언제 어디서든지, 이 믿음이 있을 때는 아무리 죄인이며 불경건한 자라 할지라도 하나님께서는 죄를 사하시고 의롭다 인정하신다.

이 믿음을 갖는 데는 '그리스도를 아는 지식'을 확고하게 소유하는 것이 필연적이다. 이 지식이 믿음의 기초가 되기 때문이다. 웨슬리에게서 이성적 사유를 통해 소유하게 되는 '지식'은 '믿음'과 충돌하지 않는다. 오히려 이성은 진리를 명확히 이해하는 데 도움을 주고 이 이해는 믿음을 더욱 강화시키는 작용을 한다.[76] 그런데 이 지식을 갖게 되는 가장 효과적인 방법 중의 하나는 '배움(learning)'이다. 웨슬리는 이 배움을 활성화하기 위한 은

---

[75] 웨슬리는 예수 그리스도를 통해 나타난 하나님의 사랑이 칭의의 기초라 확신한다. 그에 따르면 우리는 아담의 죄로 인해 하나님의 사랑에서 단절되고 진노의 자식이 되었고 정죄되고 심판받을 수밖에 없는 존재가 되고 말았다. 그러나 하나님께서는 예수 그리스도를 중심으로 세상과 화해하셨고 더 이상 정죄하지 않으신다. 우리는 이제 그리스도 안에 있는 구속으로 말미암아 그의 은혜로 거저 칭의를 얻게 된 것이다. *Sermons*, Justification by Faith, I.9.

[76] 웨슬리가 활동하던 18세기 영국은 '이성'을 최고의 가치로 생각하던 계몽주의의 영향권 아래 있었다. 이런 경향이 기독교 신앙을 이해하는 데까지 강력한 영향을 끼쳤는데, 그 대표적인 것이 이성에게 기독교 진리를 판단하는 권한까지 부여한 이신론(理神論, Deism)이다. 웨슬리는 이성을 배척하는 몰이성적 태도도 반대했지만 이처럼 이성을 우상화하는 이신론적 태도 또한 거부하고 이성의 역할에 대한 독자적인 길을 제시했다. 아우틀러는 웨슬리의 이성의 역할을 성경, 전통, 이성, 체험 등 네 변으로 구성된 소위 '사변형(Quadrilateral)' 구조로 파악하고 설명을 시도했다. 그러나 나는 성경을 다른 세 요소들과 평행적 관계에서 이해하려 했다는 점에서 이 설명이 불완전하다고 본다. 나는 웨슬리의 이성의 역할을 올바로 설명하기 위해서는 사변형 모델보다는 성경을 밑변으로 하고 이성 체험 전통을 세 면으로 삼는 삼각뿔 모형이 적합하다고 본다. 즉 이성은 다른 두 면, 체험과 전통과 함께 어우러져 성경의 구원의 길을 드러내는 구조다.

총의 수단을 숙고했고 이렇게 나타난 것이 '신우회(society)'라는 속회였다. 이 사역에서 가장 핵심적인 것은 회개의 은총을 입은 이들에게 그리스도를 아는 지식을 배워 칭의의 은총 앞에 서도록 인도하는 일이었다. 웨슬리는 옥외집회를 통해 자신의 죄의 심각성을 자각하게 된 사람들이 하나님의 무서운 심판에서 구원받을 수 있는 길을 찾게 하기 시작했다. 집회에서 강력한 회개의 메시지를 듣고 자신들의 죄를 알게 되고 깨닫는 데까지는 이르렀을지라도 이에서 더 나아가기는 쉽지 않다. 회개의 은총으로 인도된 이들을 죄 사함의 은총으로 인도하도록 도와주는 그런 모임이 요청되었던 것이다. 이러한 모임에서 가장 우선적으로 필요한 것은 자신의 죄를 깨닫고 그 죄의 심각성을 알게 된 이들에게 그리스도의 복음을 알게 하고 그 복음을 믿는 믿음으로 안내하는 일이다. 웨슬리는 신우회라는 속회 형태를 통해 이 같은 사역을 감당했던 것이다.

웨슬리는 신우회에 들어오고자 하는 사람들에게 어떤 자격 제한을 두지 않았다. 다음과 같은 한 가지 조건만 있었을 뿐이다. "다가올 진노를 피하고 그들의 죄로부터 구원함을 입고자 갈망하는 것"이다.[77] 웨슬리는 신우회에 들어온 사람들, 즉 "죄를 깊이 깨닫고" "진심으로 구원받기를 갈구하는" 사람들을 위해 '기도하고' '권면하며' '사랑 안에서 돌아보는' 사역을 시작했다.[78] 신우회가 결성되자 웨슬리는 신우회 회원들이 지켜야 할 규칙들을 제시했다. 웨슬리가 제시한 규칙은 다음 세 가지였다. 첫째, 모든 종류의 악을 피하는 것(avoiding evil of every kind), 둘째, 선한 일을 행하는 것(doing good), 셋째, 하나님께서 정하신 규례들을 준수하는 것(attending upon all the ordinances of God)이다.[79] 이 세 가지 규칙들은 모두 하나님의 은총의

---

[77] *Ibid.*, 4.
[78] *Ibid.*, 2.
[79] Wesley, *The Nature, Design, and General Rules of Our United Societies*, 4~6. 또한 *A Plain Account of the People Called Methodists*, I.8.

수단들과 매우 밀접한 관련이 있음에 주목할 필요가 있다. 즉 첫 번째와 두 번째는 설교 '열심에 관하여'에서 소개된 사랑의 실천에 해당하고 세 번째는 경건의 실천과 동일하다. 이렇게 보면 신우회의 규칙은 은총의 수단 그 자체임을 의미하는 것이라 할 수 있다. 즉 웨슬리는 신우회에 입회하기 위한 문을 활짝 열어 놓은 후 신우회에 들어온 이들이 하나님의 구원의 은총에 가까이 나아갈 수 있도록 경건의 실천과 사랑의 실천이라는 은총의 수단을 연습할 수 있는 장(場)으로 신우회를 활용했던 것이다.

그러나 신우회가 하나님의 구원의 은총 전체를 추구하는 은총의 수단임엔 분명하지만 그 주된 초점은 '칭의의 은총'이었다. 즉 회개의 은총을 입은 이들이 그리스도를 아는 지식을 배워 칭의의 은총 앞에 서도록 인도하는 일에 집중적인 관심을 기울였던 것이다. 여기에서 가장 중요한 일은 죄의 심각성을 알게 된 이들에게 '그리스도의 복음을 이해하게 하고 그 복음을 믿는 믿음에 이끄는 것'이었다. 이 일은 무엇보다도 성경에 나타난 구원의 진리를 조직적이고 집중적으로 가르치는 일을 통해 이루어졌다. 헨더슨은 이런 신우회의 역할을 구원의 복음에 관한 '인지적(cognitive) 이해'를 배양하는 것이라 말한다. 그에 따르면 신우회의 주요 역할은 메도디스트의 핵심 가르침을 사람들에게 전달하는 것이었으며, 이를 위해 주로 사용했던 방식은 '강연,' '설교,' '공동 독서,' '찬송,' '권면' 등이었다. 여기에서는 주로 의견을 주고받는 토론보다는 강연자가 준비한 내용을 전달하는 설교 혹은 강의가 중심이 되었다.[80]

웨슬리는 이 일을 감당할 수 있는 사역자들을 준비했다. 초기 파운더리 신우회의 경우 존과 찰스 웨슬리 두 형제가 교육을 전담하다시피 했지만 신우회 숫자가 늘어나고 그 구성원들의 숫자가 급격히 늘어감에 따라 사

---

80) Henderson, *A Model for Making Disciples*, p.84.

역 분담이 불가피하게 되었다.81) 웨슬리는 이 역할을 평신도들에게 과감히 이양하고 자신은 그들이 이 사역을 잘 감당할 수 있도록 교육하고 감독하는 역할에 집중했다. 웨슬리는 이들 평신도 사역자들을 '평신도 협력사역자(Lay Assistants)' 혹은 단순히 '협력사역자(Assistants)'라 불렀다. 웨슬리는 이들을 선발할 때 엄격한 기준을 적용했으며 그들이 지켜야 할 규칙을 제시했고 그들이 사역자로서의 거룩한 삶을 유지할 수 있는 구체적인 프로그램까지 알려 주었다.82)

---

81) 신우회가 차츰 자리를 잡아감에 따라 그 구성 인원은 50명에서 많게는 100여 명까지의 그룹으로 형성되었다. *Ibid*.
82) 웨슬리는 평신도 협력사역자를 삼기 위해 다음의 질문을 했다.
믿음의 대상인 하나님에 대해 올바른 이해를 가지고 있는가?
심령에 하나님의 사랑으로 충만한가?
하나님 한 분으로 만족하는가?
말과 행위가 거룩한가?
사역을 감당할 만한 은혜와 성령으로 충만한가?
충분한 이해력과 판단력을 소유했는가?
올바른 믿음의 기준, 곧 '이신칭의'를 확고히 믿는가?
하나님의 구원의 진리를 쉽고 명확히 설명할 능력이 있는가?
일상의 삶에서 성공의 경험이 있는가?
무엇인가를 설명할 때 청중을 감화시키는 능력이 있는가?
죄 용서의 확신을 가지고 있는가?

이렇게 선발된 평신도 협력사역자들은 다음의 규칙을 따라야 했다.
① 부지런하고 근면해야 한다.
② 거룩한 일상을 유지해야 한다.
③ 악한 사람들을 경계하고 그들과 교제를 피해야 한다.
④ 자신의 마음과 생각을 늘 살펴야 한다.
⑤ 마음속에 악한 생각이 들거든 다른 사람들에게 고백하여 그 불을 꺼야 한다.
⑥ 교만하지 말고 다른 사람들을 주님 섬기듯이 섬겨야 한다.
⑦ 죄에는 부끄러워하되 다른 사람을 섬기는 일에는 부끄러워 말아야 한다.
⑧ 다른 사람의 금품을 취하지 말아야 한다.
⑨ 시간을 엄수해야 한다.
⑩ 매사에 자신의 힘이나 생각에 의지하지 말고 믿음으로 행해야 한다.

웨슬리는 평신도 협력사역자들이 이러한 삶을 살기 위한 구체적인 실천 방법을 제시하는데, 그것은 새벽 시간을 활용하는 것이었다. 웨슬리는 사역자들에게 새벽 4시에 기상할 것을 권유하고 기상한 후 두 시간 동안은 묵상, 개인 기도, 성경 읽기, 사역에 도움이 되는 경건 서적 읽기 등을 매일 실행할 것을 권유했다. Wesley, *A Plain Account of the People Called Methodists*, IX.1~5.

여기서 주목할 만한 것은 웨슬리가 평신도들에게 설교의 사역을 감당하도록 했다는 사실이다. 이는 당시 신우회 내에 설교를 할 수 있는 안수받은 목회자들의 숫자가 회원들에 비해 턱없이 부족했기 때문에 취한 어쩔 수 없었던 일이라고도 볼 수 있다. 물론 웨슬리는 이 같은 현실적 상황도 고려했지만, 설교는 안수받은 목회자의 전유물이 아니라 평신도들과 공유해야 할 공동의 사역 과제임을 성경 자체가 지지하는 것이라 확신했기 때문에 평신도에게 설교 사역을 과감하게 맡겼다.[83] 평신도 설교 사역자들은 직업을 소유하면서 신우회에서의 사역을 감당했다. 1744년에는 35명 정도의 평신도 설교 사역자들이 임명되어 신우회에서 가르치는 사역을 도맡았다.[84] 그러나 이들은 사역에 관한 전문적인 훈련을 받은 이들이 아니었기 때문에 웨슬리로부터 지속적인 교육과 감독을 받아야만 했다. 신우회의 숫자가 급증하고 지역이 광범위하게 넓어짐에 따라 웨슬리는 이런 교육과 감독 기능 또한 다른 사람들에게 분담시키게 되었는데, 이들이 바로 '협력목사(helper)'였다. 웨슬리는 전국을 여러 지역으로 나누어('서킷'이라 불렀다) 협력목사들을 파송하여 자신을 대신해 그곳의 신우회들을 순회하며 교육과 감독의 기능을 수행하게 했다.[85]

---

83) 웨슬리는 자신의 죽음이 멀지 않았던 1789년경의 설교 '목회자의 직분(The Ministerial Office)'에서 두 종류의 선지자를 언급한다. 하나는 '특별한 소명을 받은 선지자들'이다. 예를 들어 아모스 같은 경우인데, 그는 선지자도, 선지자의 아들도 아닌 양치기였지만 이스라엘 백성에게 가서 예언하라는 사명을 받고 설교했다. 또 하나는 '일상적인 선지자들'이다. 이들은 선지자 학교에서 배운 사람들인데, 사무엘 시대의 라마 선지학교 같은 곳에서 훈련받은 선지자들이다. 웨슬리는 이 같은 틀을 안수받은 성직자들과 평신도 설교자들에게 적용시킴으로써 평신도 설교자들의 정당성을 확보한다. 즉 평신도 설교자들은 성직자들처럼 전문적인 공부를 하고 영국성공회로부터 안수를 받은 일상적 의미에서의 소명을 받은 이들은 아니지만 '설교 사역'을 위해 특별한 소명을 받은 사람들이라는 것이다. 이 둘은 성례를 집행할 사명이 주어진 사람과 그렇지 않은 사람이라는 차이는 있지만 하나님의 은총으로 사람들을 초청하고 그들이 그 은총에 응답하도록 부름 받았다는 점에서는 차이가 없다. *Sermons*, The Ministerial Office, 6, 18. 평신도의 설교 사역은 오늘날 영국에서는 '지역 설교자(local preacher)'로, 미국에서는 '평신도 설교자(lay preacher)'로 일컬어진다.
84) Henderson, *A Model for Making Disciples*, p.87.
85) 1746년에는 영국 전역에 7개 서킷이 있었고 웨슬리가 임종할 당시에는 모두 114개의 서킷이 있었다. 각 서킷은 협동목사들이 자신의 서킷에서 머물 동안 쉴 곳과 먹을 것을 제공하였으며 필요한 경비를

각 신우회가 효과적으로 운영되는 데는 평신도가 주축이 된 '집사(steward)'들의 역할이 컸다. 집사라 번역은 했지만 이들의 역할은 오늘날의 '장로' 개념에 더 부합될 것 같다. 그들의 역할은 초대교회 집사들의 역할과 다르지 않았다. 신우회에서 그들의 역할은 크게 세 가지로 압축된다.

첫째, 평신도 설교 사역자들이 주축이 된 신우회의 영적 지도자들이 말씀을 전하고 기도하는 일에 전념할 수 있도록 재정 관리를 포함한 신우회의 실질적인 운영을 도맡았다. 이러한 사역을 감당하기 위해서는 집사들에게 고도의 윤리적 의식이 요구되었다. 특히 재정을 맡은 만큼 이들은 스스로의 재정 운영에 누구보다도 모범을 보여야 했다.86) 둘째, 그들은 신우회 회원들이 신우회의 규칙을 제대로 지키고 있는지 살펴보고 이 정황을 신우회의 영적 지도자들에게 보고했으며, 신우회가 원래의 목적에 부합하여 이탈되지 않도록 영적 지도자들에게 허심탄회한 의견을 제시했다.87) 말하자면 신우회가 그 설립 목적에서 벗어나지 않고 올바르게 운영되도록 감시와 협력을 했던 것이다. 셋째, 그들은 가난한 자들과 병든 자들을 실제적으로 돕는 역할을 감당했다. 당시 메도디스트들은 대부분 가난한 계층의 사람들이었기 때문에 이들을 돕는 일 또한 신우회의 중심 사역으로 간주되었고 집사들이 이 일을 맡아 집행했다.88) 병든 자들을 돌보는 일 또한 집사들에게 위임된 중요한 일이었다. 그러나 집사들에게 주어진 과중한 업무 때문에 이 일은 점차로 '병자 심방인(Visitors of the Sick)'이라는 특별팀에게 맡겨졌다.89) 요약하자면 집사들은 신우회의 영적 사역과 육적 사역을 잇는 다

　　제공해 주었다. *Ibid.*, p.87.
86) 웨슬리는 집사들에게 근검절약할 것과 빚을 져서는 안 된다고 강조했다. Wesley, *A Plain Account of the People Called Methodists*, X.3.
87) *Ibid.*, X.2.
88) *Ibid.*
89) 웨슬리는 온화하고 사랑으로 충만한(tender, loving spirit) 46명의 병자 심방인을 선발해 23명은 도시 거주 병자들을 돌보게 하고 다른 23명은 그 외 지역의 환자들을 돌아보게 했다. 그들의 구체적인 직무는 다음과 같다.

1편 웨슬리 속회의 이론적 성찰

리 역할을 했다고 할 수 있다.

    신우회 모임은 처음에는 매주 목요일 저녁 시간에 한 번 있었다.90) 그러나 갈수록 모임의 횟수가 늘어났고 시간대도 필요에 따라 변경되었다. 그중에서 새벽 모임과 주일 저녁 모임은 사람들에게 가장 호응을 받았다. 신우회 회원들에게 새벽 모임은 하루의 일을 시작하기 전 새벽 시간에 하나님의 은총이 이끄는 구원의 역사에 관한 성경의 가르침에 마음을 모으고, 하루의 삶을 하나님의 은총에 합당한 거룩한 삶으로 드리겠다고 결단하기에 의미 있는 시간이었다. 주일 저녁의 모임 또한 신우회 회원들이 모이기를 좋아하는 모임이었다. 이미 그들 중 대부분은 오전 시간 성공회 교회의 예전 중심 예배에 참석했지만 여기에서는 찾을 수 없는 복음에 대한 가르침과 생동감이 신우회 모임에 있었기 때문에 그들은 기꺼이 그곳에 모여들었다.91)

    웨슬리는 신우회의 활동을 통해 복음에 관한 인지적 이해를 배양하는 데 일차적으로 집중했다. 그렇지만 웨슬리는 여기에 머물지 않고 사람들이 복음에 대한 믿음과 확신을 갖도록 돕는 데로 나아갔다. 그는 모라비안에게 배운 좋은 것들을 응용하여 신우회에 적용시키기도 했다. 워치나잇 집회(철야 집회)는 그중 하나였다. 이 모임은 주로 한 달에 한 번, 야간에 이동이 용이한 달이 찬 토요일 저녁에 모였다. 웨슬리가 이날을 택한 것은 의도적이었다. 광부 등의 험한 일에 종사하던 사람들에게 토요일 저녁은 술로

---

1. 한 주에 3회 환자를 방문하기 2. 환자들의 영혼 상태를 살펴보고 적절한 권면을 하기 3. 환자들의 질병 상태를 알아보고 병 관리를 위한 조언을 해 주기 4. 환자 중 가난한 이들이 있으면 구제하기 5. 환자들에게 필요한 그 밖의 일들을 최선을 다해 돕기 6. 매주 집사(stewards)에게 있었던 일들을 보고하기. *Ibid.*, XI.3~4.
90) Wesley, *The Nature, Design, and General Rules of Our United Societies*, 1.
91) 1852년 호러스 만(Horace Mann)의 주일 예배 참여자 통계에도 이 사실이 잘 나타나 있다. 요크셔 지역 전체 인구 1,789,147명의 1/6에 해당하는 329,572명이 메도디스트 신우회의 저녁 예배에 참석한 것으로 나타나고, 콘월 지역에서는 전체 인구 355,558명 중 1/3에 해당하는 126,401명이 그 예배에 참석한 것으로 나타난다. Henderson, *A Model for Making Disciples*, p.89에서 재인용.

지내는 날이었으나 웨슬리는 이날을 술이 아닌 성령에 취하는 날로 삼았던 것이다.

또 하나의 비정기적인 모임은 애찬회였다. '사랑의 축제(love feast)' 혹은 '아가페 식사(agape meal)'로 알려진 애찬회를 웨슬리가 처음 접한 것은 미국 조지아 사반나에서 참석한 모라비안의 모임이었다. 그가 애찬회를 더욱 적극적으로 신우회에 도입하게 된 계기는 그 자신이 다른 옥스퍼드 메도디스트 회원들과 함께 런던의 페터레인신우회의 애찬회에 참석했다가 성령의 체험을 하게 되었기 때문이다. 초기 메도디스트 신우회는 애찬식을 매우 중요한 의식으로 여기고 한 달에 한 번 정도 실행했다가 시간이 흐름에 따라 차츰 분기별로 1회 정도 실행했다. 이 모임은 회원들의 영적 성장을 축하하는 데 초점이 맞추어져 있었는데, 빵과 물로 간단한 식사를 한 후 한 사람씩 돌아가며 자신의 영적 성장에 관해 간증했다. 여기서 중요한 것은 삶 가운데서 '어떤 일이 일어나야 하는가가 아니라 어떤 일이 일어나고 있는가(not a matter of discussing what should happen, but what was happening)' 하는 것이었다. 즉 애찬회는 '간증이 있는 만찬 자리(testimonial dinner)'라 할 수 있다.[92] 이 모임은 모든 이들에게 개방된 것은 아니었다. 신우회 회원이라는 표식(티켓)을 소유한 사람만이 참석할 수 있었고 특별한 경우에는 티켓이 없더라도 설교자들의 승인이 있으면 참여가 가능했다.

이상의 내용을 요약해 보자. 신우회는 죄의 실상을 알게 되어 그 죄의 용서를 간절히 갈망하는 이들에게 죄 사함의 은총으로 인도하는 속회 공동체다. 죄 사함의 은총에 나아가는 길은 '복음을 믿는 믿음'이다. 신우회는 이 믿음을 갖도록 도울 수 있는 은총의 수단인 셈이다. 여기서 복음을 믿는 믿음에 필수적인 것은 복음에 대한 이해다. 신우회가 성경적 구원의 길을 가르치는 일에 집중한 이유가 바로 이것이다. 초기에는 웨슬리 형제가 이 일

---

92) Henderson, *A Model for Making Disciples*, p.93.

을 도맡았지만 신우회와 그 회원들의 숫자가 늘어감에 따라 평신도를 사역의 파트너로 삼아 이 일을 분담시켰다. 웨슬리는 사람들이 복음을 아는 일뿐만 아니라 믿고 확신하는 데 도움을 주기 위해 철야 모임 혹은 애찬회 같은 방식도 기꺼이 활용했다. 이 같은 신우회가 웨슬리 속회의 한 형태라는 관점에서 어떤 의미를 갖는지 다음과 같이 정리해 볼 수 있다.

첫째, 신우회는 사람들을 '죄 사함의 은총'으로 인도하는 데 중점을 둔 속회 공동체다. 대중 집회가 하나님의 보편적인 선행은총의 빛 아래 있는 사람들을 회개의 은총으로 초대하는 데 주안점을 두는 속회 형태였다면 신우회는 이들을 죄 사함의 은총, 곧 칭의의 은총으로 인도하는 속회의 다른 형태라 할 수 있다. 대중 집회를 통해 사람들이 자신들의 죄가 어떠한지 그 심판의 처절함이 어떠한지를 알게 하고 그 죄를 진실로 회개케 하는 데까지는 인도할지라도 이에서 더 나아가기는 쉽지 않다. 이렇게 회개의 은총으로 인도된 이들을 하나님의 자녀로 확신케 하고 거룩한 삶을 살아갈 수 있도록 도와주는 모임이 요청되었다. 웨슬리는 바로 신우회라는 속회 형태를 통해 이 같은 사역을 감당했던 것이다. 즉 '죄를 깊이 깨닫고' '진심으로 구원받기를 갈구하는' 사람들을 위해 기도하고 권면하며 사랑 안에서 돌아보는 그런 공동체가 바로 신우회였다.

둘째, 신우회는 배움이라는 인지적 요소에 집중하는 속회 공동체였다. 신우회는 옥외집회 등의 전도 사역을 통해 죄에 대한 심각성을 깨닫고 죄의 용서함을 받기를 갈망하는 이들을 위해 준비된 속회 공동체다. 어떤 의미에서는 체계적으로 조직된 첫 속회 공동체인 셈이다. 이 속회 공동체가 해야 할 가장 중요한 사역은 하나님의 진노 앞에 두려워 떨고 있는 사람들에게 '복음을 정확히 제시하는 일'이다. 그들을 위해 하나님께서 그리스도를 통해 베푸신 그 크신 사랑을 바로 알게 하는 것이다. 이 일을 효과적으로 감당하기 위한 것이 복음의 내용에 집중한 가르침이다. 사람들로 하여금 배움을 통해 복음이 무엇인지, 그 능력이 어떠한지, 그 복음을 믿는 것이 얼마나 중요한 것인지를 알게 하는 기회를 제공한 것이 바로 신우회라는 속회 공동체였다.

셋째, 신우회는 평신도들이 사역의 주체가 된 속회 공동체였다. 신우회에서 평신도의 자리는 사역의 대상이 아닌 사역의 파트너였다. 오랜 세월 동안 평신도는 늘 사역의 대상이었다. 웨슬리 당시에도 예외는 아니었다. 그런 그들에게 말씀을 전할 사역을 맡긴다는 것은 상상하기 어려운 것이었다. 심지어 이 같은 일은 3세기가 지난 지금도 받아들이기 쉽지 않은 일이다. 만일 지금 한국 땅에서 평신도에게 설교를 맡긴다고 상상해 보라. 아마 대부분의 목회자들이(어쩌면 평신도 자신들도) 정체불명의 용어인데도 너무나 흔히 사용되는 '강단권'을 주장하며 반대할 것이다. 이는 웨슬리의 후예라 자칭하는 교단들도 예외는 아닐 것 같다. 물론 평신도와 파트너십을 이루어 사역을 분담하려는 시도는 한국교회 내에서도 없었던 것은 아니다. 옥한흠 목사의 '평신도를 깨운다'는 슬로건이 대표적이다.[93] 당시 목회자 중심의 목회에 익숙했던 한국교회 목회 상황을 고려해 볼 때, 목회에서 평신도의 역할에 주목했던 그의 탁견은 한국교회 전반에 큰 충격을 주었다. 그러나 웨슬리 관점에서 본다면 옥한흠 목사의 견해는 진정한 의미의 평신도 가치의 재발견과는 상당히 거리가 먼 것으로 평가될 것 같다. 웨슬리는 단순히 평신도를 깨운 것이 아니라 그들을 불러 하늘 가는 길의 진정한 동역자로 삼았기 때문이다. 이 때문에 웨슬리는 평신도들에게 설교마저도 과감히 맡기는 행보를 걸었던 것이다. 물론 이러한 파격적인 결정의 배경에는 '말씀을 전하는 일'은 안수받은 목회자만 행할 수 있는 사역이 아니라 하나님의 자녀로 부름 받은 모든 사람에게 공통적으로 부여되었다는 확신이 있었기 때문이었다. 웨슬리의 신우회는 평신도들을 사역의 대상이 아닌 사

---

93) 옥한흠, 『평신도를 깨운다』(국제훈련원, 2009) 참조.

역의 실질적인 파트너로서 인정하고 그들의 재능을 기꺼이 활용했다. 성례전과 감독 기능을[94] 제외한 모든 사역들, 즉 설교는 물론 행정과 연약한 이웃을 돕는 일 등을 평신도와 함께 나누었던 것이다.

넷째, 신우회는 은총의 수단을 연습해 보는 속회 공동체다. 웨슬리에게 신우회의 존재 이유는 하늘 가는 길로 나아가기 위한 것이라 할 수 있다. 하늘 가는 길은 다름 아닌 우리가 믿음으로 하나님의 은총의 보좌 앞으로 나아가는 것이다. 웨슬리는 이 믿음을 증진시키기 위한 방법을 '규칙'이라는 형태로 제시하고, 모든 신우회 회원들이 반드시 지키도록 종용했다. 이 규칙은 율법적 조항들이 아니었다. 오히려 세 가지 범주로 구성된 신우회 규칙은 하나님의 은총의 수단들과 매우 밀접한 관련이 있었다. 악을 행하지 않고 선을 행하라는 첫 번째와 두 번째 범주의 규칙은 사랑의 실천이라는 은총의 수단을 의미하며, 하나님께서 정하신 규례들을 준수하라는 세 번째 범주의 규칙은 경건의 실천이라는 은총의 수단에 해당한다. 이렇게 보면 신우회의 규칙은 은총의 수단 전체를 의미하고 있는 것이다. 즉 웨슬리는 신우회를 경건의 실천과 사랑의 실천을 훈련할 수 있는 장(場)으로 활용했다.

다섯째, 신우회는 모든 다른 속회 공동체를 포함하는 속회 공동체다. 앞으로 계속 설명하겠지만 신우회는 다른 속회 공동체와 별개로 움직이는, 분리된 속회 공동체가 아니다. 물론 신우회라는 공동체 고유의 사역이 있다. 신우회 회원들이 복음에 관해 배울 수 있는 기회를 제공하는 것이다. 그렇지만 신우회의 역할은 여기에 머무는 것이 아니다. 다른 속회 공동체들과 밀접한 관계 속에서 감당해야 할 역할도 있다. 그것은 바로 다른 속회 공동체들이 자신의 역할을 감당할 수 있는 기본 틀이 되어 주는 것이다. 즉

---

94) 웨슬리는 '안수'를 성례전과 감독 기능을 수행하기 위해 위임받는 것으로 이해했다. 이 외의 목회 사역은 모든 그리스도인들에게 위임된 것으로 인식했다. Snyder, 『혁신적 교회갱신과 웨슬레』, p.126.

모든 속회 공동체들을 자신 안에 포함하여 그들이 굳게 서도록 지지하는 바탕이 되는 것이다. 이 점은 신우회가 집중해야 할 은총이 칭의의 은총인 동시에 모든 다른 은총들도 포함해야 함을 의미한다. 이런 관점에서 볼 때, 신우회가 왜 경건의 실천과 사랑의 실천이라는 모든 범위의 은총의 수단을 연습하는 것을 규칙으로 삼았는지 이해된다. 경건의 실천과 사랑의 실천이라는 은총의 수단은 사람들이 칭의의 은총뿐만 아니라 회개, 성화, 완전 등 하늘 가는 길을 완성하는 데 필요한 다른 은총들로 이끄는 데 꼭 필요하기 때문이다. 즉 신우회라는 속회 공동체는 클래스나 밴드 등의 다른 속회 공동체들과 분리되는 별개의 공동체가 아니라 그들을 포괄하는 공동체라는 것이다.

(3) 거듭남의 은총/클래스

웨슬리 속회에 나타나는 세 번째 구조는 '거듭남의 은총/클래스'다. 죄 용서, 곧 칭의는 진정한 회개를 한 이에게 주어지는 하나님의 선물이다. 하나님은 예수 그리스도를 믿는 믿음으로 나아오는 이의 죄를 더 이상 기억하지 않으시고 의롭다고 간주하신다. 그러나 의롭다 함을 입은 이는 선언적 의미뿐 아니라 실제로 의로워지게 된다. 그것은 바로 하나님의 '거듭남의 은총' 때문이다. 칭의의 은총을 입은 이는 '거듭남의 은총'으로 인도되는 것이다. 칭의와 거듭남 사이에는 시간적 간격이 없을 수도 있고 있을 수도 있다. 칭의와 거듭남이 동시적일 수도, 비동시적일 수도 있다. 여기서 중요한 것은 칭의의 사건과 거듭남의 사건은 구별되어야만 한다는 사실이다.[95] 칭의는 하나님께서 우리를 위해 우리의 죄를 사해 주신 사역에 해당되지만 거듭남은 우리 안에서 우리의 타락된 본성을 새롭게 하시는 사역에 해당된다. 이를 좀 더 자세히 말해 보자면, 칭의는 하나님에 대한 우리의 외적 관

---

95) *Sermons*, The Great Privilege of Those that are born of God, 2.

계의 변화를 야기하는 것으로, 죄로 인해 하나님과 원수되었던 우리가 하나님의 자녀가 되는 사건이다. 그리고 거듭남은 죄로 물든 우리의 영혼을 변화시켜 하나님의 거룩한 백성이 되는 성품을 갖도록 하는 사건이다. 즉 칭의 사건은 하나님께서 '우리를 위해' 역사하심으로 '우리를 의로운 자로 인정하시는 사건'이지만 거듭남은 '우리 안에' 역사하심으로 '우리를 실제로 의로운 자로 변화시키는 사건'이라는 것이다.[96]

모든 이들은 거듭나야 한다. 모든 인간은 날 때부터 죽음의 저주 아래 놓여 있기 때문이다. 모든 사람이 영적으로 죽은 채 이 세상에 태어나기 때문이다. 세상에 태어난 모든 이는 본질상 마귀의 형상인 교만과 아집, 짐승의 형상인 육욕과 정욕의 노예기 때문이다. 그러므로 우리는 우리의 존재를 완전히 새롭게 해야 한다. 완전한 부패에서부터 새로 태어나야 한다. 죄 가운데서, 죽음 가운데서 태어났다는 사실 자체가 우리가 '거듭나야' 한다는 명백한 이유다.[97] 거듭남이 없이는 그 누구도 하늘에 이를 수 없다. 하나님은 거룩하시기 때문이다. 거룩함은 '마음에 새겨진 하나님의 형상'이요 '온전한 그리스도의 마음'이며 '모든 하늘 백성의 성품'이다. 이 거룩함은 우리의 심령의 형상이 새롭게 되기 전에는 존재하지 않는다. 거듭남이 없으면 거룩함은 시작될 수 없다. 거듭남은 바로 거룩함의 출발점이자 전제기 때문이다. 거듭남이 없이는 거룩함이 없기 때문에 거듭남이 없이는 하나님을 볼 수 없다. 거듭나지 않고서는 하나님 나라에 들어갈 자가 없는 이유가 바로 이것이다.[98]

그렇다면 우리는 어떻게 거듭남에 이를 수 있는가? 거듭남은 혈통이나 육정으로 되는 일이 아니라 하나님으로부터 주어지는 은총이다. 즉 거듭남의 은총을 통해 영혼이 거듭나는 것이다. 하나님께서 영혼을 거듭나게 하

---

96) 김동환, 『목사 웨슬리에게 목회를 묻다』, p.161.
97) *Sermons*, New Birth, I.1~4.
98) *Ibid.*, II~III.

시는 방식은 '신비'다. 그 일은 하나님께서 성령을 통해 우리 안에 이루시는 생명 창조의 역사이기에 우리가 그 일의 내막을 이해할 수는 없다. 그 일은 마치 임의로 부는 바람 같기에 어떤 방식으로 시작되고 진행되며 종결되는지 우리로서는 알 도리가 없다.99) 우리는 영혼을 거듭나게 하시는 일이 전적으로 하나님의 은총이라고 고백할 뿐이며 그 하나님의 은총을 간절히 바라며 나아갈 뿐이다.

어떻게 이 은총에 이를 수 있을까? 우리가 하나님의 구원의 은총을 입을 수 있는 길은 '믿음'이다. 그렇다면 거듭남을 가능하게 하는 믿음은 무엇인가? 웨슬리는 거듭남의 은총을 수용하는 참된 믿음을 특정한 교리나 신조에 대한 단순한 동의나 이해가 아니라 그리스도의 공로를 통해 그 죄가 용서되며 그가 하나님의 사랑에 용납되었다는 확고한 신뢰라고 본다. 이는 무엇보다도 자기를 버리는 것을 전제로 한다. 즉 그리스도 안에서 발견되기 위해 육체에 대한 신뢰를 남김없이 거부하는 것이요 자기의 공로나 어떤 형태의 자기 의에 의지하지 않고 잃어버린 자와 같이 하나님 앞에 나아오는 것을 의미하며, 죄에 대한 깊은 절망을 안고 우리의 구원은 오직 그리스도로부터 나온다는 확신과 구원에 대한 열망으로 하나님의 은총 앞으로 나아오는 것을 의미한다.100) 이는 바로 처녀 마리아의 '당신의 말씀대로 하옵소서.'라고 고백하며 자신의 의지를 하나님의 의지에 온전히 굴복시킨 '순종의 믿음'이다. 즉 거듭남의 은총을 수용하는 신앙의 모습은 '순종의 믿음'이라 할 수 있는 것이다. 사실 진정한 칭의의 은총을 입은 이가 이러한 순종적 결단에 이르지 못할 이유가 없다. 그는 철저히 자신을 십자가에 못 박길 원하며, 하나님의 뜻에 온전히 맡기길 원하게 된다. 순종의 믿음은 삶의 구체적인 변화를 수반한다는 점에서, 헨더슨이 클래스의 주된 기능을

---

99) *Ibid.*, II.2.
100) *Sermons*, The Marks of the New Birth, I.3.

'회심자들의 진정한 삶의 변화를 도모하기 위한 것'이라 하면서 '행동 변화를 유발하기 위한(behavioral)' 공동체라 정의한 것은 상당히 일리 있어 보인다.[101]

그렇다면 이 순종의 믿음을 갖는 데 유용한 방식은 무엇인가? 웨슬리는 아마 즉각적으로 철저한 '자기 점검(accountability)'이라 답할 것이다. 자기를 올바로 직시하고 자기의 뜻을 하나님의 뜻에 굴복시키고자 하는 철저한 자기 점검만이 자기를 십자가에 못 박고 그리스도의 생명이 활동할 수 있도록 근거를 만들어 주기 때문이다. 그러나 웨슬리는 신우회에서는 이러한 철저한 자기 점검이 가능하지 않음을 알았다. 신우회 회원들 가운데는 여전히 죄에 머물고 있는 사람들도 있었다. 죄는 강한 전염성이 있기 때문에 다른 회원들에게 그 악한 영향이 미치지 않도록 신속하게 대처했다. 그럼에도 불구하고 그 후유증은 오래 갔다. 회원들은 런던의 전 지역에 흩어졌고 그들의 처지가 어떤지 알 도리가 없었다.[102] 철저한 자기 점검을 위한 모임을 고민하던 웨슬리에게 한 줄기 빛으로 다가선 것은 불현듯 마음에 스쳐 갔던 '클래스'였다. 이 순간은 1742년 2월 15일 채무 해결을 논의하기 위해 시작된 클래스가 자기 점검의 장(場)으로 전환하게 된 의미심장한 순간이었다. 이에 대한 웨슬리의 설명을 좀 더 들어보자.

"그 순간 제 마음에 아이디어 하나가 문득 떠올랐다. 나는 이것이 그동안 절실히 찾았던 바로 그 방법임을 확신했다. 나는 모든 클래스 지도자들을 소집했고 그들에게 매주 그들이 돌아보던 회원들의 형편을 살필 것을 요청했다. 얼마 후 그들로부터 신우회 회원 중 많은 이들이 죄에 머물고 있음을 듣게 되었다. 그들 가운데 어떤 이들은 악한 행위에서 돌이켰지만 어떤 이들은 신우

---

101) Henderson, *A Model for Making Disciples*, p.96
102) Wesley, *A Plain Account of the People Called Methodists*, II.1~2.

회에서 축출되었다. 이 과정에서 사람들은 많은 이들이 두려움으로 악한 삶에서 벗어나는 것을 목도하게 되었고 하나님을 더욱 경외하게 되었다."103)

웨슬리에게 클래스는 철저한 자기 점검의 현장이었다. 그런데 웨슬리의 자기 점검은 단순히 스스로를 돌아보는 것에 그친 것이 아니라 진실한 회개를 돕고 복음을 믿어 죄 사함의 은총을 사모하는 이들에게 실제로 하나님의 자녀로서의 삶을 시작하도록 돕는 매우 실질적이고 구체적인 과정을 의미했다고 보아야 한다. 이는 웨슬리 당시 클래스에서 이루어졌던 일을 면밀하게 들여다보면 분명해진다.

웨슬리는 모든 신우회 회원을 자동적으로 클래스의 회원이 되도록 했다. 신우회 회원은 반드시 하나의 클래스에 속해야만 했다. 주 1회 모였으며 그 구체적인 날짜는 클래스의 형편에 따라 선택되었다. 모임 장소는 가정이나 가게나 학교의 교실이나 다락방이나 탄광촌 숙소 등 각 클래스가 모이기 좋은 곳이면 제한받지 않았다.104) 모임은 찬송으로 시작했다. 이어서 한 주간의 영적 삶에 대한 자기 점검이 이루어졌다. 클래스 지도자가 영적 삶의 경험에 대한 고백을 먼저 하고 이어서 회원들의 영적 경험을 함께 나누었다. 여기에서 알 수 있듯이 클래스 모임의 핵심은 회원들이 돌아가며 자신의 영적 상태를 솔직히 나누는 간증을 하는 것이었다. 이는 일종의 자기 고백을 통한 자기 점검의 시간이었다. 오늘날의 '간증(testimony)'과 유사한 형태다. 이 과정에서 회원들의 내면의 영적 상태가 적나라하게 드러났다. 이때 중요한 역할을 한 사람이 클래스 지도자였다. 회원 각 사람의 자기 고백이 끝난 후에는 적절한 충고와 견책과 위로를 베풀었다. 이렇게 해서 모든 회원들의 순서가 종료되면 회원들은 함께 찬송을 부르고 이어

---

103) *Ibid*., II.3
104) 나중에는 채플에서 고정적으로 모이게 되었다.

릴레이 기도를 하였다. 한 사람의 기도가 끝나면 이어서 다른 사람이 기도를 하는 방식으로, 성령께서 이끄시는 대로 진행되었다. 물론 소수의 사람만 기도하는 경우도 있었지만 아무런 문제가 되지 않았다. 이때 기도는 주로 영혼의 구원을 위한 것이었으며 무엇보다도 회개와 거듭남을 위한 하나님의 은총을 구하는 일에 집중되었다.[105] 즉 클래스의 진행은 찬송-간증과 지도자의 영적 상담을 통한 자기 점검의 시간-찬송-기도의 순서로 단순화시켜 볼 수 있겠다.

은총은 실로 놀라웠다. 웨슬리는 클래스 공동체에서 일어나는 일을 직접 목도하면서 클래스의 유익에 대해 다음과 같이 말한다.

"수많은 이들이 지금은 이전에 알지 못했던 '클래스'를 통해 참된 믿음의 공동체의 교제를 경험하고 있다. 그들은 서로의 무거운 짐을 나누어지기 시작했다. 자연스럽게 서로를 돌아보게 되었다. 서로 더욱 깊이 알게 됨에 따라 서로를 더욱 사랑하는 데 나아갔다. 그들은 사랑 가운데 진리를 말함으로 모든 면에서 머리가 되시는 그리스도를 닮으며 자라났다. 이제 그리스도로 인해 모든 사람들은 한 몸이 되었고, 그분으로 인해 각 지체가 하나 되었다. 몸을 구성하고 있는 모든 지체들은 주어진 분량대로 자신의 역할을 함으로써 사랑 안에서 점점 전체의 몸을 세우고 있다."[106]

여기서 가장 중요한 역할을 한 사람은 다름 아닌 클래스 지도자였다. 클래스 지도자는 단순히 클래스 모임을 이끄는 역할뿐 아니라 클래스라는 속회 공동체를 통해 "형제들의 영혼을 돌보는(watch over the souls of their brethren)" 회원들의 영적 지도자였다.[107] 그들의 활동 영역은 클래스 모임

---

105) Watson, *The Early Methodist Class Meeting*, pp.96~97.
106) Wesley, *A Plain Account of the People Called Methodists*, II.7.
107) Wesley, *Thoughts upon Methodism*, 6.

은 물론 모임 밖에까지 미쳤다. 그들은 최소 일주일에 한 번은 클래스 회원들을 방문하여 그들의 영적 상황을 점검하고 상담, 견책, 위로, 권고 등의 방법으로 그들을 굳게 세웠다. 혹 그들 중 병자가 있거나 문제 있는 사람이 있는 경우 신우회의 설교자들이나 집사들에게 알려 더 깊은 돌봄이 가능하도록 보조했다. 물론 클래스에서 거두어진 헌금을 모아 신우회 집사에게 전달하는 것도 클래스 지도자에게 주어진 일 중의 하나였다.[108] 이런 사역을 감당하기 위해서 그들은 어떤 준비가 되어 있어야 했을까? 웨슬리가 사망한 지 약 60년이 흐른 1849년에 작성된 것으로 보이는 한 문서에서 클래스 지도자들이 어떤 사람이어야 하는가가 매우 상세하게 제시되어 있다. 중요한 부분을 요약 발췌해 보면 다음과 같다.[109]

① 믿음의 성장이 지속되어야 한다. 다른 사람의 포도원을 돌보는 사람은 자신의 포도원이 견실해야 한다. 따라서 그는 믿음의 체험이 있어야 했으며 성령의 지속적인 증거가 뒤따라야 했고 죄에 승리하는 삶을 살아야 했다.

② 성경의 진리를 배우는 데 열심이어야 한다. 즉 그는 가르치는 자가 되기 위해 배우는 자가 되어야 한다. 참된 구원의 길이 무엇인지, 그 길을 어떻게 갈 수 있는지 탐구해야 한다. 이를 위해 무엇보다도 하나님의 은총의 역사를 밝히는 데 주목해야 하고 이에 대한 좋은 서적들을 탐독하는 데도 게으르지 말아야 한다.

③ 클래스 회원들의 영적 형편을 잘 살피고 보살필 수 있는 영적 통찰력을 가져야 한다. 회원들의 영적 성장 과정에서 생기는 문제들에 대해 정확히 파악하고 적절한 안내를 해줄 수 있어야 한다. 이때 의미 없는 말로 문제를 대충 넘어가서는 안 된다. 약한 자들에겐 친절함과 온유함과 사랑으로 대하고 견책

---

108) *Ibid*., II.5.
109) Watson, *The Early Methodist Class Meeting*, pp.101~104.

이 필요한 회원에겐 견책을 두려워 말아야 한다. 회원들에게 헌신을 촉구하는 데 주저하지 말아야 한다. 클래스 모임에 참석할 것을 독려하고 하나님 나라의 사역을 위해 정한 기부금을 매주 지참토록 해야 한다.

④ 회원들을 늘 돌아보아야 한다. 한 주에 한 번은 회원들을 따로 심방하여 그들과 대화하며 그들의 삶의 형편을 면밀히 돌아보아야 한다. 특히 지난 모임에 참석하지 못한 이들을 돌아보아야 한다.

⑤ 지혜로운 행정가가 되어야 한다. 협력자(부 지도자)를 두고 그에게 결석자 심방을 맡기는 것도 좋다. 때때로 클래스 모임을 인도하게 해서 잠재적인 클래스 지도자로 준비시켜야 한다. 클래스 모임에서 있었던 일들을 간략하게 기록해 모임에서 부족했던 점들을 반성할 기회를 갖고 앞으로의 더 나은 모임을 위해 밑거름으로 삼는다.

클래스 지도자들 중에는 분명 자질이 부족한 사람들도 있었다. 그러나 웨슬리는 그들이 부족할지라도 하나님께서 그들에게 은총과 은사를 더해 주시리라 확신을 가졌으며 이들의 영적 자질을 고양시키기 위한 교육에 많은 힘을 기울였다.[110]

클래스 내에서의 자기 점검을 통해 순종의 믿음이 성장하는 데 빠뜨릴 수 없는 것은 '연습(discipline)'이었다. 우리는 이미 웨슬리가 신우회 회원들에게 세 가지 규칙, 곧 모든 종류의 악을 피하는 것과 선한 일을 행하는 것과 하나님께서 정하신 규례들을 준수하는 일을 꼭 지키도록 요구했음을 살펴보았다. 클래스는 이 같은 삶의 구체적인 실천 현장이 되었다. 사실 신우회라는 큰 조직은 회원들 개개인의 형편을 아우를 수 없었다. 그러나 보다 작고 친밀한 속회 공동체인 클래스는 개개인의 영혼을 깊이 있게 돌아보는 일을 감당하는 데 적합한 구조를 가지고 있었기 때문에 신우회의 규칙들은

---

110) 초기에는 웨슬리가 매주 화요일에 속회 지도자들을 직접 교육했다. *Ibid.*, II.11.

클래스에서 실제로 연습될 수 있었다. 클래스에서 규칙들이 제대로 실천되지 않을 경우 그에 상응하는 제재가 뒤따랐다. 웨슬리에게 규칙은 반드시 지켜야 할 것이었기에 이를 위반한 사람들에게 징계는 당연한 것이었다. 클래스에서 3개월에 한 번씩 발행된 티켓은 매우 유용한 견책 수단이었다. 클래스에서 문제를 야기한 사람에게는 티켓이 주어지지 않았고 그들은 신우회 참여가 제한되었다.[111] 이러한 징계는 회원들에게 경각심을 주고 지속적인 연습에 대한 동기 부여를 제공했다는 점에서 연습을 위해 매우 유용한 도구로 기능했다고 할 수 있다.

　이상의 내용을 잠시 정리해 보자. 클래스는 사람들을 참된 회개와 죄 사함으로 인도하는 칭의의 은총은 물론이고 더 나아가 의로운 사람으로 새로이 태어나도록 하는 거듭남의 은총을 궁극적으로 추구하는 속회 공동체다. 거듭남의 은총에 이르는 것은 '순종의 믿음'이라 할 수 있는데 이런 믿음을 소유하도록 돕는 것은 다름 아닌 자기 점검이다. 이 자기 점검이 가능하기 위해서는 쉽게 자기를 드러낼 수 있는 친밀하고 개방적인 공동체가 필요하다. 클래스는 이런 사역을 감당했던 은총의 수단이었다. 클래스에는 헌신적이고 사랑이 넘치는 영적인 지도자가 있었기 때문에 가능했다. 그들은 마치 한 가정의 부모처럼 때로는 깊은 통찰로 때로는 매서운 견책으로 때로는 따뜻한 권면과 위로로 회원들의 영적 성장을 도왔다. 이 같은 클래스를 속회라는 관점에서 다시 정리해 보겠다.

　첫째, 클래스는 사람들을 '거듭남의 은총'으로 인도하는 데 집중했던 속회 공동체였다. 신우회가 회개의 은총을 입은 이들을 칭의의 은총으로 안내하는 역할을 감당했다면, 클래스는 이들을 거듭남의 은총으로 더욱 나아가게 돕는 역할을 감당했다. 즉 클래스는 신우회 회원들이 보다 친밀한 모

---

111) 1748년 브리스톨신우회는 무려 170명을 징계했다. 징계 사유는 다양했다. 밀수, 남을 저주하는 것, 주일을 범하는 것, 술 취한 것, 술 파는 것, 싸움, 아내를 구타하는 것, 습관적으로 거짓말을 하는 것, 욕하는 것, 게으른 것, 경박하고 부주의한 것 등이다. Snyder, 『혁신적 교회갱신과 웨슬레』, p.80.

임 안에서 철저한 자기 점검을 통해 순종의 믿음을 갖도록 도움으로써 거듭남의 은총으로 이끌었던 것이다. 여기에는 클래스 지도자의 영적 인도자로서의 역할이 필수적이었다. 이들은 마치 어린아이를 돌보는 부모처럼 클래스 회원들을 사랑과 헌신으로 이끌었다.

둘째, 클래스는 은총의 수단들을 실제로 연습할 뿐 아니라 점검하는 현장이었다. 클래스는 신우회의 비전과 정신을 실제로 실현하는 실천 공동체였다. 이 신우회의 비전과 정신은 앞에서 언급한 세 가지 규칙들에 함축되어 있다. 이 규칙들은 다름 아닌 경건의 실천과 사랑의 실천의 다른 이름이며 은총의 수단들이다. 이 규칙들은 이름만 남아 있는 규칙이 아니라 실제로 실천되어야 하는 살아 있는 규칙들이었는데, 클래스는 이 은총의 수단들을 끊임 없이 연습하고 여러 사람들과 함께 점검받고 다시금 연습하는 실천 공간이었다. 이런 연습을 통해 회원들은 하나님의 은총의 보좌 앞으로 더 가까이 나아갈 수 있었던 것이다.

셋째, 클래스는 잘 준비되고 훈련된 지도자를 필요로 하는 속회 공동체다. 웨슬리에게 클래스의 성공과 실패를 좌우하는 것 하나를 꼽으라고 한다면 그는 아마도 '클래스 지도자'라 말할 것이다. 웨슬리는 클래스가 제 기능을 발휘할 수 없을 때 그것을 회복하는 가장 빠른 길을 '클래스 지도자를 바꾸는 것(Change improper leaders)'이라고 지체 없이 말할 정도였다.[112] 이 때문에 웨슬리는 클래스 지도자를 직접 선발하고 양성하는 등 많은 힘을 기울였다.

넷째, 클래스는 신우회의 부속 조직이 아니라 오히려 신우회의 실체로서의 속회 공동체다. 일반적으로 클래스는 신우회를 이루는 조직으로 이해된다. 오늘날의 교회 구조로 비교해 본다면 교회가 있고 그 교회 조직의 일

---

[112] Wesley, *Large Minutes*, Q.12. 웨슬리는 '메도디스트를 위한 평이한 해설'에서도 클래스에 은혜와 은사가 결핍되었다고 판단되면 즉각 클래스 지도자를 교체하는 단호한 조치를 취할 것이라 했다. Wesley, *A Plain Account of the People Called Methodists*, II.11.

환으로 클래스가 위치해 있는 셈이다. 그러나 신우회-클래스 관계를 자세히 살펴보면 오히려 이 관계는 역전된다. 곧 신우회가 주축이 되고 클래스가 그 부분이 되는 것이 아니라 클래스가 중심이 되고 신우회는 그 클래스의 총합인 것이다. 이것은 클래스 티켓 소유자만이 신우회 회원이 될 수 있었던 사실에서 명확해진다. 이는 클래스가 신우회 참여 자격을 결정하는 공동체였음을 의미하는 것으로, 이를 오늘의 관점에서 보면 교회의 구성원이 되기 위해서 구역회나 속회나 목장 등에서 자격을 주어야 가능하다는 이야기다. 이것은 클래스가 신우회의 부속 조직의 관점으로 이해할 수 없음을 의미한다. 오히려 클래스는 신우회의 존재 이유며, 신우회를 가장 신우회답게 만드는 실체라 할 수 있다.

(4) 성화의 은총/밴드

웨슬리 속회에 나타나는 네 번째 구조는 '성화의 은총/밴드'다. 거듭난 사람의 경우에 필요한 은총은 바로 '성화의 은총'이다. 사실 거듭남은 성화의 출발점이기에 거듭남의 은총은 성화의 은총에 이미 포함되어 있다고 볼 수 있다. 우리가 새로 태어날 때 우리의 내적이고 외적인 거룩함의 변화가 시작된다. 그 이후부터 우리는 점차 머리 되신 그리스도의 장성한 분량에 이르기까지 성장해 나간다. 웨슬리는 영적 출생과 그 성장이 인간의 자연적인 출생과 그 성장과 매우 닮아 있다고 보았다. 곧 아이가 여인으로부터 순간적으로 혹은 짧은 시간 내에 탄생하여 점진적으로 서서히 자라 성인에 이르듯이 아이가 영적으로 하나님으로부터 순간적으로 혹은 짧은 시간에 탄생하여 그리스도의 장성한 분량에까지 점진적으로 서서히 성장한다는 것이다.[113] 거듭남으로 시작된 변화는 축적된 습관적 죄의 오염에서 우리를 깨끗케 한다. 온전한 성화는 원죄의 오염에서 깨끗케 한다.

---

113) *Sermons*, The Great Privilege of Those that are born of God, I.8.

그런데 이 성화의 과정을 궁극적으로 이끌어 가는 것은 다름 아닌 하나님의 은총, 특히 하나님의 성화의 은총이다. 하나님의 성화의 은총은 거듭난 자에게 선물로 주어진 성령의 역사를 통해 끊임없이 공급된다. 이렇게 하나님께서 성령을 통해 영혼을 향해 부단히 역사하실 때 영혼은 하나님을 향해 반응해야 한다. 하나님께서 영혼 속에 숨을 불어넣으시고 영혼은 하나님을 향해 그 숨을 다시 돌려보내야 하는 것이다. 이때 우리의 반응은 바로 '믿음'이다. 이 믿음은 성화의 은총을 기쁨으로 수용하는 믿음이며 그 구체적인 모습은 '소망의 믿음'이다. 그리스도의 복음을 믿고 거듭난 이는 필연적으로 더욱 거룩함으로 나아갈 소망을 품는다. 하나님의 온전한 형상을 이루는 그날을 기뻐하며 기다리는 것이다. 하나님의 성화의 은총은 바로 이러한 '소망'을 품고 나아오는 자에게 열려 있다. 하나님께서 거듭난 자를 향해 끊임없이 온전한 형상을 이루도록 성령의 숨을 불어 넣으실 때 우리는 그날을 고대하며 하나님을 향해 사랑과 찬미와 기도를 끊임없이 돌려드리게 된다. 그리스도 안에서 거룩한 산제사로 우리 마음의 생각, 입의 말, 손의 모든 행동, 육체와 혼과 영을 모두 바치는 것이다.

그러나 이 과정에 유혹은 계속된다. 성화의 은총이 우리를 유혹으로부터 제외시키는 것은 아니다. 유혹은 계속되며 이를 극복할 길은 하나님의 은총 속에 계속 머무는 것이다. 우리는 바울의 가르침대로 우리가 남에게 전파한 후에 도리어 버림을 당하지 않도록 우리 스스로 우리의 몸을 쳐서 복종하도록 해야 한다. 믿음 위에 굳게 선 자라 해도 내적인 죄에 빠지지 않도록, 그리하여 믿음이 파선되지 않도록 끊임없이 경계해야 한다. 즉 의인은 믿음으로 살아야 한다. 많은 이들이 오해하는 것이 이 부분이다. 기독교인들의 의는 믿음으로 이루어진다. 구원은 믿음으로 말미암는다는 사실을 안다. 그런데 의인이 된 다음에도 믿음으로 살아야 한다는 사실을 망각하는 이들이 많다.

믿음으로 사는 삶이란 '새로운 삶의 방식'을 의미한다. 옛사람의 모습, 옛사람의 생각, 생활 습관을 놓아버리고 하나님이 주신 새로운 영적 감각으로 세상을 이해하며 살아가는 것을 말한다. 믿음으로 사는 삶은 육에 따라 살지 않는 삶이며, 육체의 욕망을 십자가에 못박은 삶이다. 음행, 더러움, 부정, 호색, 우상 숭배, 마술(종교 도덕적 타락), 증오와 다툼, 시기, 분노, 당파심, 분열, 분파, 질투(내적 타락), 살인, 술 취함, 복수의 삶(구체적 범죄)을 피한다. 자기 내부의 쓴 뿌리를 늘 느끼지만 위로부터의 능력을 부여받아 쓴 뿌리가 돋아서 괴롭히는 것을 이긴다. 육체의 욕망을 이기는 삶을 통해 찬양과 감사의 기회를 갖게 된다. 또한 믿음으로 사는 삶은 영에 따라 사는 삶이다. 그 사람 안에서 솟아나는 영생의 샘물로 말미암아 사랑의 삶을 산다. 성령의 인도하심으로 하나님의 성품을 닮아가며 그들의 마음의 모든 생각이 주님을 향하는 성화의 삶을 산다. 성령을 따라 사는 이는 대화가 거룩하게 된다. 밤낮 하나님을 기쁘게 할 일에 골몰하게 된다. 그리스도의 본을 따르기에 밤낮 애쓰며 무슨 일을 하든지 모든 것을 하나님의 영광을 위하여 한다. 믿음과 성령으로 충만하여 그 마음속에 하나님의 영의 참된 열매를 소유하고 있다. 모든 일에서 구주 되신 하나님의 복음을 빛나게 하고, 하나님과 이웃을 진실되게 사랑한다.[114]

그런데 이 믿음의 삶은 단번에 완성할 수 있는 것이 아니다. 거듭난 자, 의인, 하늘 사람은 사고나 말, 행위가 아직은 불완전하다. 믿는 자에게도 내면적인 죄가 있다. 교만과 허영, 분노와 육욕과 악한 욕망, 죄의 갈망을 갖고 있다. 아이가 새로 태어나 성장하듯이 새로 거듭난 영혼은 성장해야 한다. 영혼의 성장은 믿음의 삶의 꾸준한 연습에 의해 가능하다. 믿음으로 믿음에 나아가야 하며 은혜에서 은혜로 멈추지 말고 나아가야 한다. 그리하면 믿음이 강건해지며 하나님을 향한 사랑으로 심령이 채워질 것이며 결

---

114) *Ibid*.

코 내적인 죄에 틈을 내어주지 않고 죄에 승리하게 될 것이다.

하나님의 성화의 은총을 입는 길은 믿음, 곧 소망의 믿음이다. 그렇다면 이 소망의 신앙을 가질 수 있도록 도울 수 있는 통로는 무엇일까? 바로 '확신'이라는 영적인 '정감'이다. 영적 정감은 표면적 감정을 의미하는 것이 아니라 우리의 영혼 깊숙한 곳에서 우러나오는 영혼의 울림 같은 것이다. 이 영혼의 울림은 성령의 감동으로 인해 우리 영이 반응하는 것을 의미한다. 즉 성령께서 거듭난 자가 하나님의 자녀라는 사실을 증거하며 그 자녀를 영원히 쉬지 않고 돌보신다는 사실을 드러내실 때 거듭난 영혼은 '확신'에 차게 되는데, 이것이 바로 '성령이 우리 영으로 더불어 증거하시는' 영혼의 울림인 것이다. 이 확신이라는 정감은 하나님의 형상을 온전히 회복하려는 소망을 더욱 굳게 하는데, 이 확신이라는 정감이야말로 성화를 지속해 가는 내적인 원동력이 되는 것이다.

웨슬리는 이 확신이라는 정감을 강화할 수 있는 은총의 수단을 강구했는데, 그것이 바로 밴드라고 하는 속회 공동체. 사실 밴드는 웨슬리의 독창적 작품은 아니고 모라비안들로부터 배워 자신의 속회 공동체에 적용한 것이라 할 수 있다. 초기에는 밴드가 신우회 내의 핵심 소그룹이었다. 예를 들어 런던의 첫 신우회였던 페터레인신우회에서도 여러 밴드 모임들이 있었고, 1738년 5월 1일 발표된 신우회 규칙은 밴드의 규칙이기도 했다.[115] 웨슬리의 고유한 밴드가 정착된 것은 아무래도 클래스가 등장한 1742년 이후라 할 수 있을 것이다.

웨슬리는 밴드라는 속회 공동체를 성화의 은총을 집중적으로 추구하는 공동체로 이해했다. 신우회와 클래스가 활성화되면서 열매가 맺어지기 시작했다. 신우회 회원들 가운데 그리스도를 믿는 믿음으로 말미암아 칭의의 은총을 입고 하나님의 자녀 됨의 기쁨을 누리는 이들이 날마다 늘어났다.

---

115) *Journals*, May 1, 1738.

하지만 그들은 하나님의 자녀로 거듭났지만 아직 어린아이의 상태였기 때문에 하나님의 성품을 온전히 닮기까지 지속해서 성장해 나아가야만 했다. 여기에는 많은 도전이 기다리고 있었고 그들은 이런 도전들과 힘들게 씨름해야만 했다. 웨슬리는 이 상황을 다음과 같이 기술한다.

"믿음으로 의롭게 된 그들은 그리스도를 말미암아 하나님과 더불어 화평을 누리게 되었다. 그들은 무엇인가 더 나아가야 할 필요성을 절감했다. 영적 전쟁은 아직 끝나지 않았고 혈과 육과의 씨름은 물론 정사와 권세자들과의 씨름도 지속되었다. 세상의 유혹은 어디든지 기다리고 있었고 심지어 종종 클래스에서 어떻게 말해야 할지 모를 유혹들도 있었다."116)

날이 갈수록 이 유혹은 정도가 심해졌고 이것을 함께 극복해 나갈 수 있는 공동체가 요청되었다. 회원들은 마음속 깊은 곳에 자리잡은 죄의 유혹들에 대해서도 서로 이야기할 수 있는 공동체를 원했던 것이다. 이렇게 만들어진 공동체가 바로 밴드였다.117) 즉 웨슬리는 클래스 내에서 칭의와 거듭남의 은총을 맛보고 하나님의 자녀가 된 이들에게 성화의 삶을 살도록 돕는 속회 공동체로 밴드를 재인식했던 것이다. 이 사실은 밴드의 입회 조건에서도 분명하게 드러나 있다. 그 조건은 첫째, 반드시 칭의의 은총을 경험한 사람이어야 하며, 둘째 그 자리에 머물지 않고 더 깊은 은총의 세계로 성장할 것을 갈망하는 사람이어야 한다. 다시 말해 밴드 회원이 되려면 성화의 은총을 갈망하는 사람이어야 한다는 것이다.118)

이렇게 볼 때 밴드라는 속회 공동체는 클래스보다 심화된 형태의 속회 공동체요 클래스 안의 소그룹이라 할 수 있다. 심화된 은총으로 나아가기

---

116) Wesley, *A Plain Account of the People Called Methodists*, Ⅳ.1.
117) *Ibid*., Ⅳ.2~3.
118) Wesley, *Directions given to the Band Society*, http://www.godrules.net/library/wesley/274wesley_h9.htm.

위해서 밴드는 클래스에 비해 폐쇄적 공동체의 성격을 띠었다. 밴드는 클래스와 달리 성별, 연령대, 믿음의 상태 등이 '동질적(homogeneous)'이었으며 구성원도 5~6명의 소수 인원으로 이루어졌다. 자원하여 회원이 되었다는 점에서도 클래스와 달랐다. 물론 회원이 되기 위해서는 엄격한 견습 기간을 통해 그 자격이 검증되어야 하며, 기존 밴드 회원 전체 동의가 필수적이었다. 다음 열한 가지 조항은 밴드에 입회하려는 이들이 대답해야만 하는 질문이었다.

① 죄의 사함을 받았는가?
② 그리스도를 말미암아 하나님과 화평을 누리는가?
③ 성령이 하나님의 자녀인 것을 당신의 영과 더불어 증거하는가?
④ 하나님의 사랑이 당신의 마음속에 부어졌는가?
⑤ 내적인 혹은 외적인 죄가 당신을 지배하고 있지 않은가?
⑥ 당신은 자신이 범한 죄를 기꺼이 드러낼 수 있는가?
⑦ 당신이 범한 죄들을 솔직하고 정확하게 고백할 수 있는가?
⑧ 당신은 우리의 충고를 들을 준비가 되어 있는가?
⑨ 우리가 당신에 관해 마음에 담은 것이나 염려하는 것이나 혹 알게 된 것들이 어떤 것이든 말할 수밖에 없다는 것을 충분히 이해하고 있는가?
⑩ 우리가 이렇게 할 때 당신에게 가까이 다가가게 되고 때로는 밑바닥까지 들여다보게 되는데 이를 기꺼이 감수하겠는가?
⑪ 당신은 마음에 담은 모든 것을 예외 없이 가식도 없고 거리낌도 없이 드러낼 수 있도록 마음을 열 준비가 되어 있는가?[119]

밴드 모임은 일주일에 최소한 한 번은 있었는데, 남성 모임은 매주 수요

---

119) Wesley, *Rules of the band societies*, December 25, 1738.

일 저녁에, 여성 모임은 주일에 모였으며 이들의 연합 모임도 따로 마련되었다. 외부인의 참석으로 인해 방해받지 않기 위해 방문을 허용하지 않았다. 참석 시간을 엄수하는 것이 그 무엇보다 중요했다. 모임은 찬송과 기도-고백-기도의 순으로 진행되었다. '고백'의 시간은 한 사람씩 돌아가며 자유롭고 솔직하게 자신의 영혼 상태를 있는 그대로 드러내는 시간이었는데, 지난 모임 이후 마음과 생각과 행동으로 범한 죄들과 마음속에 느꼈던 유혹들에 관해 진술하는 것이었다. 이것은 주로 네 가지 질문들을 중심으로 진행되었다.

1. 지난 모임 이후 어떤 종류의 죄를 범했는가?
2. 어떤 유혹들을 느꼈는가?
3. 어떻게 대처했는가?
4. 마음과 말과 행동으로 어떤 죄를 범했는가?[120]

이때 회원들에 관련된 매우 비밀스러운 내용도 알게 되기 때문에 밴드 안에서의 대화는 철저히 비밀에 부쳐야만 했다. 밴드는 이 같은 깊은 정서적 교감을 통해 회원 하나하나가 하나님의 자녀라는 확신의 정감을 더욱 굳게 해나갔던 것이다. 확신의 정감을 더하기 위해 특별한 모임도 고안되었는데 그중의 하나가 남녀 모두가 한데 모여 순전한 마음으로 떡을 떼며 기쁨을 나눈 '애찬회(love-feast)'였다.[121] 이는 헨더슨이 밴드를 정서적 기능에 초점을 맞춘 공동체라고 지적했던 바와 일치한다.[122] 즉 웨슬리의 밴드는 확신이라는 정감의 강화를 통해 소망의 신앙을 더욱 굳건히 해 나갔으며 이로써 하나님의 성화의 은총 안으로 나아갔던 것이다. 밴드가 가져

---

120) *Ibid*.
121) Wesley, *A Plain Account of the People Called Methodists*, VI.5.
122) Henderson, *A Model for Making Disciples*, p.112.

다준 결과는 실로 놀라웠다. 웨슬리의 평가를 직접 들어보자.

"이 모임은 참으로 크고 많은 유익을 회원들에게 가져다주었다. 그들은 서로를 위해 기도했고 이로 인해 그들이 고백했던 죄악들이 치유되었다. 죄의 사슬은 끊어졌으며 영혼은 속박에서 벗어났다. 죄는 더 이상 그들을 지배하지 못했다. 많은 이들이 결코 벗어날 수 없을 것 같았던 시험에서 건짐을 받았다. 그들은 매우 고결한 믿음에 도달했으며 주 안에서 참으로 기뻐했다. 그들은 사랑 안에서 강건해졌으며 모든 선한 일들을 더욱 효과적으로 해낼 수 있었다."123)

웨슬리의 이러한 평가는 밴드의 회원들이 모임을 통해 칭의와 거듭남의 수준을 넘어 성화의 삶에 도달했음을 의미한다. 성화의 삶을 살아가는 밴드의 회원들이 늘어나면 늘어날수록 신우회가 더욱 건강해진 것은 당연했다. 그러므로 웨슬리는 신우회가 건강한지 그렇지 않은지를 판단하는 시금석을 밴드에서 찾았던 것이다. 즉 웨슬리는 밴드가 활성화되어 있지 않은 신우회는 죽어가고 있다고 판단했고 반대로 밴드가 제기능을 하는 신우회는 부흥할 수밖에 없다고 확신했다.124)

밴드라는 속회 공동체와 관련해서 지금까지 논의해 왔던 내용을 요약해 보면 다음과 같다. 밴드는 칭의와 거듭남의 은총을 입은 이들을 성화의 은총으로 인도하여, 이 세상에서 지속되는 죄의 유혹을 이기고 주님의 온전한 형상을 닮아가도록 돕는 은총의 수단이다. 그러므로 밴드는 사람들이

---

123) Wesley, *A Plain Account of the People Called Methodists*, VI.6.
124) 1781년 1월 6일에 작성한 편지에서 웨슬리는 "어떤 신우회도 밴드가 없다면 생동감을 잃을 것이다."고 지적했고, 1788년 4월 그의 순회 설교자들 중 한 사람에게 보낸 편지에서는 "밴드 없이는 어떠한 순회구역(circuit, 여러 신우회들을 지역에 따라 묶어 놓은 것)도 부흥할 수 없을 것이다."고 주장했다. *Letters*, January 6, 1781, 그리고 April 26, 1788.

성화의 은총을 수용하는 믿음, 특히 자기 앞에 놓인 상과 면류관을 보고 하나님의 영광에 참여할 것을 바라면서 기뻐하는 소망의 믿음을 갖도록 돕는 데 집중한다. 여기에 가장 중요한 것은 확신이라는 정감이기 때문에 밴드 공동체는 구성원들이 이 정감을 강화하는 방향으로 운영된다. 회원들의 솔직하고도 분명한 자기 고백과 회원 상호 간의 지지와 공감이 성령의 임재 속에 이루어질 때 회원들 스스로 하나님의 자녀임을 확신하고 자녀에게 주어질 면류관의 소망 위에 굳게 서게 되는 것이다. 이 같은 밴드공동체를 속회라는 관점에서 다시 정리해 보면 다음과 같다.

첫째, 밴드는 성화의 은총에 집중하는 속회 공동체다. 신우회가 회개한 영혼을 칭의의 은총으로 인도하는 일에, 또 클래스는 이들을 실제로 의로운 삶을 살아가도록 돕는 거듭남의 은총에 집중했다면 밴드는 이렇게 성화의 삶을 갓 시작한 이들이 성숙한 성화에 이르도록 돕는 성화의 은총에 집중한다. 칭의-거듭남-성화의 과정을 서로 분리할 수 없는 것처럼, 이러한 역사를 일으키는 칭의의 은총-거듭남의 은총-성화의 은총 또한 서로 분리할 수 없고, 이 은총에 나아가는 은총의 수단인 신우회-클래스-밴드 또한 서로 분리할 수 없음을 기억해야 한다. 이들은 오히려 구원의 완성이라는 하나의 동심원적 목표를 향해 집중하는 은총이 다를 뿐이다.

둘째, 밴드는 정감이라는 요소에 주목하는 속회 공동체다. 칭의에는 인지적 요소가, 거듭남에는 행위적 요소가 매우 중요한 요소라면, 성화에는 정감적 요소가 매우 중요한 요소가 된다. 말하자면 칭의/지(知), 거듭남/의(意), 성화/정(情)의 구조가 되는 것이다. 성화의 과정에 깊은 영향을 미치는 정감은 하나님의 자녀라는 확신이다. 성령이 우리 영과 더불어 우리가 하나님의 자녀인 것을 증거하는 내적 확신은 흔들림 없는 소망을 가져다주며 날마다 그리스도를 닮아가도록 하는 근본적인 힘이 되는 것이다. 그러므로 밴드 모임은 이 확신을 굳게 하는 것에 집중했다.

셋째, 밴드는 닫혀진 속회 공동체다. 신우회는 회개하고 복음을 믿고자 하는 이들이라면 누구에게나 열려 있는 속회 공동체다. 이렇게 신우회에 들어온 사람에게 자동적으로 클래스 회원 자격이 주어졌기 때문에 클래스 또한 열린 공동체였다. 그러나 밴드는 스스로 선택해야 했고 선택했다 할지라도 엄격한 자격 기준을 통과해야 했으므로 열린 속회 공동체가 아니라 어느 정도 외부로부터 닫힌 속회 공동체라 할 수 있다. 운영 방식에서도 밴드는 다른 속회 공동체들에 비해 닫힌 공동체적 성격을 띤다. 신우회나 클래스의 경우 내부의 대화에 대해 비밀을 엄수해야 한다는 규정이 따로 없었지만 밴드는 이 규정을 가지고 있었다.

넷째, 밴드는 신우회 지도자를 양성하는 지도자 훈련 과정의 역할을 하는 속회 공동체였다. 그것은 클래스와 같은 강력한 지도력을 필요로 하지 않았다. 신우회 지도자 격인 설교자가 모임을 주관했지만 그는 모임의 '지도자(leader)'라는 의미가 아니라 모임이 잘 운영되도록 '돕는 사람(facilitator)'에 가까웠다. 참석자들은 자유롭고 솔직하게 자신의 영혼 상태를 있는 그대로 드러내었고, 다른 사람들의 사랑 어린 충고와 기도를 통해 스스로를 돌아보고 하나님의 은총에 더욱 겸손히 엎드림으로써 영적 성숙을 이루어 갔다. 이런 과정을 통해 참석자들은 점차 신우회에 필요한 지도자의 자질을 형성하게 되었고, 클래스 리더 혹은 설교 사역자로 신우회를 섬기는 사역을 감당할 수 있었다.

(5) 회복의 은총/참회자 밴드

웨슬리 속회에 나타나는 다섯 번째 구조는 '회복의 은총/참회자 밴드'다. 성화를 위한 속회 공동체인 밴드를 논하는 데 있어서 빠뜨릴 수 없는 것이 성화의 과정 중에 있는 모든 사람들이 성공적으로 성화의 완성에 이를 수는 없다는 사실이다. 이 여행의 와중에 믿음이 파선되어 고통을 당하는 이들이 있기 때문에 웨슬리는 이들을 돕기 위한 속회 공동체를 준비했다. 그것이 바로 참회자 밴드다. 웨슬리는 설교 '하나님께로서 난 자들의 위대한 특권'에서 하나님의 자녀가 된 사람들, 곧 의인들은 결코 범죄할 수 없지만 현실적으로 범죄하는 정황에 대해 깊이 관찰해 들어간다.125) 웨슬리에 따르면 거듭난 자, 곧 하나님으로 난 자는 끊임없이 그 영혼 속에 하나님의 생명의 숨, 하나님의 영의 은총을 믿음으로 받는 자요 받은 은혜를 끊임없는 사랑과 찬송과 기도로 돌려보내는 사람이기에, 이 "씨가 그 사람 속에 있는 한" 결코 죄를 지을 수 없다. 여기서 '죄'는 자발적이고 실제적으로 하나님의 계명을 위반하는 행위다. 하나님께로 난 자, 곧 믿음으로 하나님의 사랑에 거하고, 기도와 찬송과 감사로 하나님께 돌리는 자는 죄를 범할 수 없다. 그리스도로 말미암아 하나님을 믿고 하나님을 사랑하며 그 마음을 하나님께 쏟아붓는 사람이 하나님께서 금하시고 기뻐하지 아니하시는 일을 자발적으로 행하지 않는다. 그의 속에 뿌려진 씨, 곧 하나님을 향한 사랑의 마음을 품은 자는 의도적으로 하나님이 기뻐하지 않는 일을 행하지 않는다.126)

그렇지만 우리는 현실적으로 거듭난 자, 곧 하나님께로서 난 자도 범죄하게 되는 일을 경험한다. 구약의 다윗과 신약의 바나바가 그 대표적인 인물이었다. 다윗은 하나님께로부터 난 자라는 데 이의가 없다. 그는 하나님을 알았으며 믿음 가운데 굳건히 서서 하나님께 영광을 돌렸고 하나님을 사랑하는 마음으로 충만했으며 감사와 찬양과 기도를 쉬지 않고 드렸음에도 불구하고 간통과 살인이라는 무서운 죄를 저질렀다. 신약의 바나바도 그러했다. 그는 성령의 특별한 지시를 받을 정도로 성별된 자였지만 하나님이 맡긴 사명, 곧 바울의 사역을 돕는 일을 거절했다. 마가 요한을 동행

---

125) *Sermons*, The Great Privilege of Those that are born of God 참조.
126) *Ibid.*, I.1~8.

시킨다는 이유로 바울과 다투고 그를 떠나는 잘못을 범했다. 이 일은 성령을 거스른 죄에 해당하였다. 이러한 정황들은 누구든지 하나님께로서 난 자는 죄를 짓지 않는다는 말씀과 어떻게 합치될 수 있겠는가? 이에 대한 웨슬리의 답은 하나다. 그들이 '스스로 지키지 않았기 때문'이다.127) 웨슬리에게 이 말씀의 의미는 하나님으로부터 난 자가 믿음 안에 거하지 않았다는 것과 동의어다. 스스로를 지키지 않은 것, 즉 믿음 안에 거하지 않을 때 하나님께 난 자라도 범죄로 나아가게 되는 것이다.128)

성화의 은총으로 인도하는 중요한 기능을 담당했던 밴드 속회에서도 이 같은 일이 있었다. 거듭난 영혼이 성장해서 성화의 완성에 이르는 길에는 여전히 죄의 유혹이 존재하고 그 유혹을 이기지 못한 사례가 종종 발생되었던 것이다. 그중 어떤 이들은 고의적으로 단번에 죄의 덫에 빠지는 이들도 있었고, 또 어떤 이들은 자기도 모르게 사소한 죄로부터 점점 큰 죄로 빠져드는 이들도 있었다. 그러나 이들의 타락은 한 가지 이유였다. 나태하여 기도로 깨어 있지 않은 데서 연유하였다.129) 물론 그들을 위한 신중한 권고와 기도가 주어졌다. 그러나 그들에게는 아무런 효과가 없었다. 웨슬리는 이 상황을 면밀히 관찰하면서 그들을 위한 특별한 방법이 필요하다는 결론을 내렸다. 그들을 즉시 밴드로부터 격리하고 그들을 위해 예비된 하나님의 은총, 곧 '회복의 은총'으로 인도하려는 별도의 공동체를 구상했다. 이것이 바로 '참회자 밴드(penitent band)'다.

참회자 밴드는 성화의 여정에서 낙오된 이들을 하나님의 회복하시는 은총으로 인도해 믿음을 새로 세우는 속회 공동체였던 것이다.130) 이 회복하시는 하나님의 은총을 수용하는 것은 물론 믿음밖에 없다. 그런데 이 믿음

---

127) Ibid., II.1~10.
128) 웨슬리는 다윗의 경우를 통해 하나님의 자녀가 범죄에 이르는 여덟 단계를 상세히 설명한다. Ibid., II.9.
129) Wesley, A Plain Account of the People Called Methodists, VII.1.
130) Ibid., VII.1.

은 "영혼의 목자와 감독자 되신 그리스도"의 치유하심을 믿는 믿음을 의미한다.[131] 즉 영혼의 파선에 이른 자신의 모습을 그리스도 앞에서 진심으로 드러내어 놓고(참회하고) 그분의 치유의 능력에 전적으로 의지하는 믿음을 가지고 회복의 은총 앞에 나아가야 했다. 참회자 밴드는 바로 이 믿음을 갖도록 돕는 은총의 수단이었다. 이 모임은 초기에는 웨슬리가 직접, 나중에는 영적 권위를 가진 신우회 지도자가 매주 한 번 저녁 시간에 인도했다. 찬송-권면-기도의 순서로 진행했는데, 찬송에 이어진 '권고'의 시간은 이 모임의 핵심이었다. 인도자는 목자의 심정으로 하나님의 경고와 위로를 전했고 이어 그들의 영혼의 회복을 위해 간절히 기도했다. 그러나 이 과정에서 참회자 밴드 모임이 가톨릭의 '고행'과 같은 형식적인 참회로 진행되지 않도록 주의를 기울였다. 하나님을 만났지만 그분의 현존을 상실해 버리고 이를 슬퍼하며 하나님께서 그들을 치유하실 때까지 어떤 위로도 거절하는 이들에게 가장 적합한 것들로 세밀하게 준비되었다.[132]

웨슬리는 참회자 밴드 모임으로 인해 많은 이들이 처음 사랑을 회복하는 것을 목도했다. 그때의 일을 이렇게 회고한 적이 있다.

"그들은 이전보다 더 나은 사람들이 되었다. 이전보다 더 깨어 있게 되었고 더 온유하며 겸손해졌다. 뿐만 아니라 더 큰 사랑으로 역사하는 믿음을 소유하게 되었다. 그들은 지금 크리스천 형제들 중에서 더 큰 사역을 감당하며 지속적으로 성부와 성자와 함께 교제하며 하나님의 빛 안에서 걷고 있다."[133]

이상의 내용을 요약해 보면 이렇다. 거듭남의 은총을 입은 이들이 믿음으로 깨어 있기만 하면 그들은 성화의 은총을 입어 성숙한 그리스도인으로

---

131) *Ibid*., Ⅶ.3.
132) *Ibid*., Ⅶ.2.
133) *Ibid*., Ⅷ.1.

더욱 성장하게 된다. 그러나 믿음으로 깨어 있지 않으면 죄의 유혹에 굴복하게 되어 심하게는 믿음의 파선에 이르게 된다. 그러나 하나님은 이런 영혼들에게도 은총의 여지를 남겨 두셨다. 그들이 그리스도의 발아래에서 진심으로 참회하고 그분의 치유하시는 능력에 의지하는 믿음을 소유하기만 하면 그들도 하나님의 회복케 하시는 은총을 입게 된다. 이 믿음에 이르는 데 중요한 요소가 영적 지도자의 사랑과 권위에 바탕을 한 '권고'다. 참회자 밴드는 바로 이 권고를 중점적으로 제공하는 은총의 수단이다. 즉 참회자 밴드는 하나님의 회복케 하시는 은총으로 인도하는 속회 공동체라 할 수 있다. 참회자 밴드를 속회라는 관점에서 다시 정리해 보면 다음과 같다.

첫째, 참회자 밴드는 회복의 은총에 집중하는 속회 공동체다. 여기서 회복의 은총은 성화 과정 중 죄의 유혹을 이기지 못하고 다시 타락하게 된 사람들을 다시금 세우는 은총을 의미하는데, 참회자 밴드의 목적은 바로 이 같은 사람들을 회복의 은총으로 인도하는 것이다. 사실 밴드와 참회자 밴드는 각각 그 운영 방식은 달라도 지향하는 바는 한 가지다. 그것은 바로 그리스도를 믿음으로 말미암아 의롭다 함을 입은 이들이 거룩한 삶을 살아갈 수 있도록 그들을 하나님의 성화의 은총 앞에 인도하는 일이다. 그러나 이 과정에서 밴드와 참회자 밴드는 그 역할을 서로 달리한다. 밴드가 앞을 향해 나아가도록 이끄는 하나님의 성화의 수단이라면, 참회자 밴드는 이런 여정 가운데 생길 수 있는 낙오자들, 이탈자들을 다시 세워 그들을 다시 성화의 행렬에 동참케 하는 또 다른 형태의 하나님의 성화를 위한 은총의 수단이라 할 수 있다.[134]

둘째, 참회자 밴드는 '권고'라는 방식을 중심으로 삼아 참여자들을 돕는 속회 공동체다. 권고는 일종의 '상담(카운슬링)'이라 볼 수 있는데, 특히 영적인 회복이라는 분명한 목적을 두고 행해지는 목회적 치유 상담의 성격이

---

134) 김동환, 『목사 웨슬리에게 목회를 묻다』, p.259.

질다. 여기에는 견책과 위로가 동시에 포함되어 있었다. 견책은 참여자 자신이 어떤 문제가 있는지, 믿음에 깨어 있지 못한 상태가 무엇인지 등을 일깨워 진정한 참회에 이르도록 도움을 주었고, 위로는 이렇게 참다운 참회자 앞에 놓인 하나님의 회복케 하시는 은총 앞으로 이끄는 데 도움을 주었다.

셋째, 참회자 밴드는 고도의 영성을 지닌 지도자를 필요로 하는 속회 공동체다. 참회자 밴드의 주요 참여자는 성화의 은총을 맛본 이들이기에 그들의 문제를 이해하고 회복을 위한 치유 상담을 수행하려면 상당한 정도의 영적 권위와 지식을 필요로 한다. 그렇지 않을 경우 참여자들에게 적절한 권고를 제공할 수 없기 때문이다. 그런 의미에서 참회자 밴드는 웨슬리가 직접 운영했거나 웨슬리가 위임할 수 있었던 신우회 지도자들이 운영할 수밖에 없었다.

(6) 완전의 은총/선발자 밴드

웨슬리 속회에 나타나는 마지막에 해당하는 여섯 번째 구조는 '완전의 은총/선발자 밴드'다. 하나님의 은총의 역사는 쉼이 없다. 선행은총 아래 있는 영혼에게 회개의 은총을 부어 복음을 믿게 하고 죄 사함의 은총을 부으신다. 뿐만 아니라 거듭나게 하는 은총을 부으셔서 실제로 의로운 삶을 시작하게 하시고, 성화의 은총을 부어 죄의 유혹에서 승리하게 하시며 마침내 영혼으로 하여금 완전에 이르게 하신다. 우리는 여기서 말하는 완전이 지식에 있어서 완전하다거나 실수를 전혀 하지 않는 완전, 혹은 연약성이 없는 완전을 의미하는 것이 아님을 유의해야 한다. 어린아이의 믿음에서 청년의 믿음을 거쳐 아비의 믿음에 이른 성숙한 믿음의 상태를 의미하는 것이다.[135] 하나님의 완전의 은총을 입은 이는 악하고 죄된 생각에서 자유롭다. 이는 죄에 대한 판단 자체를 안 한다는 뜻이 아니다. 마음은 이미

---

135) *Sermons*, Christian Perfection, I.9.

변화되었기에 악한 생각이 자라날 수가 없는 상태, 다시 말해 모든 생각을 사로잡아 그리스도에게 복종시키는 상태를 의미한다. 그는 또한 악한 성품에서 자유롭다. 악한 성질이 다 죽고 그리스도의 성품이 살아 있기 때문이다. 교만, 욕망으로부터 깨끗하고 분노하지 않는다.136) 이 완전은 그리스도의 사랑의 길이와 높이와 깊이를 알아 하나님의 모든 충만하신 것으로 충만케 된 상태라 할 수 있으며, 하나님을 향한 사랑으로 가득 찬 영혼, 곧 마음을 다하고 목숨을 다하고 뜻을 다하여 하나님을 사랑하는 상태인 것이다.137) 이는 곧 그리스도의 마음을 품는 것이며 성령의 열매들을 맺는 삶을 의미한다. 한마디로 요약한다면 하나님의 형상, 곧 의와 거룩함을 회복한 도덕적 완전의 상태, '거룩함'을 의미하는 것이다.138)

이런 완전에 이르는 길은 하나님의 완전케 하시는 은총을 입는 길뿐이다. 이 은총에 반응할 우리의 믿음은 무엇인가? 이 완전의 은총에 합당한 우리의 믿음의 모습은 '사랑'이다. 즉 사랑의 믿음으로 완전의 은총에 나아가게 되는 것이다. 사랑의 믿음은 다른 말로 하면 사랑으로서의 믿음이다. 믿음은 이제 온전한 사랑의 모습을 띠고 있기에 믿음이라는 말 대신에 사랑이라는 말로도 통용될 수 있을 것이다. 그런데 우리는 어떻게 이 사랑의 믿음을 갖게 되는가? 사랑의 믿음은 '사랑의 경험'이다. 사랑을 서로 나누는 '경험'만이 사랑을 키워갈 수 있기 때문이다. 여기서 '나눈다'는 것은 서로 공유함을 의미한다. 사랑을 받는 경험과 사랑을 주는 경험 양자를 모두 포함하는 것이다. 즉 사랑의 믿음은 사랑을 베풂으로 커지게 된다. 이는 주님께서 산에서 말씀하신 바와 다르지 않다. '긍휼히 여기는 자는 복이 있다. 그는 긍휼히 여김을 받기 때문이다.' 다시 말해 사랑은 사랑함으로 더 충만해진다는 것이다. 여기에 우리가 이웃 사랑의 실천을 해야 하는 이유가 있

---

136) *Ibid.*, II.1~5.
137) *Sermons*, On the Discoveries of Faith, 16~17.
138) *Sermons*, On Perfection, I.1~7.

다. 이웃 사랑은 분명 남에게 도움이 되는 일이지만 궁극적으로는 이웃을 사랑함을 통해 하나님의 사랑의 은총에 더 가까이 나아가게 되는 것이다. 즉 하나님의 성화의 은총은 영혼을 하나님의 사랑을 향한 배고픔과 갈증으로 인도하는데, 이 배고픔과 갈증은 결국 이웃을 향해 행함과 진실함으로 사랑하는 것으로 채워진다.[139]

웨슬리는 이 사랑을 연습하고 공유하는 속회 공동체를 구상했다. 이것이 바로 '선발자 밴드(selected band 혹은 selected society)'다. 이 공동체는 하나님의 완전케 하는 은총을 추구하는 은총의 수단으로, 사랑으로 하나로 묶인 모임이라 할 수 있다. 선발자 밴드의 구성원은 성화의 단계가 무르익은 완전에 다다른 이들이라 판단되었으며 웨슬리 자신이 직접 선발했다. 여기서 주의할 것은 이 모임이 완전에 이르렀다는 자격을 승인해 주기 위한 모임이 아니라는 사실이다. 오히려 이 모임은 내적인 영적 순례의 마지막 목적지로서의 사랑을 나누는 것을 연습하기 위해 하나님께 온전히 시선이 모아지고 상호 간에 사랑으로 돌보고 보살피는 사랑의 연습 도장이었다. 이 모임이 사랑의 교제를 연습하는 것을 핵심 과제로 삼았기 때문에 여기에는 어떤 형태의 규칙도 필요하지 않았다. '규칙이 없는 것'이 '규칙'인 자유의 공간이었다. 모임 회원들의 숫자는 적게는 6명에서 많게는 65명 혹은 77명까지 이르렀으며 매주 월요일 아침 한 시간 정도 시간을 가졌다. 참석자 모두는 동등한 권리를 가진 이들로 간주되었고 그들 모두에게는 발언할 권리가 동일하게 부여되었다. 한 사람씩 돌아가면서 자유로이 발언을 함으로써 서로 배우고 권면을 받는 방식으로 모임이 진행되었다. 이곳에서는 서로를 섬기며 온전히 하나님께 마음을 쏟아 사랑하는 것에 집중했다. 이런 과정에서 하나님과 이웃을 온전히 사랑하지 못한 자신을 다시금 가다듬고 온전한 사랑에 힘을 기울였고 이 사랑의 믿음으로 하나님의 완전의

---

[139] 이 과정에 대한 상세한 설명은 김동환, 『산상수훈-하늘 가는 길』(서울:홀리북클럽, 2015)을 참조.

은총에 담대히 나아갔던 것이다.

　선발자 밴드와 관련된 이상의 내용을 요약해 보자. 성화의 은총을 입어 그리스도의 형상을 닮고자 소망하는 이들은 하나님을 향한 사랑으로 갈급해한다. 이 갈급함은 하나님의 완전케 하는 은총, 곧 사랑의 은총을 입을 때에만 해소된다. 이 하나님의 은총은 우리가 사랑의 믿음을 가질 때 다다를 수 있는 은총인데, 이 믿음은 사랑하는 경험과 연습을 통해서 증대될 수 있다. 이 사랑의 경험과 연습을 위한 은총의 수단이 바로 선발자 밴드다. 선발자 밴드에서 회원들은 사랑을 경험하고 연습함으로써 하나님의 사랑을 덧입는 축복을 누리며 성화의 완성, 곧 완전에 이르게 되는 것이다. 이 같은 선발자 밴드를 속회라는 관점에서 볼 때 가지는 의의를 다시 한 번 정리해 보면 다음과 같다.

　첫째, 선발자 밴드는 완전케 하는 은총을 추구하는 속회 공동체다. 성화의 삶을 사는 이들은 소망의 믿음에 깨어 있기만 하면 온전함에 이를 때까지 쉬지 않고 앞으로 나아간다. 항상 기뻐하고 쉬지 말고 기도하며 범사에 감사하는 데에 이르기를 갈망하고 하늘에서도 이룬 것을 땅에서도 이루기를 바라며 하나님께서 기뻐하실 거룩한 산 제사의 삶을 추구하며 마음속에 예수 그리스도의 마음을 온전히 품을 때까지 하나님의 은총의 보좌 앞으로 가까이 나아간다. 즉 하나님의 사랑으로 충만한 데 이르기까지, 하나님의 완전케 하는 은총을 간절히 바라며 은총의 보좌 앞으로 나아간다. 선발자 밴드는 회원들이 이 완전케 하는 은총에 이를 수 있도록 돕는 은총의 수단이다.

　둘째, 선발자 밴드는 사랑을 연습하는 속회 공동체다. 완전으로 인도하는 완전의 은총은 믿음을 통해 받을 수 있을 뿐이다. 그런데 이 믿음은 사랑으로 나타나는 사랑의 믿음이다. 성화가 성숙되면 될수록 하나님을 향한 사랑의 갈망을 갖는다. 육신의 정욕, 안목의 정욕, 이생의 자랑을 완전히 끊어버리고 육체와 혼과 영혼을 하나님을 향한 열렬한 사랑으로 바꾸어 나간다. 하나님 자체를 갈망하는 것이다. 하나님 자체가 영혼의 양식이요 음료가 되며 마침내 충만하게 누리게 되어 기쁜 입술로 찬양하게 된다. 이 상태가 바로 완전의 상태다. 그런데 이 상태에 이르는 길은 이웃을 내 몸과 같이 사랑함으로써 가능할 뿐이다. 사랑을 연습함으로써 하나님의 사랑이 충족되는 것이다. 선발자 밴드는 바로 사랑의 연습이 이루어지는 실천 도장이다. 여기서 회원들은 서로 사랑함을 연습하고 하나님의 사랑이 자신 안에 충만하게 되는 것을 경험한다.

셋째, 선발자 밴드는 지도자들의 목회적 비전과 사랑을 나누는 속회 공동체다. 지도자의 자리란 늘 고독하다. 그들은 늘 다른 이들을 인도하기 위한 탁월한 비전을 소유해야 했고, 또 다른 이들을 위로하고 세워야 하는 입장에 처해 있었다. 그러나 그들 또한 누군가에게 비전과 사랑을 공급받아야 할 필요가 있다. 메도디스트 운동을 지도했던 웨슬리를 위시한 지도자들도 그러했다. 선발자 밴드는 바로 이 같은 역할을 해주는 속회 공동체였다. 이 모임을 통해 주로 메도디스트 운동의 전면에 섰던 사역자들은 자신들의 비전을 가감 없이 함께 나누고 사랑으로 서로를 위로하고 세워 나갔던 것이다.

넷째, 선발자 밴드는 폐쇄적이지만 자유로운 속회 공동체였다. 클래스는 신우회 회원이라면 누구든지 가입할 수 있는 열린 공동체였고, 밴드는 일정한 기준에 따라 가입자가 정해지는 닫힌 공동체였다. 선발자 밴드는 밴드 내에서 극히 제한된 사람들에게만 허용되었다는 점에서 밴드보다 더욱 폐쇄적인 공동체라 할 수 있다. 그러나 밴드처럼 일정한 규칙 자체가 없이 자유로운 대화의 분위기 속에서 진행되었다는 점에서, 선발자 밴드는 밴드보다 더 자유스러운 분위기를 지닌 공동체였다. 즉 선발자 밴드는 밴드보다 더 폐쇄적이지만 내용적으로는 더 자유로운 속회 공동체라 할 수 있다.

지금까지 논의해 온 내용들을 전체적으로 정리해 보자. 웨슬리 속회의 구조를 형성하는 가장 기본적인 요소는 '하나님의 은총'이라는 선행적 행위(act)와 이 은총을 수용하는(re-act) '믿음'이다. 이와 같이 하나님의 은총과 우리 영의 '믿음'이 만나는 과정에서 하나님의 구원의 역사, 다른 말로는 우리의 하늘 가는 사건이 나타나기 때문에, 목회의 관건은 바로 은총-믿음의 상호 작용이 어떻게 일어나도록 돕는 것인가 하는 것이다. 웨슬리는 이것을 '은총의 수단'이라 했다. 즉 하나님은 성령의 사역을 통해 은총의 수단을 활용하셔서 자신의 은총을 베푸시며 우리의 영은 은총의 수단을 통해 믿음으로 하나님의 은총을 만난다. 웨슬리 목회는 은총의 수단을 준비하고 활용하는 것 자체였다. 이 가운데 웨슬리는 은총의 수단이 집결되는 공동체를 구상했고 그 공동체는 다름 아닌 속회였다. 즉 속회는 하나님의 은총이 역사하고 그 은총을 믿음으로 수용하는 것을 실제로 경험하는 은총의 수단이었던 것이다. 이를 도표로 표현해 보면 다음과 같다.

그런데 앞에서 우리가 살펴보았듯이 하나님의 은총은 때를 따라 주어지

는 은총, 곧 우리 영혼의 상태에 따라 주어지는 은총이다. 즉 하나님의 은총은 우리에게 온전한 구원을 이루시기 위해 다양한 형태로 성령을 통해 우리에게 역사하게 되고, 우리 영 또한 다양한 형태의 믿음으로 반응하게 된다. 물론 이 과정에서 이 같은 여러 형태의 믿음을 고양시킬 수 있는 핵심적인 요소들이 존재하며 이 요소들을 보다 효과적으로 증대시킬 수 있는 특정한 방식들이 요청된다. 이런 방식들이 어떤가에 따라 이들이 실제로 실천될 수 있는 현장인 속회 또한 다양한 형태로 전개되는 것이다. 다소 복잡해 보이는 이 과정들을 좀 더 쉽게 이해하기 위해 도표화시켜 볼 수 있다.

성령의 역사를 통해 부으시는 하나님의 은총	회개의 은총	칭의의 은총	거듭남의 은총	성화의 은총	회복의 은총	완전의 은총
구원의 사건	회개	칭의	거듭남	성화	회복	완전
은총의 수단으로서의 속회 형태	옥외집회	신우회	클래스	밴드	참회자 밴드	선발자 밴드
믿음을 고양할 수 있는 핵심요소	들음	배움	자기 점검	정감	권고	경험
우리 영의 믿음의 반응	겸손의 믿음	복음을 믿는 믿음	순종의 믿음	소망의 믿음	치유의 믿음	사랑의 믿음

이 도표를 자세히 들여다보면 앞에서(1장) 살펴본 웨슬리의 기본적인 목회 구조, 곧 목회의 삼겹줄로 환원되고 있음을 알 수 있다. 구원의 사건은 doctrine, 즉 하늘 가는 길을 의미하고 이 사건은 spirit, 곧 성령이 우리 영과 더불어 역사함으로써 현실화되고, 이 사건은 은총의 수단으로서의 속회 공동체 안에서 discipline, 곧 연습을 통해 내재화되고 체질화되는 구조를 드러내고 있는 것이다. 이것은 웨슬리에게서 속회는 다름 아닌 웨슬리 목회를 실현시키는 살아 있는 현장이라는 점을 의미하는 것이다.

3) 웨슬리 속회 안에서 은총의 수단의 적용

웨슬리가 '열심에 관하여'란 설교에서 말한 은총의 수단들에 대해 다시금 상기하면서(1장 참조) 단순화시켜 보면 웨슬리의 은총의 수단은 교회-경건의 실천-사랑의 실천이라는 구조를 통해 거룩한 열매를 맺고 하나님과 인간을 향한 사랑으로 충만한 완전의 상태로 나아가는 것이라 할 수 있다. 여기서 '교회'는 은총의 수단이 연습되는 '현장'이라 할 수 있고 '경건의 실천'과 '사랑의 실천'은 은총의 수단의 '내용'이라 할 수 있다. 웨슬리에게는 속회 공동체가 바로 이 교회며, 그런 의미에서 속회 공동체는 은총의 수단이 연습되는 '현장'으로서 은총의 수단인 것이다. 은총의 수단의 '내용'으로서 은총의 수단인 '경건의 실천'과 '사랑의 실천'이 웨슬리 속회 공동체 안에서 실행되었던 것이다. 그렇다면 '경건의 실천'과 '사랑의 실천'이 웨슬리 속회 공동체 안에서 구체적으로 어떻게 적용되었는가?

이 점을 해명하기 위해서 우리는 먼저 웨슬리가 말하는 경건의 실천과 사랑의 실천이 무엇을 말하는지 살펴볼 필요가 있다. 웨슬리에 의하면 '경건의 실천(The Works of Piety)'은 크게 네 가지다. 성경 탐색, 기도, 성만찬, 금식이 바로 그것들이다. 이들 네 가지는 신우회 총칙과 '대회의록,' 그리고 그의 설교 '열심에 관하여'에서 공통적으로 '전통적이고 제도적으로 정착된 은총의 수단들'로 인정된 것들이다. 웨슬리에게 '사랑의 실천(The Works of Mercy)'은, 한마디로 이웃 사랑을 의미한다. 이웃 사랑은 큰 틀로 보면 '이웃에게 악을 행하지 않고 선을 행하는 것'으로 요약될 수 있다. 즉 웨슬리가 속회 공동체에서 실제적으로 실천했던 은총의 수단은 성경 탐색, 기도, 금식, 성만찬, 이웃 사랑, 이 다섯 가지로 집약된다. 웨슬리는 속회 공동체 내에서 이 다섯 가지 은총의 수단들을 적절히 적용함으로써 사람들을 하나님의 은총의 보좌 앞으로 인도해 나갔던 것이다.

웨슬리가 이들 다섯 가지 은총의 수단들에 주목하게 된 것은 이들이 자신의 목회 삼겹줄과 떼려야 뗄 수 없는 관계가 있음을 알았기 때문이었다. 이 점에 대해 좀 더 면밀한 관찰이 요구된다. 먼저 성경 탐색은 doctrine을 명확히 이해하는 데 필연적이다. 웨슬리는 우리에게 익숙한 '성경 공부' 혹은 '성경 연구'라는 말을 사용하지 않고 '성경 탐색(Searching the Bible)'이라는 말을 사용했다. 그것은 성경에는 '밭에 감추인 보화', 곧 인간에게 그 무엇보다도 귀한 보화가 감추어져 있다고 확신했기 때문이다. 이 보화는 다름 아닌 '구원의 길'이요, '하늘 가는 길'이다. 웨슬리의 육성으로 직접 들어본다.

"내게 그 책을 다오. 나의 그분의 현존에서 하늘 가는 길을 찾기 위해 그 책을 연다. 나는 빛의 아버지를 향해 내 마음의 문을 연다."140)

웨슬리는 성경이 구원의 주님을 증거하는 책이요, 구원의 믿음을 불러일으키고 더 굳게 하는 책이며, 구원에 이르는 지혜가 있는 책임을 확신했다.141) 뿐만 아니라 웨슬리는 성경은 구원의 전 과정, 즉 회개로부터 온전한 하나님의 품성을 따라 완전한 성화에 이르기까지, 하늘 가는 길의 전 과정을 이루어 가도록 영혼들을 이끈다고 확신했다. 그에 따르면 성경은 "어둠 속에서 알지 못하는 분을 찾아 헤매는 사람들" 뿐 아니라142) 이미 칭의의 은총을 입어 하나님의 자녀가 된 이들을 "온전한 데까지" 이르게 하는 "교훈과 책망과 바르게 함과 의"를 포함한 하늘 가는 길(doctrine)의 안내서인 것이다.143)

---

140) Outler(ed.), *John Wesley*, p.89.
141) *Sermons*, The Means of Grace, III.7~8.
142) *Ibid.*, III.10.
143) *Ibid.*, III.9. 웨슬리는 메도디스트들은 성경을 늘 가까이 해야 한다고 가르쳤고, 성경을 읽을 때 도움이

성경 탐색이 하늘 가는 길의 안내서를 확보하는 것이라면, 이 길을 실제로 경험하는 것이 필요하다. 이 경험은 다름 아닌 성령이 우리 영과 더불어 행하시는 '영의 일(spirit)'이다. 그런데 성령과 우리 영은 '기도' 안에서 만난다. 이것이 바로 우리가 쉬지 말고 기도해야 하는 이유다. 웨슬리는 기도를 '호흡'이라는 용어와 동일시했고 하나님의 영, 곧 '성령'을 뜻하는 '루아흐'나 '퓨뉴마' 또한 호흡이라는 의미를 갖고 있다는 점에서, 성령과 기도를 연관시켰다. 즉 성령은 영혼 속으로 불어넣으시는 하나님의 호흡이고 기도는 하나님으로부터 받은 숨을 내쉬는 영혼의 호흡을 의미하는 것이다.144) 다시 말해 웨슬리에게 기도는 성령과 본질상 동일한 근거를 갖고 있으며, 이 근거 때문에 우리 영은 기도를 통해 성령과 교통할 수 있는 것이다.145) 그러므로 하나님의 은총을 갈망하는 이들은 '기도해야 한다.' 하나님의 은총은 성령의 역사 안에서 실재화되기 때문에, 하나님의 은총을 구하는 자는 성령의 도우심이 필연적이다. 기도는 바로 성령을 우리의 삶으로 초대하는 초대장이며 성령과의 의사소통을 가능하게 하는 하나님의 수단이므로 하나님의 은총을 갈망하는 이는 기도를 통해 그 은총을 기다려야 하는 것이다. 웨슬리는 성령을 간구하는 이들의 기도를 하나님이 결코 외면치 않음을 확신한다. 그것은 하나님의 약속이기 때문이다. 이 약속은 단지 믿는 이들을 위한 약속이 아니다. 믿지 아니하는 이들을 포함한 모든 이들을 향한

될 만한 몇 가지 원리를 제시해 주었다.
  첫째, 정해진 시간에 읽어라(아침과 저녁 시간 두 번). 둘째, 정해진 분량을 읽어라. 셋째, 하나의 목표, 곧 하나님의 뜻을 찾고 그 뜻을 실천하기 위한 목표만을 가지고 성경을 읽어라. 넷째, 확고한 믿음의 눈으로 읽되, 구원의 과정에 대한 확고한 이해와 그 전체적인 조망 하에서 성경을 읽어라. 다섯째, 본문을 고립시키지 말고 평행 본문들을 참고하라. Wesley, *Preface to The New Testament*, 4.
144) *Sermons*, The Great Privilege of Those that are born of God, III.2.
145) 웨슬리는 이 가르침이 주님께서 친히 주신 것임을 힘주어 강조한다. 특히 마태복음 7장 9~11절의 "너희 중에 누가 아들이 떡을 달라 하는데 돌을 주며 생선을 달라 하면 뱀을 줄 사람이 있겠느냐 너희가 악한 자라도 좋은 것으로 자식에게 줄 줄 알거든 하물며 하늘에 계신 너희 아버지께서 구하는 자에게 좋은 것으로 주시지 않겠느냐."는 말씀에 주목하면서 웨슬리는 이 말씀에 포함된 좋은 것이 바로 주님께서 친히 밝히신 것처럼 '성령'을 의미한다고 결론짓는다. *Sermons*, The Means of Grace, III.2.

하나님의 은총의 약속이다. 즉 성령은 모든 이들에게 주어질 하나님의 "좋은 것"이며, 이는 우리의 기도로 초대된다는 것을 확신하는 것이다.[146]

 기도가 성령의 초대장이라는 의미에서 기도는 doctrine, 곧 하늘 가는 전 과정을 실제로 경험케 하는 은총의 수단이 된다. 하늘 가는 길로 나아가게 하며 완성시키는 모든 과정은 성령이 주도하고 이 성령의 역사를 초대하는 길이 바로 기도이기 때문이다. 즉 웨슬리의 기도에 대한 입장은 단순하면서도 명료하다. 그것은 기도 없이 하나님의 은총이 없고, 하나님의 은총이 작용하지 않는 영혼에게 회개나 칭의나 성화와 완전과 같은 doctrine, 곧 하늘 가는 길이 실제화될 수 없으며 기도 없이는 구원 역사가 일어나지 않는다는 것이다.[147] 다시 말해서 웨슬리에게 기도란 단순히 우리 믿음 생활의 한 부분이나 예배에서 하나의 외적 의식이 아니라, 구원의 전 과정을 이루는 데 영혼이 해야 할 근원적이고 본질적인 활동인 것이다.

 금식은 일반적으로 음식을 먹지 않는 것을 의미하지만 병자나 몸이 약한 사람들이 음식의 양이나 질을 조절하는 절식(節食, abstinence)도 포함한다.[148] 웨슬리가 금식을 본격 실천한 것은 옥스퍼드 학생 시절이었으며, 그것은 생활 중 부주의하게 짓는 죄와 싸워 이기기 위함이었다.[149] 그렇지만 웨슬리의 지속적인 금식의 실천은 1732년에 이르러서야 비로소 본격화되었던 것으로 보인다.[150] 금식에 대한 명확하고도 체계적인 규칙은 1739년

---

146) *Ibid.*, III.6.
147) 웨슬리의 이 같은 입장은 그의 옥스퍼드 시절부터 일찌감치 자리잡았던 것으로 보인다. 1733년 그는 『매일기도문집』을 출판하면서 이 기도문에 내포된 궁극적인 목표들을 다음과 같이 제시하고 있다. 첫째는 자기를 부인하기 위한 것이다. 둘째는 자기 부정이 자연스럽게 이끄는 것으로서, 온전히 하나님께 헌신하는 것이다. 셋째는 더 이상 사람의 뜻이 아닌 하나님의 뜻에 따라 사는 것이다. 넷째는 점점 더 세상에 대해서는 죽은 자가 되고 그리스도 안에서 산 자가 되는 것이고, 마지막 다섯째는 그리스도가 내 안에 사는 것, 즉 완전함에 이르는 것이다. Wesley, A Collection of Forms of Prayer for Every Day in the Week, *Works*, Vol.8, pp.83~84.
148) *Sermons*, Upon our Lord's Sermon, on the Mount VII, I.1 and 4.
149) *Journals*, December 1, 1725.
150) 웨슬리는 옥스퍼드 홀리 클럽의 회원이었던 윌리엄 모건(William Morgan)의 아버지 리차드 모건(Richard Morgan)에게 자신이 엄격한 금식 규정을 윌리엄에게 적용하여 사망에 이르게 했다는

8월 17일 그가 신우회의 회원들과 함께 정한 금요일의 금식 규정이다. 신우회 회원들은 매주 금요일을 금식의 날로 정해 지켜야만 했다.151) 웨슬리에 따르면, 사람들이 금식을 해야 하는 이유는 크게 세 가지다. 첫째는 자신의 죄를 깨닫고 하나님의 진노를 두려워할 때 행하는 금식으로, 하나님이 자신을 떠났다고 생각되어 슬픔이나 두려움 같은 감정에 사로잡힐 때 금식을 하는 것이다.152) 둘째는 방종한 삶을 경계하기 위해 행하는 금식으로, 자신이 육신의 욕망에 끌려가는 것을 방지하기 위한 금식이다.153) 셋째는 기도에 도움이 되도록 하는 금식이다.154) 웨슬리는 이것을 금식해야 할 가장 중요한 이유로 간주한다. 웨슬리에 의하면, 금식은 기도를 더욱 깊은 차원으로 인도한다. 즉 금식과 더불어 행해지는 기도를 통해 하나님께서는 우리가 '삼층 천'에 이르도록 하시기를 기뻐하신다. 우리는 금식과 기도로 인해 순결함, 영혼의 참됨과 신실함, 양심의 민감함과 온유함, 세상에 대해 죽는 것, 최종적으로는 하나님에 대한 사랑과 모든 거룩한 하늘의 정감들을 고양시키는 데까지 나아가게 된다는 것이다.155)

이처럼 금식을 하게 되는 이유들을 종합해 보면 금식이 하나님의 구원의 전 과정과 밀접한 관계가 있음을 보게 된다. 곧 금식은 회개-죄 사함-성화-완전의 전 과정과 관계된 은총의 수단인 것이다. 다시 말해 금식은 다른 은총의 수단과 마찬가지로 하나님의 구원의 전 과정에 매우 유용한 수단인 것이다. 차이가 있다면 이 은총의 수단은 독단적으로 진행되는 것이 아니라 주로 기도와 더불어 진행된다는 점이다.156)

소문에 대해 해명하는 편지를 쓰게 된다. 여기에서 그는 수요 금식을 6개월 동안 정기적으로 하고 있었다고 밝히면서 그렇게 한 사람은 오직 자신뿐이었다고 설명한다. *Letters*, October 18, 1732.
151) *Journals*, August 17, 1739.
152) *Sermons*, Upon our Lord's Sermon, on the Mount Ⅶ, Ⅱ.1~2.
153) *Ibid.*, Ⅱ.4~5.
154) *Ibid.*, Ⅱ.6.
155) *Ibid*.
156) 웨슬리는 설교 '참된 기독교 믿음의 쇠퇴(Causes of the Inefficacy of Christianity)'에서 이 점을 다음과

웨슬리는 성만찬을 세례와 더불어 교회가 반드시 지켜야 할 거룩한 의식(성례, sacraments)으로 인정했다. 이는 영국성공회의 성례에 대한 이해와 다르지 않다. 웨슬리는 1785년에 메도디스트 25개조 신앙고백문을 발표했는데, 16번째 조항은 성례에 대한 조항이다. 이 조항을 옮겨보면 다음과 같다.

"그리스도께서 제정하신 성례는 크리스쳔이라는 표식(badges) 혹은 표징(tokens)이며 또한 은총의 확실한 표지(signs)이고 하나님의 우리를 향한 선한 뜻이다. 이 성례로 인해 그리스도께서는 우리 안에서 보이지 않게(invisibly) 역사하시며 그분 안에서 우리의 믿음이 생동감 있게 되고 강화되며 확증되는 것이다. 성례에는 두 가지 종류만 있을 뿐이다. 첫째는 세례이며 둘째는 성만찬이다."

웨슬리는 세례가 분명히 하나의 '은총의 수단'이긴 해도 평생에 단 한 번 유일회적으로 이루어지는 일이라는 점, 한 개인에 국한된 성례라는 점, 완전한 구원의 기쁨에 도달하기 위해서 충분하지 않다는 점, 또 웨슬리 당시 세례가 심각하게 오용되고 있었다는 점 등으로 인해 일상의 은총의 수단으로 사용하기에는 많은 제약이 있다고 보았다.157) 그러나 성만찬은 이런 결점을 완벽하게 보충해 주는 성례라는 점에서 웨슬리는 성만찬에 대한 논의

같이 요약한다.
"금식을 하지 않는 이는 기도하지 아니하는 사람과 마찬가지로 하늘 가는 길에서 멀다." *Sermons*, Causes of the Inefficacy of Christianity, 14.
또 다른 곳에서는 이렇게 강조한다.
"기도와 금식은 하나님이 지정하신 은총의 수단이며 하나님께서 분명하고도 명시적으로 드러낸 계시다."
웨슬리에 따르면 하나님께서는 금식과 눈물과 애통으로 자신을 찾는 이들에게 새 포도주와 기름을 주시고 열국 중에서 욕을 당하지 않게 하며 먹되 풍족히 먹게 하시고 그들의 하나님이 되며 성령을 부어 주신다. *Sermons*, Upon our Lord's Sermon, on the Mount VII, II.11.
157) 이 논의에 대해서는 김동환, 『목사 웨슬리에게 목회를 묻다』, pp.300~301 참조.

에 집중했다. 웨슬리에게 성만찬은 단 한 번만 행해지는 세례와 달리 지속적으로 이루어지는 은총의 수단이다. 성만찬은 일정하게 지속적으로 참여해야 하는 성례로서, 받을 자격이 없다거나, 준비할 시간이 없다거나, 너무 빈번하여 성찬에 대한 경외심을 잃게 하지 않을까 염려한다든지, 실제적인 유익이 없다든지 하는 어떤 변명도 용인되지 않는다. 그것은 하나님의 명령이고 우리에게 너무나 큰 은총을 가져다주는 은총의 수단이기 때문이다.158)

또한 세례와 달리 성만찬은 공동체 안에서 믿음의 교제를 강화시키는 공동적 은총의 수단이다. 성만찬은 떡과 포도주를 먹고 마시는 '공동 식사(communal feast)'다. 이 공동 식사에서 그리스도의 살과 피를 나눈다는 것은 그리스도의 생명을 받아 무리를 이룬 이들이 동일한 믿음 속에서 삶의 내용과 방향을 같이 한다는 것을 의미한다. 즉 성만찬을 통해 그리스도를 발견하고 기억하며 그분에게 온 마음을 드리고,159) 앞으로 천국에서 경험할 천국 잔치, 곧 그리스도와 더불어 먹고 마시는 영원한 교제를 소망하게 되는 것이다.160) 또 성만찬은 세례와 달리 폭넓은 범위를 갖는 은총의 수단이다. 하나님은 성만찬을 통해 인간의 구원에 요청되는 다양한 형태의 은총을 베푼다. 즉 성만찬은 회개의 은총, 칭의의 은총, 성화의 은총, 완전케 하는 전 구원의 과정에 요청되는 은총의 통로인 것이다.161)

성만찬은 또한 세례와 달리 매우 현실적이고 실제적인 은총의 수단이다. 웨슬리가 성만찬을 '기념(memorials)'으로 간주한 것은 사실이다.162) 그

---

158) *Sermons*, The Duty of Constant Communion, II.22.
159) John and Charles Wesley, *Preface to Hymn on the Lord's Supper* (London: Kershaw, 1825), Section VI.3.
160) *Ibid.*, Section V. 참조.
161) 그런 의미에서, 웨슬리는 성만찬이야말로 하나님의 은총을 전달하는 '위대한 통로(a grand channel)'라 불렸던 것이다. *Sermons*, Upon our Lord's sermon on the Mount VI, III.11.
162) 웨슬리는 이렇게 말한다. 성만찬은 과거에 일어났던 주님의 죽으심과 고난에 대한 기념이다. John and Charles Wesley, *Preface to Hymn on the Lord's Supper*, Section II, 1.

러나 이것은 츠빙글리(Huldrych Zwingli)가 사용했던 그리스도의 희생과 구속 행동을 단순히 회상하는 기념의 의미가 아니다.163) 웨슬리가 말하는 기념은 그리스도의 고난과 죽음이 현재 우리의 삶 가운데에서 성령을 통해 실제로 체험되는 것이다. 떡과 포도주가 단지 기념만을 의미하는 것이 아니라 실제로 풍성한 은총을 가져다준다는 의미에서 그것은 '현재의 은총의 표적'이라 할 수 있다.164) 즉 웨슬리에게 떡과 포도주를 먹고 마시는 것은 예수 그리스도의 살과 피를 먹고 마시는 것이요, 그분과 하나가 되어 그 안에서 살아가는 불가분리의 관계가 맺어지는 실제적인 사건을 의미한다.

여기에서 주의할 것이 있다. 웨슬리가 성직자의 기도를 통해 떡과 포도주가 '실제로' 그리스도의 피와 살이 된다는 가톨릭의 화체설(化體說, Transubstantiation)을 주장하는 것이 아니라는 것이다. 웨슬리가 강조하려는 것은 우리가 몸과 영혼을 온전히 거룩한 산 제사로 드릴 때 하나님은 성령을 통해 우리에게 그의 아들의 몸과 피를 주시고, 그 아들 그리스도는 그 자신이 이루신 모든 구속적 기념 가운데 임재하셔서 친히 교제를 나누시고 현재에서 구속의 일을 행하신다는 것이다.165) 즉 웨슬리에게 성만찬은 doctrine, 곧 하늘 가는 길을 실제적으로 체험할 수 있는 은총의 수단으로 인정되었던 것이다. 그래서 웨슬리는 우리가 하나님의 은총을 진정 기대한다면, 누구든지 떡과 포도주를 먹고 마셔야만 한다고 결론 내릴 수 있었다.166)

---

163) 츠빙글리는 성만찬을 십자가 상의 구속적 사역을 회고하는 감사의 기념일 뿐이라 말한다. 이것은 성만찬의 물질이 예수 그리스도의 인성, 곧 가시적인 육으로 변화할 수 없다는 것을 의미한다.
164) *Ibid.*, Section III.
165) 웨슬리는 1732년 2월 28일 자신의 어머니 수산나에게 보낸 편지에서 이 문제에 대해 명확한 입장을 밝힌다. "성만찬에서 우리가(가톨릭의) 화체설에 동의하지 않는 한 그리스도의 인성이 그 떡과 포도주 안에 포함된다는 것을 받아들일 수는 없습니다. 그러나 저는 그것을 받을 만한 (믿음의) 준비가 된 사람들은 그리스도의 신성과 하나가 된다는 것을 분명히 믿습니다. 비록 그 연합이 제게는 너무도 신비한 것이라 해도 말입니다." *Letters*, February 28, 1732.
166) *Sermons*, The Means of Grace, III.11.

이웃 사랑 또한 웨슬리가 인정했던 강력한 은총의 수단이었다. '대회 의록'에서는 '상황적인 은총의 수단'에 포함되어 있고, 설교 '열심에 관하여'에서는 '사랑의 실천(The Works of Mercy)'은 '경건의 실천(The Works of Piety)'과 함께 은총의 수단의 중요한 축이라 간주하고 있다. 이웃 사랑은 영과 육에 관한 일 모두 포함하는 것으로서, 주린 이들을 먹이는 일, 헐벗은 이들을 입히는 일, 나그네를 대접하는 일, 감옥에 갇힌 자, 병자, 어려움을 당하는 자들을 방문하는 일을 포함하여 무지한 자를 가르치는 일, 어리석은 죄인을 일깨우는 일, 차지도 뜨겁지도 않은 믿음을 새롭게 하는 일, 흔들리는 자를 굳게 하는 일, 연약한 이를 위로하는 일, 시험 받는 이를 돕는 일, 영혼을 사망으로부터 구하는 일 등을 의미한다.167) 웨슬리에게 이 같은 이웃 사랑은 단순히 구원받은 사람들에게 맺어지는 열매가 아니다.168) 그것은 하나님께서 인간을 구원하시기 위해 베푸시는 은총의 보좌 앞으로 인도하는 은총의 수단이다.

이웃 사랑도 다른 은총의 수단과 마찬가지로 구원의 전 과정과 관계되어 있다. 즉 이웃 사랑은 먼저 '회개와 회개에 합당한 열매(the repentance and the fruits meet for repentance)'로서 의롭다 함에 이르게 하는 은총으로 인도해 가며 중요한 역할을 한다.169) 물론 칭의의 사건은 사랑의 실천이 아닌 '오직 믿음'으로 이루어지는 것이 분명하다. 그러나 이웃 사랑의 실천이 칭의에 필요한 믿음을 위해 간접적으로 봉사한다는 의미에서 칭의의 사건에 관여되는 것이다. 사실 이웃 사랑이라는 은총의 수단은 성화의 은총에

---

167) *Sermons*, The Scripture Way of Salvation, III.10.
168) 이런 관점은 루터에게 두드러지게 나타났다. Paul Althaus, *The Ethics of Martin Luther*, tr., by R.C. Schultz(Philadelphia: Fortress Press, 1972), p.15.
169) 웨슬리는 이 점을 다음과 같이 말한다. "하나님께서는 우리에게 분명히 회개하고 그에 합당한 열매를 맺으라 명하셨다. 만일 우리가 이를 가벼이 여긴다면 논리적으로는 의롭다 함을 입기를 기대할 수 없다. 그러므로 회개와 그 열매를 맺는 일은 어떤 면에서 칭의에 필수적이라 할 수 있다." *Sermons*, The Scripture Way of Salvation, III.2.

더욱 적극적인 역할을 한다고 볼 수 있다. 웨슬리는 칭의를 얻은 사람이 이웃을 사랑하는 일에 열심이어야 한다고 주장하는데, 그것은 이웃 사랑이 없이는 성화에 이를 수도, 은총 안에서 자랄 수도, 하나님의 형상을 닮아갈 수도, 그리스도의 마음을 품을 수도 없을 것이기 때문이다.170) 즉 웨슬리에게 이웃 사랑은 다른 이들을 돕는 일이면서도 동시에 하나님의 거룩함을 닮아갈 수 있도록 돕는 하나님의 은총인 것이다. 이웃을 사랑하는 삶을 살아가는 사람은 단순히 가난한 이들이나 병자들에게 어떤 것을 나눠주는 것이 아니라 그들의 삶을 '방문(visiting)'하는 사건이기에 그들의 아픔을 함께 느끼게 될 뿐만 아니라 자기의 것을 기꺼이 희생하는 자기 부인을 경험하게 되고, 하나님의 사랑에 더욱 침잠하게 되는 것이다.171)

웨슬리는 이상과 같은 은총의 수단들을 속회 공동체에 적용하며 속회 공동체를 실질적으로 '은총의 수단들이 실행되는' 은총의 수단이 되게 했다. 이때 사용된 원칙이 두 가지 있었는데, 첫 번째 원칙은 경건의 실천과 사랑의 실천을 분리시키지 않았다는 사실이다. 웨슬리는 경건의 실천 혹은 사랑의 실천을 구원을 이루어 가는 데 필요한 '독자적인 은총의 수단'으로 인식하지 않았다. 그에게 경건의 실천은 사랑의 실천과 함께 '착한 일(good works)'로 간주되는데, 이 두 가지 형태의 착한 일이 함께 작용할 때 영혼을 하늘로 인도하는 데 도움을 줄 수 있다고 확신했다.

"거룩한 삶을 완성하는 데 반드시 필요한 착한 일은 무엇인가? 첫째 그것은 모든 경건의 실천들이다. 둘째 그것은 모든 사랑의 실천들이다. 이들은 영혼을 온전한 구원으로 인도하는 데 필수적이다."172)

---

170) *Ibid*., III.5.
171) Maddox, *Visit the Poor*, pp.79~80.
172) *Sermons*, The Scripture Way of Salvation, III.10.

웨슬리에게 경건의 실천이 없는 사랑의 실천이나, 사랑의 실천이 없는 경건의 실천은 온전한 은총의 수단이 될 수 없다. 하나로서는 충분치 않다. "그들은 함께 나아가야 한다."173)

두 번째 원칙은 사랑의 실천과 경건의 실천을 함께 활용할지라도 속회 공동체가 지향하는 하나님의 은총에 따라 그 강조점이 달랐다는 사실이다. 즉 어떤 속회 공동체는 경건의 실천이, 또 어떤 공동체는 사랑의 실천이 강조되었던 것이다. 심지어는 경건의 실천 중에서도 특정한 은총의 수단이 다른 은총의 수단들보다 더 강조되기도 했다. 예를 들어 칭의와 거듭남의 은총을 지향했던 신우회와 클래스의 경우에는 경건의 실천이, 성화의 은총을 지향했던 밴드 공동체는 사랑의 실천이 강조되었는데 경건의 실천을 강조했던 신우회와 클래스의 경우에도 서로 강조하는 은총의 수단이 달랐다. 신우회의 경우에는 성만찬을 포함한 경건의 실천이, 클래스의 경우에는 성만찬을 제외한 경건의 실천이 강조되었던 것이다.

지금까지 살펴본 것들을 종합해서 다시 한 번 도표로 정리하면 다음과 같다. 여기서 '활용된 은총의 수단들'이라는 항목에서 발견되는 굵은 글자는 각 속회 공동체에서 중점적으로 활용했던 은총의 수단을 의미한다.

성령의 역사를 통해 부으시는 하나님의 은총	회개의 은총	칭의의 은총	거듭남의 은총	성화의 은총	회복의 은총	완전의 은총
구원의 사건	회개	칭의	거듭남	성화	회복	완전
은총의 수단으로서의 속회 형태	옥외집회	신우회	클래스	밴드	참회자 밴드	선발자 밴드

---

173) *Sermons*, On Working Out Our Own Salvation, II.4.

활용된 은총의 수단들	성경 탐색, 기도, 금식, 성만찬, 이웃 사랑의 실천	성경 탐색, 기도, 금식, 성만찬, 이웃 사랑의 실천	성경 탐색, 기도, 금식, 성만찬, 이웃 사랑의 실천	성경 탐색, 기도, 금식, 성만찬, 이웃 사랑의 실천	성경 탐색, 기도, 금식, 성만찬, 이웃 사랑의 실천	성경 탐색, 기도, 금식, 성만찬, 이웃 사랑의 실천
믿음을 고양할 수 있는 핵심요소	들음	배움	자기 점검	정감	권고	경험
우리 영의 믿음의 반응	겸손의 믿음	복음을 믿는 믿음	순종의 믿음	소망의 믿음	치유의 믿음	사랑의 믿음

02

속회의 실천적 성찰
-웨슬리 속회의 현대적 응용

2편은 앞에서(1편) 살펴본 웨슬리 속회가 '오늘 여기의 목회 현장'에 어떻게 응용될 수 있는가를 묻는, 말하자면 웨슬리 속회의 실천적 성찰을 시도하려는 것이다. 이를 위해 웨슬리 속회가 오늘날 우리의 목회 현장에 어떤 의미를 주는가를 성찰하고, 또 실제로 어떻게 우리에게 응용될 수 있는가를 살펴볼 것이다. 한 걸음 더 나아가 웨슬리 속회가 전체적 혹은 부분적으로 실현되고 있는 목회 현장을 소개하는 것도 웨슬리 속회를 실제로 응용하고자 하는 이들에게 도움이 될 것이다.

4장
웨슬리 속회와 현대 목회

　　웨슬리 속회가 오늘 여기를 살아가는 우리의 목회 현장에도 의미가 있는가? 이것은 쉽게 지나칠 수 없는 중대한 질문이다. 이 질문의 배경에는 웨슬리가 살아갔던 시대는 오늘날 우리가 살아가는 시대와 판이하게 다른데, 그때의 속회가 우리의 목회 현장에 어떤 의미가 있는가 하는 구체적이고 실질적인 질문을 내포하고 있기 때문이다. 어쩌면 이것은 많은 이들이 내게 끊임없이 제기하는 질문, 곧 "웨슬리가 활동했던 영국 메도디스트 교회도 지금 몰락 직전에 있는데 여기에서 한국교회가 배울 것이 있는가?"와 맞닿아 있는지 모른다. 나는 이 질문을 받을 때마다 영국 메도디스트 교회가 몰락의 길을 가고 있는 것은 웨슬리의 목회가 오늘날 교회 현장에 맞지 않기 때문이 아니라 영국 메도디스트 교회가 웨슬리의 목회적 정신에서 이탈했기 때문이라고 답한다. 즉 영국 메도디스트 교회의 문제는 웨슬리 목회가 오늘 여기의 목회 현장에 부적합하기 때문에 생긴 문제가 아니라 웨슬리의 목회적 비전을 따르지 못한 데서 생긴 문제인 것이다.1)

나는 웨슬리의 목회적 비전이 오늘 한국이라는 역사적이고 환경적인 이질적 토양의 목회 현장에 적용 가능할 것인가라는 질문에 단호히 답할 수 있다. '그렇다!'라고. 이 땅의 교회가 진실로 웨슬리의 목회적 비전에 충실하기만 하면 웨슬리 당시의 메도디스트를 통한 믿음의 부흥을 다시금 재현하게 될 것이라고 확신한다. 이런 확신의 배경에는 웨슬리가 목회를 통해 추구했던 것이 오늘 이 땅을 사는 우리에게도 동일한 과제라는 확신이 있기 때문이다. 웨슬리는 '하늘'을 꿈꾸었고 '하늘 가는 길'을 추구했다. 이런 그의 목회적 비전이 오늘날이라고, 대한민국이라는 자리라고 달라질 이유는 없다. 그 비전은 오늘 여기에 있는 우리도 품고 있는 비전이 아닌가? 웨슬리의 목회는 이 비전을 추구하는 데 분명한 길을 제시하고 있기 때문에 오늘 여기에 살아가는 우리의 목회 현장에도 유용할 수밖에 없는 것이다.

웨슬리 목회가 이 시대의 목회 현장에 의미가 있다면 속회 또한 그러하다. 우리가 이미 살펴본 대로 이 같은 웨슬리 목회가 가능하게 된 배경에는 속회가 자리 잡고 있었고, 이 웨슬리 속회야말로 웨슬리 목회의 비전을 구체적으로 현실화시킨 살아 있는 현장이었기 때문이다. 웨슬리 속회를 일부 사람들이 말하는 것처럼 3세기 전에 유용했던 박물관의 유물같이 치부할 것이 아니다. 그것이 18세기 영국 땅에서, 또 그 이후 세계 각처에서 그 효용성을 입증했듯이, 한국이라는 현장에도 웨슬리의 목회적 비전을 현실화시킬 수 있는 유용한 도구가 될 것이다. 혹자는 이렇게 염려한다. 웨슬리

---

1) 놀랍게도 웨슬리는 당시 메도디스트 운동이 최고의 부흥기로 접어들 무렵, 자신이 추구해 온 '삼겹줄 목회(1장 참조)'가 느슨해질 것을 예고하면서 이것이 메도디스트 몰락의 원인이 될 것이라 지적했다. Wesley, *Thoughts upon Methodism*, 1.

속회가 이 땅에 소개되었고 감리교회들이 이것을 목회에 적용했으며 지금도 적용하고 있지만, 많은 이들이 속회의 효용에 대해 회의적이 되고 있지 않느냐고. 나는 이런 염려에 대해 우리는 웨슬리가 자신의 목회 현장에 적용하여 그 비전을 현실화시킨 속회를 깊게 숙고하지 못했고 그것을 제대로 목회 현장에 적용해 보지 못했다고 대답하려 한다. 물론 시대와 환경이 전혀 다른 웨슬리 속회가 절대 불변이라는 말을 하는 것이 아니다. '그때 그곳'과 '지금 여기'는 분명 차이가 존재하며, 이 차이를 예리하게 인식하면서 웨슬리 속회를 우리의 목회 현장에 창의적으로 수용해야 한다고 믿는다. 이를 위해서는 무엇보다도 웨슬리 속회가 오늘날의 목회에 어떤 의의를 함축하는지 살펴보는 것이 중요하다. 이 문제를 본격적으로 다루기 위해 먼저 웨슬리 속회에 함축된 특징들을 진술한 후 그것이 오늘 여기의 목회 현장에 어떤 의미를 갖는가를 살펴보고자 한다.

1. 웨슬리 속회의 특징

1) 은총의 수단으로서의 공동체

웨슬리에게 목회는 '하늘 가는 길' 그 자체였다. 하늘 가는 길은 목회의 목적이자 목회의 내용이었다. 이 '하늘 가는 길'을 가능하게 하는 힘은 무엇인가? 오직 하나님의 은총이다. 하나님의 은총만이 하늘 가는 사건을 일으키고 완성해 나갈 수 있는 것이다. 그러므로 우리가 할 일은 하나님의 은총의 보좌 앞으로 나아가 하나님께서 주시려는 은총을 입는 것이다. 이 은총을 받는 길이 '믿음'이다. 하나님은 오직 믿음으로만 하나님의 은총을 수용할 수 있도록 계획하셨다. 이것이 바로 '은총은 구원의 원천이고 믿음은 그 조건'이라는 의미다. 즉 하늘 가는 길은 '믿음으로 은총의 보좌 앞에 나아가는 것'이 된다. 웨슬리의 목회는 바로 이 일을 돕는 일이다. 그런데 이 일은 '은총의 수단'을 통해 이루어진다. 하나님께서는 우리를 구원하시려는 은총을 예비하셨을 뿐 아니라 이 은총을 받을 수 있는 통로 또한 마련해 두신 것이다. 그야말로 은총 위에 은총을 더하신 것이라 할 수 있다.

웨슬리에 따르면 은총의 수단은 다양하다. 큰 범주에서 본다면 '교회'와 '경건의 실천'과 '사랑의 실천'의 세 가지다. 이 중에서 '교회'라는 은총의 수단은 하나님의 은총을 만날 수 있는 장(場)이라 할 수 있고, '경건의 실천'과 '사랑의 실천'은 그 내용이라 할 수 있다. 곧 교회라는 현장에서 '경건의 실천'과 '사랑의 실천'이라는 은총의 수단을 활용함으로써 하나님의 은총의 보좌 앞으로 가까이 나아가는 것이다. 여기서 유의해야 할 사실은 웨슬리가 말하는 은총의 수단으로서의 '교회'는 건물이나 조직을 의미하는 것이 아니라는 사실이다. 웨슬리의 교회는 그야말로 은총의 수단들을 실천함으로써 하나님의 구원의 은총을 입을 수 있는 살아 있는 모임을 의미한다. 이 모임이 다름 아닌 '속회'다.

웨슬리의 속회는 오늘날 우리가 무의식적으로 받아들이고 있는 교회에 종속된 하나의 조직이 아니다. 오히려 '역동적으로 살아 움직이는 교회 그 자체'로 이해해야 한다. 형식화되고 제도적인 교회 생활만 추구하는 교회가 아닌, 복음을 들고 세상을 향해 나아가 하늘 가는 삶을 나누고자 하는 교회가 웨슬리의 속회인 것이다. 그러므로 웨슬리 속회는 하나님의 은총의 수단들이 연습되고 실천되는 현장으로서의 은총의 수단인 것이다.

2) 소통하는 공동체

웨슬리 속회는 본질적으로 '교회 공동체'와 동의어다. 그러나 이때 말하는 '교회'가 세상으로부터 단절된 교회를 의미한다면, 이 둘은 같은 의미가 될 수 없다. 웨슬리가 말하는 교회란 세상으로부터 단절된 교회가 아니라 세상과 소통하는 교회를 의미하기 때문이다. 사실 웨슬리가 교회를 은총의 수단으로 이해한 것은 교회가 세상으로부터 고립된 거룩한 곳이라는 전통적인 교회론에서 이탈되어 있음을 의미한다.2) 웨슬리에게 교회는 은총의 수단이기에 모든 이들에게 하나님의 은총을 증거하고 안내하는 통로가 되어야 하고, 이는 필연적으로 교회가 세상에 먼저 다가서서 소통을 시도하는 소통적(communicative) 공동체여야 함을 의미한다. 속회는 바로 이렇게 소통하는 교회의 다른 이름이라고 할 수 있다.

'소통하는 공동체'로서 웨슬리 속회는 필연적으로 자족적이고 고립적인 영성을 배격하게 된다. 즉 웨슬리 속회는 하늘을 홀로 누리고 만족해하는 고립된 신비주의적 영성을 단호히 배격하게 되는 것이다. 웨슬리는 그리스도의 복음과 신비주의의 고독한 경건(solitary religion)은 도무지 합치될 수 없다고 이해했다. 그리스도의 복음은 근본적으로 공동적인(social) 성격을 띠기 때문이다.3) 웨슬리의 속회 공동체는 개개인이 하늘 가는 길을 완성하는 데 매우 중요한 역할을 한다. 그러나 이것은 고립된 신비주의적 영성에 의해 성취되는 것이 아니라 자기 이웃을 자기 몸처럼 사랑하는 이웃과 더불어 하는 하늘 가는 여행으로 인해 성취되는 것이다. 즉 소통 공동체로서의 웨슬리 속회는 '나'의 구원이라는 자리를 넘어 이웃을 포함하는 공동적 영성 공동체라 말할 수 있다.

한 걸음 더 나아가, 웨슬리 속회는 성스러운 것과 속된 것을 인위적으로 나누려는 성속(聖俗)의 이원적 구조에 강력히 의문을 제기한다. 특히 교회는 성스럽고 세상은 악하므로 교회를 세상으로부터 거리를 두게 해야 한다

---

2) 이 때문에 스나이더는 웨슬리의 교회론을 '혁신적(radical)'이라 평가한다.
3) Wesley, *Preface to 1739 Hymns and Sacred Poems*.

는 입장에 동의하지 않는다. 웨슬리 속회는 오히려 세상으로 다가서고 세상 안에서 머문다. 이것은 웨슬리 속회가 세상에 함몰되었다는 것을 의미하는 것이 아니다. 오히려 웨슬리의 속회 공동체는 세상 안에 있지만 세상을 변화시키는 역할을 감당한다. 이것이 바로 웨슬리가 산상설교 VI에서 강조했던 참된 그리스도인이라면 자연스럽게 감당할 수밖에 없는 '빛과 소금의 사명'이다.[4]

3) 파트너십 공동체

웨슬리 속회는 세상과의 소통을 적극적으로 모색하는 소통 공동체다. 이 소통을 가능하게 하는 가장 큰 요소는 '평신도의 역할'이다. 웨슬리 속회 공동체의 주된 특징 중 하나는 목회자와 평신도의 관계다. 전통적으로 목회자와 평신도의 관계는 목회하는 자와 목회의 대상으로 이해되어 왔다. 여기에는 목회자는 이미 거룩하게 구별된 하나님의 일꾼이고 교인들은 죄악의 삶 속에서 살아가는 목회의 대상자라는 이분법적 구조가 전제되어 있는 셈이다. 그러나 웨슬리 속회는 이런 목회자-평신도의 이원적 구조를 근본부터 배격한다. 웨슬리 속회 공동체는 애초부터 하나의 인위적인 조직체가 아니며 모임 참여자 모두가 주체적으로 참된 신앙을 추구하기 위해 자발적이고 자연스럽게 형성된 모임이었기에, 목회자-목회 대상으로서의 평신도라는 이원적 구조를 허용하지 않았던 것이다. 웨슬리 자신도 부단히 하늘 가는 길을 소망하며 그 길을 걸어가는 진리를 향한 순례자로 스스로를 간주했다.[5] 속회 공동체의 다른 구성원들은 이 순례의 과정에서 만난 '하늘 가는 길의 동반자'였고 한 몸의 '다른 지체'였다. 지도자나 그 구성

---

4) *Sermons*, Upon Our Lord's Sermon On The Mount: Discourse Four, 1.
5) 그는 언제나 자신을 부족한 죄인으로 여겼다. 임종의 순간까지도 "나는 죄인 중의 괴수다."라고 외쳤다. Moore, *The Life of the Rev. John Wesley*, Vol.2(New York, 1826), p.389.

원 간에 질적인 차이나 벽이 애당초 존재하지 않았던 것은 그들 모두가 한결같이 하늘이라는 같은 목적을 향해 나아가고 있었기 때문이다. 공동체의 구성원들은 마치 한 몸의 지체들처럼 서로서로 고충과 기쁨을 나눈다. 이런 과정을 통해 하늘 가는 순례자들은 성장하고 강건해진다. 속회는 바로 이러한 과정을 격려하고 지지하는 공동체며, 그 안에 속한 구성원들은, 안수 받은 목회자든지 혹은 평신도의 삶을 사는 사람이든지 간에, 이 일을 함께 돕는 파트너들이다.6) 즉 웨슬리 속회는 목회자와 평신도가 함께하는 파트너십 공동체인 것이다.

그런 의미에서 웨슬리 속회에서 평신도의 역할은 광범위하다. 때로는 설교자로서, 때로는 집사로서, 때로는 속회의 지도자로서, 때로는 속회의 일원으로서 속회 공동체를 섬겼다. 평신도들의 이 같은 사역들은 오늘날에도 일반적이지 않은데, 3세기 전 성공회와 가톨릭이 주류 교단이었던 영국 땅에서 활발히 전개되었다는 것은 기적 같은 일이 아닐 수 없다. 더욱이 교회의 예전 자체가 교회의 권위로 받아들여지던 그 당시에 평신도들에게 설교를 할 수 있도록 허용했다는 것은 그만큼 웨슬리 속회의 파격적 성격을 보여 준다. 루터가 만인제사장 이론을 터 닦았다면 웨슬리는 단지 이론이 아닌, 참다운 의미에서의 만인제사장 이론을 속회를 통해 실행한 선구자라 할 수 있을 것이다.

4) 열린 공동체

웨슬리 속회는 고정된 형태가 아니다. 이는 구원을 위해 베푸시는 하나님의 은총이 고정된 형태를 갖지 않기 때문이다. 은총의 수단은 하나님의

---

6) 웨슬리에 따르면 '메도디스트라 불리는 이들'의 가장 큰 특징 중 하나는 구원을 위해 서로 격려하고 돕기 위해 연합하며 사랑 안에서 서로를 돌아보는 것이다. *Ibid*., p.269.

은총에 종속된다. 그것이 '수단'이라는 의미다. 즉 속회가 은총의 수단인 한, 그것은 하나님의 은총의 종속변수가 된다. 그런데 하나님의 구원의 은총은 '때를 따라 주어지는 은총,' 곧 영혼의 상태에 따라 적절히 주어지는 은총이기에 고정불변된 형태가 아닐 수밖에 없다. 때로는 이 모양으로 때로는 저 모양으로 형태를 달리하며 영혼의 구원을 완성해 가는 것이다. 그렇기 때문에 종속변수로서의 은총의 수단도 고정된 형태를 고집하지 않고 가변적일 수밖에 없다. 예를 들어 하나님께서 구원을 위해 베푸시는 은총이 회개의 은총이면 은총의 수단은 이에 상응하는 회개의 은총을 담는 그릇이 되어야 하고, 칭의의 은총이면 은총의 수단은 칭의의 은총을 담는 그릇이 되어야 하는 것이다. 은총의 수단이 고정된 형태가 아니라는 사실은 은총의 수단 자체가 새로운 형태에 개방되어 있다는 사실을 말해 준다. 웨슬리는 속회 운용에서 늘 개방된 태도를 취했다. 다른 믿음의 공동체에서 배우는 것, 그리고 그것을 자신의 공동체에 리모델링하는 것에 조금도 거리끼지 않았다. 성공회에서 배울 것이 있으면 성공회에서 배웠고, 모라비안에게 배울 것이 있으면 모라비안에게 배웠다. 이렇게 배운 것들을 은총의 수단 안에 수용했고 자신만의 독특한 형태로 주조해낸 것이다.

그러나 웨슬리 속회가 이렇게 다양성에 기초해 있다고 해서 '중구난방'을 의미하는 것이 아님에 유의해야 한다. 웨슬리는 속회의 다양성, 가변성을 인정하고 다양한 형태의 속회 구조를 만들어냈지만 이들을 무질서하게 내버려 두진 않았다. 웨슬리는 다양한 속회 공동체들을 각각 나름대로의 특성대로 활용했지만 그들 모두는 한 가지 초점을 향하고 있었다. 곧 하늘 가는 길이라는 전체적인 통일성을 지니고 있었던 것이다. 이 통일성을 유지하는 것은 각 속회 공동체가 지닌 역량을 극대화시키는 데 핵심적인 역할을 한다. 이것은 단지 각 속회 공동체의 역량이 합해진 산술적인 총합을 말하는 것이 아니다. 총합 이상의 역량을 이끌어 내는 시너지(synergy) 효과를 창출하는 것이다. 즉 각 속회 공동체는 사람들을 적절한 하나님의 은총의 보좌 앞으로 이끌어 가는 것은 물론이고, 이들의 유기적인 결합으로 인해 하나님께서 베푸시는 구원의 은총에 더욱 가까이 다가가게 도왔던 것이다.

5) 전도와 양육이 하나가 되는 전도 - 양육 공동체

웨슬리 속회에 내포된 주된 특징 중 하나는 전도와 양육이 서로 분리되지 않고 일체를 이루고 있다는 것이다. 옥스퍼드 메도디스트 모임에서 함께 활동했던 인물들 중 다른 누구보다도 걸출한 인물이었던 웨슬리와 휫필드 사이에는 몇 가지 차이가 있었다. 그중 하나가 전도와 양육 간의 관계 설정이었다. 설교라는 측면에서는 휫필드가 웨슬리보다 뛰어난 재능을 가졌던 것 같다. 휫필드가 설교하는 현장에 몰려든 청중의 숫자는 웨슬리의 설교 현장보다 월등히 많았다. 그러나 시간이 흐른 후의 결과는 이와 상반된 방향으로 나타났다. 휫필드의 설교를 들었던 수만 명의 청중은 시간이 흐름에 따라 흩어져 갔지만, 웨슬리의 설교를 들었던 수천 명의 청중은 시간이 흐름에 따라 그 숫자가 점점 늘어났다. 어떻게 이런 상반된 결과가 나타났는가? 초기 메도디스트 역사가이자 웨슬리의 사역을 이어받았던 클라크(Adam Clarke)가 휫필드에게 직접 들었던 말을 회상한 적이 있었는데, 여기에 그 실마리가 있다.

"웨슬리는 복음을 전함으로 깨어난 영혼들을 클래스로 인도했고 그의 노력은 열매도 계속 나타났다. 나는 이 일을 하는 데 실패했다. 결국 나를 따르던 이들은 모래로 엮은 밧줄처럼 흩어지고 말았다."[7]

웨슬리는 사람들을 회개하고 복음을 믿는 데로 인도했을 뿐 아니라(전

---

7) Henderson, *A Model for Making Disciples*, p.30에서 재인용.

도) 이들이 믿음 안에서 성장할 수 있도록(양육) 도왔지만, 횟필드는 사람들에게 전도만 했을 뿐 그들이 전해진 복음 안에서 살 수 있도록 양육하는 데는 실패했던 것이다. 즉 웨슬리는 전도를 양육으로 연결했지만, 횟필드는 전도를 양육에 연결시키지 못하고 전도 그 자체에만 머물렀던 것이다.

웨슬리가 전도를 양육으로 연결시킨 결정적인 시스템은 다름 아닌 웨슬리 속회였다. 웨슬리 속회는 전도와 양육이 일체화된 통합된 구조였다. 예를 들어 옥외집회는 '전도'에 초점을 둔 일종의 전도 속회였고, 신우회와 신우회 내의 속회 공동체들은 '양육'에 초점을 둔 양육 속회라 할 수 있다. 이 점을 좀 더 자세히 들여다보면 다음과 같다. 웨슬리는 옥외집회를 통해 사람들을 회개의 은총으로 초대했다. 이른바 전도 집회였던 셈이다. 전도를 통해 많은 영혼들이 하나님의 진노에서 벗어나기를 갈망하게 되었다. 웨슬리는 사람들을 이 상태에 두는 것은 사탄에게 먹이를 던져준 것과 같은 위험천만한 일이라 생각했기 때문에, 이들을 양육할 수 있는 시스템을 고안했다. 이것이 바로 신우회를 비롯한 속회 공동체들이다. 신우회는 이들을 죄 사함의 은총, 곧 칭의의 은총으로 안내했다. 칭의의 은총을 입은 이들은 또한 신우회 내에 준비된 또 다른 속회 공동체들, 클래스와 밴드, 선발자 밴드 등으로 안내되어 하늘의 완성을 위해 필요한 심화된 은총, 곧 거듭남과 성화와 완전의 은총에 침잠할 수 있었다. 말하자면 웨슬리 속회는 전도에서 양육 과정 전체를 포함한, 하늘 가는 길 전체를 관통하는 통합적 전도-양육 공동체라 할 수 있다. 사람들은 이 같은 속회 공동체 안에서, 자연스럽게 믿음의 성숙을 이루어 갔고 하나님의 형상의 회복을 체험해 나갔던 것이다.

6) 믿음과 삶을 통합시키는 훈련 공동체

웨슬리 속회의 또 다른 주목할 만한 특성은 이곳에서 믿음과 삶이 통합되는 경험을 하게 되었다는 것이다. 믿음과 삶의 통합이 가능하게 되었던 근본적인 이유는 웨슬리 속회가 '은총의 수단이 연습되는 은총의 수단'이었다는 사실에서 기인한다. 웨슬리 속회 안에서 실천해야 할 은총의 수단은 앞에서 이미 살펴보았듯이 '경건의 실천'과 '사랑의 실천'으로 요약된다. 여기에서 경건의 실천은 '믿음의 훈련'을 지향하고 사랑의 실천은 믿음을 소유한 사람들이 구체적인 삶의 현장에서 믿음의 삶을 실제로 살아내는 '삶의 훈련'을 지향한다. 웨슬리에게서 믿음과 삶, 이 두 가지 모두는 '선한 일'(good works)'에 포함되며, 이 선한 일은 '합력하여' 영혼을 하늘로 인도하는 데 필수불가결한 것이다. 웨슬리는 믿음이 빠진 삶이나 삶이 빠진 믿음은 심각한 부작용이 따르게 된다고 보았기 때문에, 양자는 함께 나아가야 한다고 늘 강조했다.8) 즉 웨슬리 속회 안에서는 믿음이냐 삶이냐 하는 양자택일의 문제가 존재하지 않는다. 믿음과 삶 양자는 모두 하나님의 은총을 입기 위해 꼭 필요한 수단들이기에, 이 둘은 서로 구분은 해도 분리해서는 안 되는 것이다.

웨슬리 속회가 믿음과 삶 양자 사이를 분리할 수 없고 내적으로 통합되어 있다고 해도 그 둘 사이의 중요성에서는 차이를 인정하지 않았는가 하고 질문할 수도 있다. 물론 웨슬리가 은총의 수단을 설명하면서 사랑으로 실천되는 삶을 믿음의 자리보다 더 본질적인 것으로 보기도 한 것은 사실이다.9) 그러나 이것은 웨슬리가 믿음과 삶 중 무엇이 더 중요한가를 언급했다기보다는, 하늘 가는 길에서 필연적으로 나타나는 그 심화 과정 가운데서 이 둘이 수행해야 하는 역할을 언급한 것으로 이해해야 한다. 다시 말해 웨슬리는 믿음을 통해 지속적인 내적 영양분이 공급되고, 이것이 삶으로 열매 맺는, 하늘 가는 길의 성숙 과정으로 이 양자의 역할을 이해한 것이다. 웨슬리는 하늘 가는 길의 완숙한 경지에 접어들수록 믿음은 내적으

---

8) *Sermons*, The Scripture Way of Salvation, III.10.
9) 설교 '열심에 관하여'에서 웨슬리는 삶(사랑의 실천)을 믿음(경건의 실천)보다 중요한 것으로 언급하고 있다. *Sermons*, On Zeal, I.5.

로 점점 체질화되지만 외적으로는 삶으로 지속해서 드러나야 함을 강조한 것이다.

웨슬리 속회 안에서 믿음과 삶은 내적으로 통합되었을 뿐만 아니라, 더욱 굳건히 서 갔다. 이것은 믿음과 삶의 끊임없는 '연습을 통해서' 이루어졌다. 이는 웨슬리 속회가 믿음과 삶을 연습하는 훈련 공동체였음을 의미한다.10) 실제로 웨슬리는 속회를 말씀을 듣는 일, 늘 기도하는 일, 성만찬에 힘쓰는 일, 간절한 마음으로 자주 금식하는 일, 힘써 예배에 참여하는 일 등이 몸에 배도록, 곧 체질화되도록 연습하는 믿음의 연습장으로 삼았을 뿐만 아니라, 이웃을 사랑하는 삶이 우리 삶의 일부가 되도록 온 힘을 다해 실천해 보는 연습장으로 삼았다. 이렇게 사람들은 속회 안에서 믿음과 삶을 끊임없이 연습하여 하나님의 은총의 보좌 앞에 더욱 가까이 나아가게 되었고, 이때 부어지는 하나님의 한량없으신 은총으로 인해 하늘 가는 길을 완성해 갔던 것이다.

2. 웨슬리 속회의 현대 목회적 의의

1) 은총의 수단으로서의 속회: 목적이 이끄는 목회

웨슬리 속회가 오늘 여기에 살아가는 우리의 목회 현장에 던지는 첫 번째 의미심장한 메시지는, 웨슬리에게 속회는 '은총의 수단'으로 인식되고 있다는 사실이다. 속회가 은총의 수단이라는 의미는 웨슬리의 목회적 관심이 '하나님께서 베푸시는 은총'에 집중되어 있음을 의미한다. 그렇다. 웨슬

---

10) 웨슬리는 훈련이 없는 곳에 믿음의 성장도 없다는 확고한 신념을 가지고 있었다. Watson, *The Early Methodist Class Meeting*, pp.143~144 참조.

리에게 목회는 사람들을 하늘 가는 길에 참여케 하고 또 이 길을 완성하도록 돕는 일이며, 이 일은 오직 하나님의 은총을 입을 때 가능하기에, 그의 목회는 이 은총의 보좌로 인도하는 일이라 할 수 있다. 그의 속회는 이를 추구하기 위한 수단이라 할 수 있다. 즉 웨슬리에게 목회는 하나님의 은총이라는 뚜렷한 목적을 향하고 있는 것이다. 이 사실은 지금 여기의 우리 목회에 중요한 방향을 제시해 준다.

미래학자 최윤식과 최현식이 함께 저술한 『2040 한국교회 미래지도 2』에서 한국교회는 전대미문의 위기 상황을 맞이하고 있음을 지적하면서 앞으로 10년이 이를 극복할 수 있는 '골든타임'이라 진단하고 있다. 그들이 제안하고 있는 한국교회의 위기 타개책의 출발점은 '교회다움'의 회복이다. 그들의 주장을 직접 들어보자.

> "한국교회의 위기의 진원은 외부적으로는 '상황의 변화'이고, 내부적으로는 '교회다움'의 상실이다. 그래서 근본 해법도 이 둘을 해결하는 데서 찾아야 한다고 생각한다. 교회다움은 본질로 돌아가는 것이고, 시대가 변해도 변해서는 안 된다."[11]

상당히 설득력 있는 주장이다. 그렇다. 교회의 위기는 교회가 본질에서 이탈한 데서 시작된다. 한국교회가 본질에서 벗어나게 된 데는 무엇보다도 목회자의 책임이 크다. 목회자가 본질에서 벗어난 목회를 해왔기 때문이다. 오늘날 목회의 목적과 관련해서 매우 큰 영향력을 끼치는 용어 하나가 있다. 그것은 바로 '교회 성장'이라는 단어다. '목회의 목적=교회 성장'이라는 등식을 드러내 놓고 내세우는 목회자들의 숫자는 많지 않지만, 그 직간접적인 영향력은 실로 광범위하다. 20세기 중후반부터 시작된 교회 성장

---

[11] 최윤식, 최현식 공저, 『2040 한국교회 미래지도 2』(생명의말씀사, 2015), p.117.

론에 대한 폭발적인 관심이 이를 반영해 준다. 우리는 알게 모르게 목회의 성공과 실패의 잣대를 교인의 숫자로 환산하는 데 몰두해 왔다. 표면적으로는 동의하지 않을지라도 내심으로는 교인의 숫자가 늘면 성공한 목회고 늘지 않으며 실패한 목회라 규정짓는 데 익숙하다.[12] 아이러니하게도 이렇게 목회를 교회 성장이라는 패러다임에 묶어두는 바람에 한국교회는 성장을 하지 못하고 오히려 이전에는 경험해 보지 못한 퇴보를 경험하고 있다. 즉 '목회=교회 성장'의 패러다임이 한국교회의 위기를 자초한 셈이다. 이것은 한국교회의 목회가 본질에서 이탈함으로써 전대미문의 위기에 직면하게 된 현실을 그대로 보여 주는 것이 아닐 수 없다.

오늘날 한국교회가 직면하고 있는 위기를 극복하기 위해서는 목회의 초점을 '교회 성장'이라는 주제에서 '복음의 본질'로 옮겨야 한다. 교회가 복음의 본질을 추구할 때에야 참다운 교회다움을 회복할 수 있기 때문이다. 워렌(Rick Warren)은 사람들이 직면하는 삶의 위기를 타개하기 위한 유일하고도 확실한 방법은 하나님께서 인간을 창조하신 본래의 목적이 이끄는 삶으로 전환하는 것(the purpose driven)임을 간파하고 삶을 전환시키기 위한 구체적인 프로그램을 이렇게 제안한 적이 있다.[13] 나는 한국교회의 위기를 타개하기 위한 유일하고도 확실한 방법은 하나님께서 교회를 이 땅에 두신 목적이 이끄는 목회로 전환하는 것이라 확신한다. 이른바 '목적이 이끄는 목회'로 전환해야 하는 것이다.

하나님께서 이 땅에 교회를 두신 목적은 명백하고 단순하다. 그것은 사

---

[12] 20세기 후반에 이런 주장을 이론화하는 작업도 매우 활발하게 이루어졌다. 맥가브란(Donald A. Mcgavran)은 그 대표적인 인물이다. 그에 따르면, 교회 성장은 하나님께서 정하신 뜻이며 그분께서 기뻐하시는 일이다. 영적인 생명을 지닌 교회는 반드시 성장하도록 되어 있고 숫자로 입증되어야만 한다. Donald A. McGavran, *Understanding Church Growth* (Grand Rapids, Michigan: Wm.B. Eerdmans Co., 1980), p.5.
[13] Rick Warren, *The Purpose Driven life* (Grand Rapids, Michigan: Zondervan Publishing House, 2002), 한국어 번역본은 『목적이 이끄는 삶』(도서출판 디모데, 2002)을 참조하라.

람들을 하늘 가는 길에 동참케 하고 하늘 가는 길을 완성하도록 돕는 것이다. 하나님께서는 이를 위해 측량할 수 없는 은총을 베푸신다. 독생자 예수 그리스도를 아낌없이 내어 놓으셨을 뿐 아니라 성령을 기름 붓듯 하셨으며 때를 따라 적절한 은총을 부어 주신다. 교회의 목회는 사람들을 이 은총 앞으로 인도하는 일 이상도 이하도 아니다. 우리의 목회가 바로 이 목적에 충실할 때 교회는 교회다워지는 것이다.

그런데 웨슬리는 이러한 목회 모델을 이미 3세기 전에 자신의 속회 안에서 구체적으로 현실화했다. 웨슬리는 하나님의 소원이 그 무엇보다도 '하늘나라를 우리에게 주시려는 것'임을 확신했다. 즉 웨슬리는 '하늘 가는 길' 한 가지만을 추구하는 것을 '꼭 필요한 한 가지(The one thing needful)'로 인식했으며,14) 이를 목회의 초점으로 삼았던 것이다. 그리고 이 초점이 이끄는 목회를 속회라는 은총의 수단을 통해 실제로 실천해 나갔다. 말하자면 웨슬리 속회는 오늘날의 용법으로 표현하자면 '목적이 이끄는 목회'를 실천했던 구체적인 현장이라 할 수 있다.

2) 소통하는 공동체: 선교 지향적 목회

웨슬리 속회는 소통 공동체다. 웨슬리 속회가 소통 공동체라고 하는 것은 웨슬리 속회가 세상으로부터 고립된 영성을 추구하지 않고 오히려 세상 안으로 들어가 이웃과 더불어 하늘 가는 길을 추구하는 공동체라는 것을 의미한다. 이 같은 웨슬리 속회가 오늘 우리의 목회 현장에 가져다주는 의

---

14) *Sermons*, The Circumcision of the Heart, I.13. Thomas는 웨슬리의 신학적 특성이 '구원'이라는 실제적인 주제에 집중되어 있다고 본다. 그에 따르면 수레바퀴의 중심축을 기반으로 바퀴살들이 뻗쳐 나가듯이, 웨슬리의 신학적 사상은 구원이라는 중심축으로부터 전개되었다. Thomas A. Langford, "John Wesley and Theological Method," *Rethinking Wesley's Theology for Contemporary Methodism*, ed. by Randy L. Maddox(Nashville: Abingdon Press, 1998), p.38.

미는 매우 명료해 보인다. 즉 목회는 '선교 지향적(the mission driven)'이어야 한다는 것이다. 전통적인 의미에서 한국의 목회는 예배처와 각종 예전 등을 준비해 놓고 사람들을 불러모으는 목회를 지향했다. 이런 목회 방식은 교회는 거룩한 전이며 이곳에 거룩한 예전과 거룩한 사람들이 있으므로 죄 많은 세상의 사람들이 이곳으로 나아와 정화되어야 한다는 생각이 전제되어 있다. 즉 교회 밖의 세상이 구원이 있는 교회라는 중심을 향해 나아와야 하는 '구심적 운동'을 지향하는 목회인 것이다. 그러나 웨슬리 속회가 지향하는 것은 세상 안에서의 거룩함이기 때문에 이와는 다른 방향성을 갖는다. 즉 교회가 세상과 소통하며 그곳으로 향해 나가는 '원심적 운동'인 것이다. 이것은 일종의 '성육신적 목회 방식(incarnational ministry)'이라고도 할 수 있다.15)

최근에 선교 지향적 목회 방식에 관해 관심이 점증되고 있다. 여기에는 교회의 존재 이유가 선교라는 'Missio Dei'에 기반을 둔 '선교적 목회(missional ministry)'에서 교회의 핵심 사역이 선교에 초점을 두어야 한다는 '선교 중심적 목회(mission oriented ministry)'에 이르기까지 선교의 중요성을 어떻게 강조하느냐에 따라 다양한 견해가 존재하는 것도 사실이다. 그러나 이들의 다양한 견해에도 불구하고 교회가 '여기가 좋사오니'라는 산 위에서의 자족적 고립적 영성에 몰두하지 않고 산 아래에서 온갖 고통으로 신음하는 세상을 향해 소통해야 한다는 데는 이견이 없다.16) 즉 교회가 자신의 자리에 머무는 것에 만족하지 않고 세상과 소통하는 것은 현대 목회가 추구해야 할 당면 과제임을 인식하고 있는 것이다.

---

15) '성육신적 방식'은 근래의 해외 선교에서 본격 논의되었던 개념이다. 이 성육신적 선교는 그리스도께서 육신이 되셔서 모든 영혼에게 영생의 길을 주신 것처럼 선교사들도 자신을 겸손히 낮추고 섬김으로 영혼을 그리스도께로 인도하는 것이어야 한다고 말한다. George G. Hunter, *The Contagious Congregation: Frontiers in Evangelism and Church Growth* (Nashville: Abingdon Press, 1979), p.34.
16) 산 위와 산 아래의 영성이라는 용어는 신약성경 마가복음 9장의 산 위에서의 그리스도의 변형 사건과 산 아래에서의 귀신 들린 아이를 둘러싼 이야기를 모티브로 삼았다.

그런 의미에서 웨슬리 속회는 오늘 우리의 목회에 매우 의미심장하다. 웨슬리 속회는 교회가 세상과 어떻게 소통할 것인가에 대한 구체적이고 실제적인 방안을 포함하고 있기 때문이다. 특히 웨슬리 속회는 목회에서 세상과의 소통을 중요하게 여기면서도 그 방식에서는 서로 대립하고 있는 '선교적 목회'와 '선교 중심적 목회'의 갈등을 조화할 수 있는 가능성을 내포하고 있다는 점에서 더욱 주목할 필요가 있다. '선교적 목회'는 교회 자체가 선교를 위해 존재한다는 입장을 기초로 하는 '하나님의 선교(Missio Dei)' 개념을 따른다. 이 용어는 1934년 칼 하르텐슈타인(Karl Hartenstein)에 의해서 처음 사용된 것으로, 그는 선교를 교회 사역의 한 기능에 국한시켜 온 종래의 선교 이해에 머무르지 않고 삼위일체적 개념으로 확대 이해했다. 곧 선교를 교회의 부분적인 활동이라는 시각에서 벗어나 하나님의 뜻과 행동으로 규정한 것이다. 이런 입장이 본격 논의된 것은 1952년에 빌링겐에서 열린 국제선교사대회였다. 여기에서 선교는 교회라는 틀을 벗어나 삼위일체 하나님의 행동으로 받아들여졌다. 물론 이때만 해도 삼위 하나님의 행위로서의 선교는, 삼위 하나님께서 세상에 파송하신 교회의 사역이라는 개념을 기초로 하고 있었다는 점에서, 교회와 내적 연관성을 유지했다. 그런데 호켄다이크(J.C. Hoekendijk)의 등장과 함께 하나님의 선교 개념은 아예 교회와의 내적 관련성조차 부인하는 방향으로 진행되었다. 그에 따르면 하나님의 선교는 교회라는 영역(정확히 말하자면 복음의 영역)과는 관계없이 세상을 보다 낫게 개선하려는 모든 인간의 노력과 활동이 된다.[17] '선교 중심적 목회'는 세상을 향한 선교의 중요성에 주목하면서도 교회와의 내적 연관성을 끝까지 강조하는 목회 형태라는 점에서 '선교적 목회'와는 뚜렷한 차이를

---

17) Gerold Schwarz, "Karl Hartenstein 1894-1952, Missions with a Focus on 'the End'," *Mission Legacies: Biographical Studies of Leaders of the Modern Missionary Movement*, ed. by Gerald Anderson(Maryknoll: Orbis Books, 1994), pp.591~593; David Bosch, *Transforming Mission*(Maryknoll: Orbis Books, 1991), pp.389~390 참조.

보인다.18) 이 차이는 1974년 세계교회협의회(The World Church Council)에서 세계복음화국제대회(The International Congress on World Evangelization)가 분리되는 주요 요인들 중 하나가 되었다.19)

웨슬리 속회는 '선교적 목회'나 '선교 중심적 목회'와는 다른 제3의 길을 제시해 준다. 물론 웨슬리 속회도 세상을 향한 선교에 깊은 관심을 두었다는 점에서는 이들 양자의 입장과 다르지 않다. 그러나 그 구체적인 방식에서는 이들 양자와 다른 입장을 보이고 있다. 즉 웨슬리 속회는 우선 선교가 교회의 핵심적 사명이라는 '선교 중심적 목회'의 입장을 수용한다. 그러나 이때 웨슬리가 의미하는 교회는 전통적으로 인식되어 온 제도적인 교회가 아닌 세상 속에서 세상과 소통하는, 살아 있는 교회, 은총의 수단으로서의 교회를 의미한다는 점에서 '선교 중심적 목회'와는 다르고 '선교적 목회'의 성격을 포함하고 있다. 다시 말해 '선교적 목회'나 '선교 중심적 목회' 양자의 입장과는 다르지만 양자의 입장 또한 수용한다는 점에서 '선교적 목회'나 '선교 중심적 목회' 사이의 갈등을 해결할 수 있는 가능성을 보여 주는 것이다.

---

18) '선교 중심적'이라는 말은 교회가 선교를 핵심적인 사역으로 인정한다는 의미다. 영어 표현으로는 mission oriented 혹은 mission centered로 사용된다. 비슷한 용어가 때때로 '이머징교회(emerging church)'의 개념 안에서도 발견되는데, mission shaped라고 표기한다. 나는 이 mission shaped는 '선교 중심적'이라는 개념보다 '선교적'이라는 개념에 더 가깝다고 본다. 'Mission-Shaped'에 대한 자세한 논의는 Steven Croft, "What counts as a fresh expression of church and who decides?," *Evaluating Fresh Expressions,* ed., by Louise Nelstrop and Martyn Percy(Norwich: Canterbury Press, 2008), pp.3~6 참조하라.
19) 제1차 세계복음화국제대회(The First International Congress on World Evangelization)는 1974년 스위스 로잔에서 열렸기에 로잔 회의(Lausanne Congress)라고도 부른다. 로잔 회의에서는 로잔 언약이 채택되었는데, 그 서문은 다음과 같다. "우리는 150여 나라에서 모인 예수 그리스도의 교회에 속한 회원으로서 아직 미완성으로 남아 있는 복음화의 사명에 도전을 받는다. 우리는 복음이 온 세상을 위한 하나님의 좋은 소식임을 믿으며, 이 복음을 온 인류에게 선포해 모든 민족을 제자로 삼으라고 하신 그리스도의 명령에 순종할 것을 그분의 은혜로 결단한다." 여기에서 우리는 로잔 언약의 선교에 대한 명백한 입장을 볼 수 있다. 즉 로잔 언약은 복음을 전하는 선교적 사명이 교회의 핵심 사역임을 천명하고 있는 것이다. https://ko.wikipedia.org/wiki/로잔_회의.

3) 파트너십 공동체: 파트너십 목회

웨슬리 속회는 평신도를 목회의 대상이 아닌 목회의 파트너로 인정하고, 그들의 역량을 마음껏 펼칠 수 있도록 장을 열어 준 매우 혁신적인 공동체였다. 이런 웨슬리 속회의 성격은 오늘 여기의 목회 현장에서 평신도의 역할에 대해 심각한 재고를 요청한다. 목회에서 평신도의 역할을 재고하려는 것은 루터의 종교 개혁이 추구했던 핵심적인 과제 중의 하나였다. 루터에 따르면 모든 성도들은 누구나 하나님과 인간 사이의 유일한 중재자이신 예수 그리스도를 통하여 하나님께 나아가 하나님께 예배하며 교제할 수 있다. 이 주장은 소위 '만인 제사장설(萬人祭司長說, doctrine of the universal priesthood of all believers)'이라는 이론으로 체계화되었다. 루터의 만인 제사장설은 베드로전서 2장 9절의 말씀, 곧 "그러나 너희는 택하신 족속이요 왕 같은 제사장들이요 거룩한 나라요 그의 소유가 된 백성이니 이는 너희를 어두운 데서 불러 내어 그의 기이한 빛에 들어가게 하신 이의 아름다운 덕을 선포하게 하려 하심이라."는 말씀에 기초하고 있는데, 예수 그리스도를 자신의 주님과 구주로 믿고 고백하는 모든 사람들이 하나님 앞에서 각기 영적인 제사장이 되었다는 것이다. 여기에는 그가 전문 목회자이든 그렇지 않든 상관없다. 모든 그리스도인은 오직 한 분의 중재자이신 예수 그리스도의 보혈의 공로를 의지하여 하나님께 나아가 교제할 수 있고, 예배할 수 있으며 기도할 수 있게 되었다.20)

이 같은 만인 제사장설은 근세기에 들어와 평신도의 역할을 더 이상 목회의 대상이 아닌 목회의 파트너로 인식하는 데까지 발전되었다. 크레머(Hendrik Kraemer)는 목회에서 평신도의 역할에 주목하면서 아예 '평신도

---

20) 루터의 이 논리가 집중 피력된 것은 1520년에 발간한 『독일 고위직 기독교인들에게 고함(To the Christian Nobility of the German Nation)』과 그 후 두 달 뒤 발간한 『바벨론 포로가 된 교회(On the Babylonian Captivity of the Church)』다.

신학(A Theology of the Laity)'으로까지 발전시켰다. 크레머는 평신도 신학을 전개하기 위해 먼저 교회론을 검토한다. 그에 따르면 진정한 교회의 모습은 다음 네 가지로 표현될 수 있다.[21] 첫째, 교회는 세계를 위해 존재해야 한다. 하나님께서 세상을 사랑해서 독생자를 보내셨듯이 교회 또한 세상을 위해서만 그 존재 이유가 있다. 둘째, 교회는 선교 그 자체다. 하나님께서 교회를 창조하신 이유는 자신을 대신해 세상에 보내기 위함이다. 즉 교회는 '세상 속에 보내진 존재'인 것이다.[22] 셋째, 교회는 사역 그 자체다. 교회가 선교 사역의 주체가 아니라 교회 자체가 선교 사역이라는 것이다. 이 점을 달리 말하면 선교 사역이 없는 곳엔 교회가 없는 것이 된다. 넷째, 교회는 섬김이다. 모든 그리스도인들은 섬기는 자로 부름 받은 자들이며 그 일을 감당할 사역자들이다. 여기에 목회자와 평신도의 역할 분담은 있을 수 있다. 신약성경 에베소서 4장 11~12절의 원리대로 목회자는 성도를 온전케 하는 것이고, 사역은 성도들이 담당하는 것이다. 그러나 이것은 목회자와 평신도의 차이를 말하는 것이 아니라 섬김의 다른 형태를 말하는 것이다. 크레머는 이러한 교회론적 관점을 기초로 목회에서의 평신도 역할을 파격적으로 전환한다. 즉 그는 평신도를 더 이상 목회의 대상이 아니라 오히려 이런 교회를 교회답게 할 수 있는 주역으로 평가하는 것이다.

크레머의 평신도 신학이 교회를 세상 안에서 세상을 섬기는 공동체로 인식하게 했고 이 섬기는 주체를 평신도로 인식하는 데 지대한 공헌을 한 것은 사실이지만, 그의 평신도 신학 안에는 우리가 앞에서 살펴본 '선교적 목회'의 흔적이 강하게 내포되어 있다는 점에서 한계를 드러내고 있다. 즉

---

21) Hendrik Kraemer, *A Theology of the Laity*, 유동식 역, 『평신도 신학』(대한기독교서회, 1963), pp.140~182 참조.
22) 크레머는 이 점을 해명하기 위해 신약성경 마태복음 28장의 '지상명령(28:19~20)'을 '교회의 선교적 사명'이 아닌 '교회의 본질에 관한 진술'이라 해석한다. 즉 교회는 세상을 위하여 세상 속으로 보냄을 받은 존재다.

교회는 선교 그 자체라는 'mission dei'의 목회 패러다임으로 인해 교회와 내적 관계를 상실한 세상과의 소통에 몰두할 위험성이 있는 것이다. 스티븐스(R. Paul Stevens)는 이 같은 크레머의 한계를 보면서 보다 진전된 평신도 신학을 전개해 나갔다. 스티븐스의 신학적 과제는 교회론을 배제하지 않고 오히려 교회와의 내적 관계에 기초하여 평신도의 의미를 밝히는 것이다. 이런 신학적 탐구가 집대성된 것이 그의 저서 『21세기를 위한 평신도 신학(The Abolition of the Laity)』이다.23)

스티븐스에 따르면, 평신도와 성직자의 구분은 1세기 말엽에 로마의 클레멘트에 의해 처음 사용된 평신도란 용어가 시간이 흐르면서 교회의 사역자들에 대비시킨 '비사역자들'을 의미하게 되었고, 현대에 이르러서는 평신도라 말할 때 기능적 측면에서는 '말씀과 성례를 집행하지 않는 자'로, 지위의 측면에서는 '목회자'라는 호칭이 붙지 않는 자, 장소적 의미에서는 '세상에서 일하는 자,' 신학 교육과 관련해서는 '신학 교육을 받지 않은 자,' 일하는 이들에게 주어지는 보수라는 측면에서는 '보수를 받지 않는 자'로, 생활방식이라는 측면에서는 '신앙의 삶이 아닌 세속적인 삶을 살아가는 자' 등의 부정적 의미를 띠게 되었다.24) 스티븐스는 이런 목회자-평신도 구조를 근본적으로 다시 성찰해야 한다고 보고, 초대교회의 교회 구성원들을 지칭했던 '라오스'라는 용어에 주목한다. 라오스는 하나님과, 그리고 구성원들 상호 간에 교제하는 하나님의 백성들을 의미한다. 이 하나님의 백성들은 교회 안에서 하나님의 백성이 함께하는 삶(에클레시아)과 우리가 매일 같이 살아가는 삶의 현장으로 흩어지는 삶(디아스포라)을 동시에 살아간다.25) 즉 스티븐슨은 모이는 교회와 흩어지는 교회의 폭넓은 교회론 위에 목회자-평신도의 이분법적 구분이 타파된 목회적 비전을 제시한 것이다.

---

23) Paul Stevens, *The Abolition of the Laity*, 홍병룡 역, 『21세기를 위한 평신도 신학』(한국기독학생회출판부, 2001).
24) *Ibid.*, pp.35~36.
25) *Ibid.*, pp.11~26.

스티븐슨의 이런 목회적 비전은 놀랍게도 3세기 전 웨슬리의 속회라는 형태로 이미 나타났다. 웨슬리 속회는 목회자-평신도의 이분법적 구분을 거절하고 모이는 교회와 흩어지는 교회의 삶을 그대로 실현해 낸 공동체라는 점에서 하나님의 백성의 공동체 '라오스' 그 자체였던 것이다. 더욱 놀라운 것은 웨슬리 속회는 오늘날에야 본격적으로 조명 받기 시작한 평신도 사역을 조직적이고 체계적으로 구성했으며, 실제로 목회 현장에 적용하여 큰 열매를 거두기까지 했다는 것이다. 이 같은 사실은, 웨슬리 속회가 풍부한 평신도의 자원을 가졌음에도 그들을 목회의 대상으로 취급하고 있는 우리의 목회 현장에 여러 가지 의미심장한 메시지를 던져 주고 있음을 의미한다.

종교 개혁의 후예로 자처하는 한국교회는 아이러니하게도 만인제사장의 원리를 무시하는 잘못을 범해 왔다. 한국교회에서 일반적으로 목회자와 평신도 상호 간에는 건널 수 없는 단절이 있다. 평신도는 목회자의 목회 대상으로 인식되어 그들은 늘 목회자의 목회적 계획에 의해 양육되어야 할 피동적 존재로 자리매김되었다. 이 상황이 부정적인 방향으로 극단화된 것이 권위적 목회자의 등장이요 군림하는 목회의 범람이다. 이런 목회적 형태에서 목회는 목회자를 평신도와는 질적으로 다른 존재로 인식하게 한다. 즉 목회자는 이미 구원의 진리에 이른 자로 인식되고 평신도는 이런 목회자를 따르고 배워야만 하는 수동적 대상이 되는 것이다. 일부 목회자들은 스스로를 하나님의 전권대사로 여기면서, 평신도가 하나님과 교제하고, 하나님께 예배하기 위해서는 자신과 같은 중개인이 절대적으로 필요하다고 주장하기도 한다.

물론 오랫동안 유교 전통에 젖어 있던 한국 사회에는 이 같은 가부장적 목회 모델이 필요했을 수도 있다. 그러나 이전에는 경험해 보지 못한 급격한 사회 구조의 변화를 겪고 있는 지금 상황은 이런 목회적 모델에 일대 전환을 강력히 요청하고 있다. 급격한 사회 구조의 변화는 먼저 수직적 일방통행적 의사소통 구조에서 수평적 쌍방적 의사소통 구조의 변화로 나타났다. 이는 더 이상 목회자가 주체가 되고 평신도가 대상이 되는 가부장적 목회 구조가 타당하지 않게 되었음을 의미한다. 또 다른 주목할 만한 사회 구조의 변화는 비교적 단순한 사회적 관계가 다양하고 복잡한 형태로 다변화되는 방향으로 전개된 것이다. 이는 우리가 직면하고 있는 사회가 목회라는 전문적인 영역에만 몰두해 온 전문 목회자들에게 점점 낯선 곳으로 변화되고 있음을 의미한다. 평신도는 다원적 구조의 현대 사회 안에서 일상의 삶을 사는 사람들이며, 세상을 그 누구보다 잘 이해하는 세상과의 소통이 가능한 귀한 자원임을 고려할 때, 오늘날의 목회는 평신도라는 귀한 목회적 자원의 활용을 적극적으로 검토해야만 하는 것이다. 이런 관점에서 평신도를 목회의 파트너로 적극 수용하고 그 자원을 십분 활용했던 웨슬리 속회는 한국교회의 목회에서 매우 유용한 대안이 될 수 있겠다. 웨슬리 속회는 무엇보다도 평신도를 목회 대상이 아닌 하늘 나라에 가까이 다가서기 위해 함께 분투하는 하나님의 백성으로 이해하도록 이끌고 평신도의 역량을 최대한 효율적으로 활용하는 데 매우 실제적이고 구체적인 방법들을 포함하고 있기 때문이다.

4) 열린 공동체: 열린 목회

웨슬리 속회 공동체가 지니는 뚜렷한 특징 중의 하나는 다양성이다. 많은 이들이 웨슬리 속회를 '클래스'라든가 혹은 '밴드'로 이해한다. 다시 말해 웨슬리 속회를 오늘날 우리가 말하는 '소그룹' 중 하나로 이해하는 것이다. 그래서 그런지 지금도 소그룹에 관심을 두고 있는 사람들 중에는 웨슬리 속회를 탁월한 소그룹의 하나로 간주하고 여기에서 소그룹에 관한 유용한 아이디어를 찾고자 노력하는 이들이 있다. 그러나 웨슬리 속회를 '소그룹'이라는 측면에서만 볼 때 웨슬리 속회에 내포된 보다 깊고 넓은 장점들을 간과하기 쉽다는 점에서 주의를 기울여야 한다. 웨슬리 속회는 하나의 고정된 실체라기보다는 은총의 수단으로서 살아 있는 교회다. 이 말은 웨슬리 속회 공동체는 하나님의 은총에 적합하게 언제든지 그 형태와 성격을 달리하며 형성될 수 있다는 의미다. 이것은 웨슬리 속회가 갖는 무한정한 다양성을 의미하는 것이다. 물론 이 무한정한 다양성은 무질서한 것이 아니라 오직 하나님의 은총이라는 하나의 방향만을 향한다. 즉 웨슬리 속회의 다양성은 하나님의 은총이라는 단일한 주제를 중심으로 하는 다양성으로, 말하자면 내적인 일치성을 견지하는 다양성(diversity in unity)이라 할 수 있다.

웨슬리 속회의 이 같은 관점은 오늘날 우리의 목회에도 의미가 깊다. 다양성은 현대 사회의 중요한 특징 중의 하나다. 많은 이들이 현대 사회를 지배하고 있는 사고를 '포스트모던적'이라 한다. 스탠리 그렌츠(Stanley J. Grentz)는 '중심의 상실'을 포스트모던적 사고의 핵심으로 꼽는다. 그에 따르면, 현대 사회는 중심 없는 사회다. 이 말은 사람들이 무엇을 측정하고, 판단하고, 혹은 어떤 생각이나 의견, 라이프 스타일을 결정하는 어떤 중심도 설정할 수 없는 것이 포스트모던적 사회의 특성이라는 것이다.[26] 중심이 사라진 사회는 다름 아닌 하나의 통일된 시각으로는 포착할 수 없는 복잡하고 다양한 세계의 도래를 의미한다.[27] 복음은 이렇게 복잡하고 다양한 세계와 소통해야 하는데, 이는 필연적으로 그 소통 방식이 다양해야 함을 의미한다. 물론 이 다양함이 결코 무질서함을 의미하는 것은 아니다. 내적 통일성을 상실한 채, 세상의 복잡다단한 양상에 부응하기 위해 소통의

---

26) Stanley J. Grentz, *A Primer on Postmodernism*, 김운용 역, 『포스트모더니즘의 이해』(예배와 설교아카데미, 2010), p.57.
27) 미셸 푸코(Michel Foucault)는 이런 사회를 복잡다단한 이질적 사회를 의미하는 '헤테로토피아(heterotopia)'라 규정한다. *Ibid*. 58. 또한 Michel Foucault의 *The Order of Things: An Archeology of the Human Science*(New York: Pantheon Books, 1970), xviii 참조.

다양성만을 추구하는 것은 자칫 목회의 중심 주제를 상실하고 유행에만 민감하게 반응하는 '유행 목회'로 전락시킬 위험이 있기 때문이다. 복음이 컨텍스트(context, 상황)를 이해하고 컨텍스트와 소통할 수 있는 다양한 수단을 모색하는 것은 당연하지만 컨텍스트에 몰입하는 바람에 소통의 목표가 되어야 하는 텍스트(text, 핵심 메시지)를 변질시키거나 혹은 상실한다는 것은 본말이 전도된 것이다. 바로 이 문제가 앞에서 언급된 '하나님의 선교(Missio Dei)' 사상이 비판을 받는 주된 이유다. 하나님의 선교는 이것을 '상황화(contextualization)'라는 용어로 표현했는데, 상황화란 현지의 독특한 문화와 전통을 인정하고 긴밀한 관계를 맺는 방법으로 소통하는 것을 의미한다. 그러나 이 과정에서 '복음의 정체성'이 훼손되는 심각한 부작용이 따랐다. 최근에 서구 사회를 중심으로 한 '신흥 목회(emerging ministry)'에서도 이 같은 문제가 여전히 극복되지 않고 있다.[28]

    세상과 소통하면서도 교회의 자기 정체성을 상실하지 않는 목회 모델은 누구보다도 예수 그리스도께서 본으로 보여 주셨다. 그분의 성육신(incarnation)은 말씀이신 그분께서 세상과 소통하시기 위해 육신을 입으셨지만 그분의 자기 정체성, 곧 하나님의 아들 그리스도로서 자신의 자리를 결코 떠나지 않으신 사건이었다. 오늘 우리의 목회 또한 주님께서 보이신 이 같은 목회 모델을 본받아야 한다. 교회가 세상을 향해 나아가 소통하는 것은 당연하다. 그러나 세상이 교회 안에 들어오도록 하는 것은 경계해야 한다. 이는 배가 물 가운데 나아가는 것은 당연하지만 물이 배 안으로 들어오는 것을 막아야 하는 것과 같은 이치다. 이런 목회가 가능하려면 교회는

---

28) 바로 이 문제가 앞에서 언급된 '하나님의 선교(Missio Dei)' 사상이 비판을 받는 주된 이유다. 하나님의 선교는 이것을 '상황화(contextualization)'라는 용어로 표현했는데, 상황화란 현지의 독특한 문화와 전통을 인정하고 긴밀한 관계를 맺는 방법으로 소통하는 것을 의미한다. 그러나 이 과정에서 '복음의 정체성'이 훼손되는 심각한 부작용이 따랐다. 교회가 세상 가운데로 나아가려다가 세상이 교회 안으로 들어오는 형국이 된 것이다.

세상에 나아가기 전, 무엇보다도 복음에 굳게 서야 한다는 것을 의미한다. 복음 안에서 성숙할 때, 세상이라는 물 가운데로 나아간 구원의 방주는 물속에 빠지지 않고 사람을 구하는 배로서의 사명을 감당할 수 있기 때문이다. 이런 의미에서 웨슬리 속회는 오늘 우리의 목회에 매우 의미 있는 방향을 제시해 준다. 웨슬리 속회는 하늘 가는 공동체라는 자기 정체성이 분명한 교회였다. 공동체 구성원들이 모인 이유가 복음 위에 굳게 서려 함이었고, 하늘을 온전히 이루려 함이었다. 이들이 세상을 향했던 것도 자신들이 누리는 하늘나라의 평강과 기쁨을 다른 이들과 공유함으로 배가된다는 사실 때문이었다.[29] 즉 그들은 세상과 기꺼이 소통했지만 결코 자신을 상실하는 우를 범하지 않았다. 세상에 들어가 세상에 물들지 않고 세상을 변화시키는 '성육신적 목회'를 감당했던 것이다.

5) 전도 - 양육 공동체: 전도와 양육 일체 목회

웨슬리 속회가 현대 목회에 시사하는 것 중 하나는 전도와 양육에 관한 문제다. 많은 한국교회들은 '전도'에 깊은 관심을 기울이고 적지 않은 인력과 예산을 투입하고 있다. '전도 세미나'가 목회자들에게 가장 인기 있는 세미나가 된 지 오래이다. 교회마다 전도대를 만들어 거리에서 전도 활동을 벌이는 장면을 목격하는 것이 어렵지 않다. 이 모든 것은 현대 목회가 전도에 높은 관심을 가지고 있다는 사실을 반증하는 것이다. 양육에 관해서도 요즘처럼 관심이 높아진 때는 찾기 어렵다. 오늘날 한국교회에는 각양각색의 양육 프로그램이 넘친다. '제자 훈련' '평신도 훈련' '전도 훈련' '사역자 훈련' '제직 훈련' 등 거의 모든 교회마다 양육 프로그램을 운영한다. 적어도

---

29) 메도디스트의 세상을 섬기는 '이웃 사랑'은 의무가 아니라 하나님의 은총의 보좌 앞에 더 가까이 나갈 수 있는 은총의 수단이었다. 이 내용에 관해서는 2015년 5월 20일자 「기독교타임즈」에 웨슬리회심주간을 기념해 기고했던 '웨슬리 목회에 있어서 이웃 사랑의 의미에 대한 소고'라는 논문을 참고하라.

한국교회의 목회는 전도와 양육이 중심이 되는 목회라 할 수 있다.

그런데 전도와 양육 프로그램이 이토록 넘치는데도 불구하고, 한국교회의 목회 현장은 오히려 전대미문의 위기상황을 맞고 있고, 많은 목회자들은 전도와 양육을 중심으로 하는 목회에 점점 실망하고 지쳐가고 있다. 무엇이 문제인가? 문제는 전도와 양육을 중심으로 하는 목회 자체가 아니라 참다운 의미의 전도와 양육적 목회가 이루어지지 않는다는 데 있다. 웨슬리 속회는 이 점에 대해 하나의 이정표로서 의미가 있다. 웨슬리 속회는 다음 세 가지 측면에서 한국교회의 전도와 양육에 관해 조명해 준다.

첫째, 전도에 대한 이해다. 웨슬리에게 전도란 말 그대로 '도를 전하는 일,' 곧 하늘 가는 길을 밝히고 이 길로 사람들을 초대하는 일이다. 이 일은 다름 아닌 '설교'다. 전도의 영문 표기가 'preaching,' 곧 '설교'와 동일하다는 것은 전도나 설교의 양자의 목표가 하늘 가는 길을 선포하는 일임을 말해 주는 것이다. 그렇기에 웨슬리에게 전도자는 설교자였고 설교자는 전도자로 인식되었다.[30] 웨슬리의 이 같은 전도 이해는 오늘 우리 교회가 이해하는 전도의 이해와는 다른 양상을 띠고 있다. 우리는 일반적으로 전도를 '사람들을 교회에 인도하는 것'에 초점을 맞추기 때문이다. 사람들을 교회에 인도하는 것 자체는 그들에게 전도할 수 있는 기회를 가질 수 있다는 의미에서 '전도에의 초대'는 될 수 있지만 전도 그 자체는 아니다. 더욱이 전도를 일부 교회들이 추구하는 것처럼 교인의 숫자를 늘리는 수단으로 삼는다면 이는 전도의 오용이라 할 수 있다. 전도 공동체로서 웨슬리 속회가 우리에게 말해 주는 것은 전도란 하늘 가는 길이 무엇인지 알게 하고 그 길에 동참하도록 촉구하는 일 외에는 다른 목적을 가질 수 없다는 사실이다.

둘째, 양육에 대한 이해다. 우리는 양육을 어떤 '기능(function)'으로 이해

---

30) 웨슬리에 의하면, 참 전도자는 하늘 가는 길을 밝히고 초대하는 자지만 거짓 전도자는 하늘 가는 길을 바로 밝히지 못하고 그 길로 안내할 수 없는 자다. *Sermons*, Upon our Lord's Sermon on the Mount XII, III.5.

하는 경향이 강하다. 다시 말해 양육을 교회의 어떤 특정한 목적을 위해 활용하는 경우가 많다는 것이다. 예를 들어 '제자 훈련'을 교인들이 참다운 제자직의 삶을 살아갈 수 있도록 목표로 삼기보다는 교회의 훌륭한 일꾼으로 양성하기 위한 기능으로 이해하는 방식이다. 웨슬리는 양육에 대하여 이와는 다른 이해를 보여 주고 있다. 웨슬리는 양육을 이런 기능적 측면에서 바라보지 않았다. 그에게 양육은 하늘 가는 길을 실천하고 연습해 가는 과정이다. 즉 웨슬리는 양육을 교회에 적합한 교인을 양성하거나 교회 사역을 능력 있게 감당할 수 있는 일꾼을 만들기 위한 수단이 아닌 하늘 가는 길을 걷는 실천 그 자체로 이해했던 것이다. 웨슬리의 양육에 대한 이 같은 관점은 우리 목회에 유행처럼 되어 있는 양육 프로그램들을 재고하게 한다. 다시 말해 양육을 어떤 특정한 목적을 위한 훈련 프로그램이 아닌 하늘 가는 길의 그 자체로 이해해야 함을 의미한다. 이것은 양육이 사람들 안에 있는 재능 혹은 능력을 어떤 특정한 목표에 맞추어 가장 적절하도록 만드는 것이 아니라 하늘 가는 길을 완성하는 데 꼭 필요한 우리 영혼의 '전 존재의 변화'를 추구하는 것이어야 함을 의미한다. 더 구체적으로 말한다면, 성경이 말하는 하늘 가는 길이 성령을 통해 현실화되고 현실화된 그것을 끊임없이 실천 연습함으로써 우리 삶의 일부가 되도록 하는 과정을 의미한다.

셋째, 전도와 양육 사이의 통합에 관한 이해다. 전도를 교회에 사람을 불러 모으는 것으로 받아들이고 양육을 교회에 적합한 일꾼 만들기로 이해한다면, 전도와 양육은 결국 교회의 외형적 성장이라는 목표를 위한 도구로 전락하고 만다. 불행히도 전도와 양육에 관한 이런 그릇된 이해가 한국교회 내에 팽배해 있다. 한국교회가 전도와 양육 양자를 이런 식으로 이해하는 한, 이것이 한국교회를 위기로 이끄는 중요한 요인이 될 것이다.

6) 믿음과 삶을 통합시키는 훈련 공동체: 공동체 목회

웨슬리 속회의 또 다른 주목할 만한 특성 중 하나가 믿음과 삶의 통합임을 앞에서 지적했다. 웨슬리 속회는 '경건의 실천'이나 '사랑의 실천'을 따로 분리하지 않는다는 뜻이다. 경건의 실천이 사랑의 실천과 한 몸처럼 통합된 구조인 것이다. 이것이 가능하려면 교회목회에서 '공동체성'의 회복이 필수불가결하다. 경건의 실천과 사랑의 실천의 연습은 결코 신비주의적 고립이나 개인적 금욕의 실천을 통해서 이루어질 수 있는 것이 아니라 오직 공동체 안에서 이루어지는 끊임없는 상호교류의 과정을 통해서 연습될 수 있기 때문이다. 그런 면에서 교육학자 웨스트호프(John H. Westerhoff III)가 다음 세대로의 신앙 전수는 오직 신앙공동체 내에서 이루어질 수 있다고 했던 지적은 귀담아들을 만하다.[31]

속회는 우리에게 공동체 목회의 가능성을 보여 주고 있다. 웨슬리의 속회는 단순한 신앙공동체가 아니었다. 그것은 신약성경의 초기 공동체와 마찬가지로 남녀노소 모든 믿음의 권속들이 한데 모여 신앙적 삶, '일상에서 하늘 가는 길'을 연습하는 살아 있는 공동체였다. 이 공동체의 출현이 성공회라는 잘 갖추어진 교회 체제 안에서 탄생했음을 주목할 필요가 있다. 웨슬리 당시 성공회라는 매우 정교한 교회 체제가 존재했음에도 새로운 공동체가 출현했던 이유는 무엇인가? 그것은 그 당시 교회가 외적으로는 화려한 공동체 면모를 가졌을지라도 구성원의 삶이 공유되는 살아 있는 공동체와는 거리가 멀었음을 의미한다. 그러나 웨슬리 속회는 바로 이 같은 살아 있는 공동체를 구현해 내었던 것이다.

현대 목회에서 생명력 있는 신앙공동체의 출현이 절박하다. 두 가지 면에서 그렇다. 첫째, 사회가 이런 공동체의 출현을 기다리고 있기 때문이다. 오늘날 많은 사람들이 이구동성으로 '외로움'을 호소한다. 과학과 물질문명의 급속한 발달은 개개인의 삶에 편리함과 풍요로움을 가져다주었지만

---

31) John H. Westerhoff III, *Will Our Children Have Faith?* (New York, Morehouse Publishing, 2000) 참조.

'고독'이라는 심각한 부작용을 남겨놓았다.32) 이러한 사실은 현대의 목회가 기존의 형식적 공동체의 차원을 넘어 실제적인 삶을 공유할 수 있는 공동체의 준비가 시급함을 의미한다. 둘째, 믿는 이들의 무리가 이러한 공동체를 갈구하기 때문이다. 교회에 출석하는 많은 이들 중에 신앙과 삶의 분리로 혼란을 겪고 있는 이들이 많다. 그들 중에는 교회 안에서 배우고 익힌 신앙생활을 현실 세계에 어떻게 적용해야 하는가를 알지 못해 당혹스러워 하면서 아예 현실 세계로부터 도피하는 이들도 많다. 일종의 종교적 은둔자들이 되는 셈이다. 교회의 목회는 이들에게 신앙과 삶이 일치되는 경험을 제공할 수 있는 생명력 있는 공동체를 준비해야 한다.

웨슬리 속회는 바로 이런 공동체의 중요한 본보기가 된다는 점에서 주목할 가치가 있다. 웨슬리 속회는 삶의 현실과 유리되지 않고 신앙적 삶의 길을 연습할 수 있는 실천적 도장이기 때문이다. 즉 웨슬리 속회는 우리가 그 안에서 믿음을 훈련하며 그렇게 훈련된 믿음으로 삶의 현장에서 실제로 살아내는 삶의 훈련을 위한 구체적인 지침들을 제공해 준다.

결론적으로 웨슬리의 속회 공동체는 나아갈 목적이 분명한 공동체, 세상과 소통하는 공동체, 평신도의 참여를 극대화하는 공동체, 다양한 은사를 포용하는 열린 공동체, 전도와 양육이 통합되는 공동체, 믿음과 삶이 일치되는 공동체로 특징지을 수 있으며, 이 같은 속회 공동체가 지닌 특징들은 현대 목회에서 목적이 이끄는 목회, 선교 지향적 목회, 파트너십 목회, 열린 목회, 전도-양육 일체 목회, 공동체 목회 등의 형태로 충분히 수용될 가능성이 있다.

---

32) '히키코모리'의 등장은 그 대표적인 현상이다. 일본 후생성은 '6개월 이상 자기 방에서 나오지 않는 사람'을 히키코모리로 정의하는데, 이들은 일체의 사회적인 관계를 거부하고 방 안이나 집에서 거의 나오지 않고 지내며 다른 사람과 대화하지 않고, 낮에는 자고 밤에 일어나 TV나 비디오를 보며 인터넷에 탐닉하는 행태를 보인다. 한국에서는 이 문제를 1990년대 초부터 다루기 시작했고 1997년의 IMF 구제금융 사태와 맞물려 본격적으로 다루기 시작했다. https://news.naver.com/main/read.nhn?mode=LSD&mid=sec&sid1=104&oid=002&aid=0000014103.

5장
웨슬리 속회의 현대 목회 적용

앞에서 우리는 웨슬리 속회가 현대 목회에서도 충분히 수용될 수 있음을 살펴보았다. 그렇다면 웨슬리 속회를 오늘 여기의 목회 현장에서 어떤 방식으로 적용할 것인가 하는 구체적이고 실천적인 질문에 답할 차례다. 이를 위해 웨슬리 속회를 오늘 여기에서 목회 현장에 적용하기 위해 필요한 사전 준비 사항이 무엇인지 살펴보고 현대적 속회의 재구성을 시도해 보려 한다.

1. 사전 준비

웨슬리 속회를 오늘 여기에서의 목회 현장에 적용하기 위해서는 다음과 같은 몇 가지 사전 준비가 필요하다. 이 사전 준비는 웨슬리 속회를 오늘의 현장에 적합하도록 재구성하기 위한 기본원리들이라 할 수 있다.

1) 속회를 목회의 중심으로 삼아야 한다

현재의 속회를 바라보며 '이대로는 안 되겠다'는 생각이 힘을 얻고 있다. 속회가 바뀌어야 한다는 생각이 공감대를 얻어가는 것이다. 많은 교회들이 실제로 속회를 바꾸어 보려 애를 쓰고 있는 것도 현실이다. 현재의 속회를 웨슬리 속회처럼 바꾸고 싶은가? 그렇다면 무엇보다도 속회에 대한 자신의 생각을 먼저 바꾸라고 제언하고 싶다. 말하자면 속회를 바꾸기 전에 속회에 대한 자신의 생각을 바꾸는 데서 속회의 개혁은 시작되는 것이다. 속회에 대한 그릇된 생각을 바꾸지 않으면 속회 개혁이라는 과제는 애초부터 불가능할지 모른다. 그렇다면 먼저 우리 자신이 바꾸어야 할 속회에 대한 그릇된 생각은 무엇인가? 그것은 바로 속회를 목회의 일부로, 목회의 수단으로 생각하는 것이다.

최근 한국교회에서는 '소그룹 운영'에 관한 강좌나 서적들이 큰 인기를 끌고 있는데, 그 이유가 소그룹을 잘 운영하면 교회 성장에 도움이 되지 않을까 하는 기대 때문이라 한다. 실제로 소그룹에 관련된 많은 강좌나 서적들이 이런 요구들을 반영하고 있기도 하다. 주목할 만한 것은 속회 또한 이같은 틀 속에서 이해되고 있다는 사실이다. 실제로 많은 사람들이 속회를 마치 소그룹 운동의 하나로 인식할 뿐 아니라 속회 개혁을 교회 성장의 틀 안에서 바라보고 있는 것이 현실이다. 이는 많은 이들이 속회를 목회의 일부로, 목회의 수단으로 생각하고 있다는 반증이라 할 수 있다. 웨슬리 속회로의 속회 변혁을 원하는가? 그렇다면 먼저 속회에 대한 생각부터 근본적으로 전환하지 않으면 안 된다. 속회는 목회의 '부분'이 아니라 '중심'이라고. 속회의 변혁은 속회가 목회의 한 부분이요 기능이 아니라 '그 자체가 목회'라는 발상의 전환에서 시작된다. 웨슬리의 속회는 목회의 하부 조직으로 기능하지 않는다. 오늘날처럼 속회가 관리(manage)할 수 있는 교회 조직 중 하나이거나 교회 목회의 가장 기본 단위로서의 소그룹으로도 작동하지 않았다. 더욱이 속회 조직을 잘 관리하여 교회 성장에 기여케 한다는 그런 생각은 상상조차 하지 않았다. 웨슬리에게 속회는 목회의 중심이요 그 자체였기 때문이다.

목회 자체를 속회로 이해한다는 것은 속회를 목회의 출발점으로, 중심으로 삼는다는 의미다. 이는 우리가 일반적으로 이해하고 있는 목회 모델, 곧 교회 건물을 준비하여 여러 시간대의 예배들을 설정하고 교회에 찾아오는 사람들에게 예배 의식과 돌봄을 제공하는 식의 목회 모델로 수용하기에는 한계가 있다. 그런 의미에서 오늘에 적합한 웨슬리 속회 공동체를 재현하려는 시도는 어쩌면 기존의 목회 구조 전반에서 획기적인 변혁을 전제해야 할는지 모른다. 달리 말하면 웨슬리 속회를 오늘날의 목회 현장에서 적합한 형태로 재구성하기 위해서는 우리에게 익숙한 기존의 목회 모델에 과감한 변화를 수용해야 한다는 것이다. 필자에게 어떻게 해야 속회를 새롭게 할 수 있는지를 묻고자 하는 강좌를 요청할 때가 있다. 강좌 초청을 수락하고 현장에 가서 초청한 교회를 보면 대부분의 참석자들이 속회를 이끌고 있는 분들이다. 아마도 속회를 새롭게 하는 길은 속회 인도자들의 교육을 통해 가능하리라는 생각이 깔려 있는 것 같다. 물론 속회 인도자들이 속회의 변혁을 이루어내는 데 가장 중요한 요소임에는 틀림없지만 속회 변혁의 출발점인 목회 구조의 변화 없이는 이들을 향한 교육이 제기능을 발휘

할 수 없다. 진실로 속회가 변하기를 기대한다면 속회 내부의 부분적인 개선이 아닌, 목회 전체의 구조 변화, 곧 '목회 자체를 속회화'하는 결단이 전제되어야만 하는 것이다.

목회 자체의 속회화란 모든 목회의 중심을 속회로 옮기는 것을 의미한다. 여기서 목회 중심을 속회로 옮긴다는 것은 목회 사역 자체를 속회 공동체를 중심으로 전개하는 것이다. 즉 교회로 사람들을 불러 모아 교회 안에서 하늘 가는 삶을 추구하는 교회 중심적 사역이 아니라, 세상 한가운데에서 속회 공동체의 일원이 되어 하늘 가는 삶을 추구하는 속회 중심적 사역을 의미하는 것이다. 목회 중심적 속회 사역 가운데 사람들은 하나님을 만나게 될 것이고, 이 가운데 사람들에게는 다양하고 많은 새로운 이야기들이 만들어진다. 이 이야기들은 각자가 속한 속회 공동체에서 모아져 속회 공동체의 이야기가 될 것이다. 각 속회 공동체의 이야기는 또 다른 속회 공동체와 더불어 나누어지게 될 것인데, 이것이 바로 웨슬리가 말한 '연합 속회'다. 연합 속회는 말 그대로 속회 공동체들의 모임이다. 그러므로 연합 속회는 속회 공동체 각자의 자리에서 만들어진 '하늘 가는 사람들의 이야기들'을 공유하는 교제의 자리요, 이런 이야기들을 이끄신 하나님의 은혜를 찬양하기 위한 자리인 것이다. 이 연합 속회가 바로 교회다. 달리 말해 교회는 속회 공동체 구성원들이 모두 한자리에 모여 하나님께서 이루신 일들에 대해 감사와 찬양을 하고, 하늘 가는 길을 걷는 또 다른 사람들과 더불어 서로를 격려하고 교제하는 현장인 것이다. 여기서 우리는 목회의 중심이 속회로 옮겨질 경우, 교회에서 연합 속회로 연합 속회에서 속회로 전개되던 일반적인 방향과는 반대로 진행됨을 알 수 있다. 즉 속회에서 연합 속회로, 연합 속회에서 교회의 순서라는 방향으로 전개되는 것이다.

그런데 이 새로운 방향으로 나아가도록 돕기 위해서 반드시 숙지해야 할 중요한 사실이 있다. 그것은 속회를 교회로부터 어떤 형태로든지 속박

되지 않도록 하는 것이다. 여기에는 속회를 '하나의 교회(a church)'로 인식하는 전향적인 의식의 전환이 요구된다. 속회를 교회에 속한 하나의 조직이라든가 혹은 소그룹으로 인식하는 한 속회 중심의 목회 전환은 이루어지지 않았다고 보아야 한다. 속회를 목회의 중심으로 삼는다는 것은 속회 하나하나를 말씀이 선포되고 성도의 교제가 이루어지는 교회로 인식한다는 것을 의미한다. 그렇다면 속회가 이 같은 거룩한 공동체로 남을 수 있도록 하는 확실한 장치가 필요하다. 그것은 다름 아닌 속회가 '하나의 거룩한 교회'로 자리매김할 수 있도록 그에 대한 확고한 방향 정립을 해야 함을 의미한다. 두 번째 해야 할 사전 준비 내용이 바로 이것이다.

2) 속회의 방향을 잡아야 한다

우리가 새로운 속회의 출현을 바라면서도 쉽게 간과하는 것이 속회의 존재 이유다. 앞에서 우리는 속회가 목회의 중심이 되는 것이 속회의 변혁을 가져오는 출발점이라 했다. 그런데 이렇게 중심이 되어 버린 속회가 자신의 존재 이유를 제대로 설정하지 못한다면 급격한 목회적 방향 전환으로 인해 오히려 혼돈에 빠지는 결과를 가져올 수도 있다. 이는 '거룩한 교회 공동체'로서의 속회가 무엇을 위해 존재하는지 분명한 인식을 가져야만 한다는 사실을 말해 준다.

거룩한 교회 공동체로서의 속회가 존재하는 이유는 명백하다. 그 공동체는 하늘 가는 길을 돕기 위한 은혜의 수단이어야 한다. 속회가 이 자리를 떠날 때 그것은 이미 참된 의미의 속회의 자리를 떠난 것이라 할 수 있다. 즉 속회는 속회에 참여하는 이들이 하늘 가는 길을 온전히 성취할 수 있도록 돕는 곳이어야 하는 것이다. 이 말이 내포하는 의미는 분명하다. 속회는 하늘 가는 길을 명확하게 안내할 수 있어야 하며 또 그 길을 실제적으로 걸어갈 수 있도록 연습할 수 있는 체계를 갖춘 곳이어야 한다는 것이다.

속회가 하늘 가는 길을 안내하고 연습시키는 현장이 되려면 두 가지 준비가 필요하다. 첫째는 하늘 가는 길 전반에 대한 일목요연한 이해다. 속회는 하늘 가는 길에 대한 철저한 이해를 기반으로 해야 한다. 웨슬리는 이것을 '교리(doctrine)'라 했고, 속회의 뼈대로 삼았다. 이에 대해서는 이미 본서 3장에서 자세히 다룬 바 있다. 오늘날의 속회도 다르지 않다. 이 뼈대가 없이는 속회는 제대로 지탱될 수 없고 성장할 수도 없다. 이 뼈대가 없이는 속회는 결코 '하나의 교회'가 될 수 없을 것이고 목회를 속회화하는 것이 오히려 위험한 시도가 될 것이다. 우리가 준비할 두 번째는 하늘 가는 길을 연습하기 위한 적절한 속회 구조다. 은총의 수단으로서 속회는 때를 따라 알맞게 부어 주시는 하나님의 은총으로 나아가기 위한 적절한 구조를 준비해야 한다. 이 점에 대해서도 우리는 웨슬리에게 많은 것을 배울 수 있다. 본서 3장에 소개된 웨슬리의 다양한 형태의 속회 구조들이 바로 그것이다. 이런 속회 구조들을 우리 시대에 어떻게 적용할 수 있는가 하는 문제는 이제 우리가 논의하려는 세 번째 사전 준비와 깊은 관련성을 띤다.

3) 속회를 다변화하라

속회가 진실로 은총의 수단으로 자리매김하는 것은 속회가 하나의 교회가 되는 실제적인 표지다. 진실로 속회의 변혁을 원하는가? 그렇다면 속회를 진정한 은총의 수단이 되도록 준비해야 한다. 속회가 은총의 수단으로 기능한다는 것은 속회는 하나님께서 베푸시는 구원의 은총에 대해 '종속변수'임을 의미한다. 즉 하나님께서 구원의 은총을 베푸실 때 속회는 그에 합당한 구조를 갖추어야 한다는 것이다. 우리가 웨슬리를 통해 알게 되었듯이 하나님의 구원의 은총은 다양한 형태로 전개된다. 하늘 가는 길을 가능하게 하는 것은 하나님께서 성령을 통해 '때에 따라 베푸시는 은총'이다. 따라서 이렇게 때에 따라 베푸시는 은총에 나아가기 위해서는 적절한 속회구조가 준비되어야 하는 것이다.

그런데 우리의 속회는 너무 단선적이다. 대부분의 속회 구조는 교회에서 거주지 혹은 친분 관계를 기초로 획일적으로 나눈 소그룹 형태다. 그러다 보니 각 속회가 집중해야 할 은총이 무엇인지조차 알지 못하고 모이기만 하는 작은 모임으로 전락하고 만다. 결국 하늘 가는 길에 대한 이해가 약화되고 그 길을 걷는 동안 경험할 수 있는 기쁨도 알지 못해 모임의 생동감은 점차 사라질 수밖에 없다. 이 상황은 영어를 학습하는 과정에 비유해 볼 수 있다. 영어 학습에 임하는 학생들은 각자에게 필요한 영어 학습의 단계가 있다. 어떤 학생은 기초부터 배워야 하는 초급 단계에 있는가 하면 어떤 아이는 어느 정도 회화가 가능한 고급 수준에 있다. 초급 단계의 학생에게는 든든한 영어의 기초 학습이 제공되어야 하고, 고급 수준의 학생에게는 자유로운 회화를 연습해 보는 환경이 제공되어야 한다. 이것이 뒤섞여 있다고 가정해 보라. 초급 단계의 학생이나 고급 단계의 학생 모두에게 재앙이 될 것이다. 이런 일이 오늘날의 속회 안에서 일어나고 있다. 각자 다른 은총이 필요한 이들에게 때에 따라 알맞은 은총의 수단이 제공되지 않고 모두 한자리에 뒤섞어 놓았으니 모임의 효율성과 생동감이 떨어지게 되는 것은 당연한 일이다. 속회의 변혁을 원하는가? 그렇다면 속회를 다변화해야 한다. 여기서 말하는 다변화는 질서 없는 다변화를 말하는 것이 아니다. 하늘 가는 길에 필요한 다양한 은총에 가까이 가기 위한 다변화를 의미한다.

필자가 여기서 강력하게 추천하고 싶은 것은 영적 발걸음에 따른 다양한 속회 형태를 구성하라는 것이다. 이런 제안에 다음과 같은 의문을 제기하는 사람들도 있을 것이다. 첫째, 어떻게 사람들의 영적 수준을 가늠해 볼 수 있는가 하는 것이고 둘째, 용케 이런 선별을 한다고 해도 실제로 교회 안에 이런 방식을 수용했을 때 사람들 사이에 위화감이 존재하고 반발이 있지 않겠는가 하는 반론이다. 먼저 첫 번째 문제에 대해 필자는 이렇게 답할 수 있다. 그렇다. 속회의 다변화를 위해서는 필히 영적 상태에 대한 진단이 필요하다. 누가 이 진단을 할 수 있는가? 이 영적 진단을 할 수 있는 사람은 자신이 하늘 가는 길을 경험하고 있는 사람이다. 경험하지 못한 사람이 이 여정을 이해하고 인도하기란 불가능하다. 여기에 목회자들의 엄중한 책임이 요구된다. 웨슬리에 따르면 그가 진실한 주님의 종이라면 이 길을 이해하고 경험했으며, 다른 사람들을 이 길로 안내해 줄 수 있는 사람이어야 한다. 즉 그는 사람들의 영적 상태를 진단하고 그들이 필요로 하는 하나님의 은총이 무엇인지를 정확히 파악하여 적절한 속회 형태를 제공해 줄 수 있을 것이다.1) 두 번째 질문에 필자는 다음과 같이 답할 수 있다. 사람들 사이의 위화감이나 반발을 두려워한다면 속회의 변혁은 아예 꿈꾸지 말라고. 속회의 존재 이유는 사람들이 하늘 가는 길을 완성하도록 돕는 것이다. 속회가 이 한 가지 일 외에 다른 곳에 마음을 두는 것은 스스로 속회이기를 포기하는 것이다. 우리가 두려워할 것은 세상의 평가나 사람들의 시선이 아니라 하늘나라를 상실하는 것이다. 이 세상 모든 것을 소유한다 하더라도 이 한 가지를 잃는다면 다 잃은 것이요, 세상 모든 것을 다 잃어버린다고 해도 이 한 가지만을 소유한다면 다 소유한 것이기 때문이다. 그러므로 참된 속회의 회복을 원한다면 사람들 사이의 위화감이나 반발은 걱정할 일이 아니다.

4) 속회 일꾼을 세우라

속회가 하늘 가는 사람들의 모임이고 이곳에서 하늘 가는 은총의 보좌

---

1) 김동환, 『풀어 쓴 웨슬리 표준설교 44』(하늘숲, 2018), pp.262~271 참조.

앞에 나아가는 연습을 하는 하나의 교회라고 한다면 이 일을 앞장서서 도울 수 있는 일꾼의 준비가 필수적이다. 이 시대가 필요로 하는 새로운 속회의 성공과 실패는 어떤 사람을 속회 지도자로 세우느냐에 달려 있다고 해도 과언이 아니다. 웨슬리 역시 속회 지도자를 제대로 세우지 않고서는 결코 참된 속회의 출현을 기대할 수 없음을 분명히 인지했기에 속회 지도자의 선발과 양성에 많은 힘을 기울였다. 웨슬리가 누구를 속회 지도자로 세웠으며, 또 이들을 어떻게 양육했는가를 살펴보는 것은 오늘날에 적합한 속회 모델을 구성하고자 하는 우리에게 좋은 길잡이가 되리라 생각한다.

웨슬리 속회 공동체에서 영적 지도력을 가진 사람들은 대부분 '평신도'였다. 오늘날 속회 지도자들 역시 평신도다. 그러나 웨슬리 당시와 오늘날의 평신도 속장 지도자들 사이에는 본질적인 차이가 있다. 웨슬리 시대의 속회를 담당했던 이들은 평신도이긴 했어도 '설교하는' 평신도였음을 기억할 필요가 있다. 이들이 전문적인 신학 교육을 받았기 때문에 웨슬리가 설교자로, 속회 지도자로 세운 것은 아니었다. 이들은 성경에 기록된 하늘 가는 길(웨슬리가 말하는 '교리'를 의미한다)에 정통했을 뿐 아니라, 스스로 그 길을 모범적으로 걸어가며 하늘나라를 체험했기 때문에 세운 것이다. 이들은 설교자요 속회 지도자로 세움을 받은 후에도 보충적인 교육을 계속 제공받았다. 웨슬리는 때로는 평신도 설교자들만 불러 모아서, 때로는 연회 도중에 끊임없이 하늘 가는 길에 대한 토론을 지속했고 그들의 삶을 점검했다. 이들의 모범적인 삶은 다른 속회 참여자들에게 깊고 넓은 영향을 끼쳤다. 다시 말해 그들은 속회라는 작은 교회를 섬기는 속회 목회자였던 것이다.

오늘날 우리가 참된 의미의 속회를 소망한다면 반드시 이 같은 속회 지도자가 준비되어야 한다. 필자는 이런 속회 지도자가 준비되기 전에는 속회 진행을 잠시 멈추는 것이 준비되지 않은 속회 지도자가 속회를 지도하는 것보다 낫다고 생각한다. 그만큼 속회에서 속회 지도자의 역할이 큰 까

닭이다. 필자가 속회 지도자의 준비를 역설하게 되면 꼭 제기되는 질문 하나가 있다. 이런 속회 지도자를 어떻게 준비시킬 수 있는가 하는 질문이다. 이런 질문의 배경에는 웬만한 교회들은 이 같은 속회 지도자를 준비시킬 자원이 부족한 실정인데 어떻게 이런 훈련을 제공할 수 있겠는가 하는 현실적인 고충이 전제되어 있다. 옳은 지적이다. 사실 이런 기회를 마련할 곳은 '교단'이다. 교단 차원에서 속회 지도자의 선택과 훈련이 이루어지는 것이 가장 현실적이다. 그러나 그렇다고 해서 교단이 이 문제를 해결해 줄 때까지 무작정 기다릴 수는 없는 노릇이다. 한 가지 제안할 수 있는 것은 양질의 속회 지도자를 준비할 수 있는 만큼만 속회를 준비하는 것이다. 교인의 숫자가 많지 않은 경우에는 목회자가 속장이 되어 한 개의 속회만 건실하게 운영하는 것도 방법이 될 것이다.

5) 속회를 일상의 삶과 연결하라

웨슬리 속회 사역이 지향하는 것은 하늘나라의 완성에 이를 때까지 쉬지 않고 성장하는 것이다. 그런데 이 성장은 어느 날 갑자기 이루어지는 이벤트가 아니다. 어느 순간 어린아이에서 성인으로 갑자기 변화되는 것이 아니라 서서히, 매일매일의 삶 가운데서 자연스럽게 이루어진다. 그렇기 때문에 하나님께서는 모든 인간에게 '매일의 삶'을 맡기셨고, 이 매일의 삶 가운데 성장하여 구원의 거룩한 열매를 맺기를 기대하셨다. 웨슬리에게 매일의 삶은 하나님께서 우리에게 허락하신 선물이다. 그는 주기도문에 포함된 "우리에게 일용할 양식을 주옵시고"를 주석하면서 이렇게 강조한다.

"우리의 지혜로우신 창조주께서는 시간을 매일이라는 단위로 따로 구분해서 나누셨다. 그러므로 우리는 매일의 시간을 하나님의 영광을 위해 사용하기 위한 매번 새로운 하나님의 선물로서 또 다른 하나의 삶으로 귀중하게 사용해야 한다. 그 매일 저녁은 우리 생의 마감을 상징하기에 우리는 이를 통해 영원의 세계를 바라보아야만 한다."[2]

다시 말해 웨슬리에게 '매일의 삶'은 하나님의 영원과 만날 수 있는 고귀한 하나님의 선물인 것이다. 이 매일의 삶이 바로 웨슬리 속회 사역의 살아 있는 현장이다. 영적인 성장은 매일의 삶을 어떻게 사는가와 직결되어 있다. 지속적이고 꾸준히 거룩한 하루의 삶을 영위해 가노라면 영혼은 성장할 수밖에 없고 마침내는 온전한 구원의 완성에까지 이르는 것이다. 새로운 속회의 재구성은 이 매일의 삶에 주목해야 한다. 매일의 삶이라는 현장에서 멈추지 말고 지속되어야 한다. 경건의 삶과 자비의 삶이 이 매일 안에 체질화될 수 있도록, 매일 거룩한 구원의 날을 체험하게 될 수 있도록 해야 한다. 이렇게 매일의 삶이 반복되는 동안, 우리가 알지 못하는 사이에 밤새 씨앗이 자라 싹을 틔우고 성장하여 마침내 열매를 맺듯이, 우리 영혼 또한 성장하게 되고 마침내 하나님의 온전한 형상을 회복하는 데까지 이르게 될 것이기 때문이다.

6) 속회를 공동체화 하라

이 시대에 적절한 속회 모델을 구성하는 마지막 원리는 속회를 '삶의 공동체'로 전환하는 것이다. 많은 이들이 우리 앞에 다가온 시대를 '4차 산업 혁명의 시대'라 일컫는다. '4차 산업 혁명'이라는 용어는 2016년 1월 20일 스위스 다보스에서 열린 '세계 경제 포럼'에서 처음 언급된 개념으로, 기존의 1, 2, 3차 산업 혁명의 연장선상에 있다. 주지하다시피 1차 산업 혁명은

---

2) *Sermons*, Upon our Lord's Sermon on the Mount VI, III.12.

1784년 영국에서 증기 기관의 발명으로 촉발되었다. 증기 기관의 발명은 인력에 의한 생산 방식에서 기계를 사용하는 생산 방식으로 전환되는 계기가 되었고 이로 인해 노동 생산성이 이전에 비해 몇 배에서 수십 배 증가하게 되었다. 1차 산업 혁명이 증기 기관의 발명으로 촉발되었다면 2차 산업 혁명은 1870년경부터 본격화된 전기의 활용과 관련이 있다. 전기 공급으로 공장은 각종 제조 설비를 이용한 대량 생산이 가능해졌다. 3차 산업 혁명은 1970년대에 본격 시작된 컴퓨터의 활용과 밀접한 연관이 있다. 특히 1990년대 중반부터는 컴퓨터를 이용한 생산 자동화가 극대화되고, 인터넷 등을 통한 정보 기술 시대가 개막되면서 산업 전반에 신기원이 열렸다. 3차 산업 혁명의 핵심인 정보 통신 기술의 발달은 4차 산업 혁명의 초석이 되었다. 4차 산업 혁명은 통상 2010년 이후를 지칭하는데, 3차 산업 혁명의 결실인 정보 통신 기술을 기초로 발달한 개별 산업들을 융합하여 지능 산업화하는 것이 4차 산업 혁명의 주된 특징이다. 인공 지능, 로봇 공학, 사물 인터넷 등이 4차 산업 혁명을 주도할 기술들이다. 4차 산업 혁명을 요약한다면, 인간과 주변 사물의 방대한 데이터를 통합하는 초연결성, 통합된 데이터의 패턴을 분석하는 초지능성, 분석된 패턴을 바탕으로 각 개인에게 최적의 환경을 제시할 수 있는 예측 가능성의 시대라 할 수 있다.[3]

초연결성, 초지능성, 예측 가능성으로 압축되는 4차 산업 혁명의 시대상은 인간의 삶에 지대한 영향을 미쳐서 새로운 형태의 인간상을 구축해 내게 된다. 첫째, '욕구를 무한히 확장해 가는 인간'의 출현이다. 3차 산업 혁명의 과정에서 축적된 엄청난 정보는 인공 지능으로 재무장하여 개개인이 욕구하는 바가 무엇인지 속속들이 파악 예측하게 하고 산업은 이에 적합한 소비품들을 즉각 시장에 내어놓게 된다. 그러나 인간의 욕구는 그 특성상 무한 확장의 길로 나아갈 것이기에 만족하지 못하고 또다시 욕망할 것

---

3) http://www.newsquare.kr/issues/1206/stories/4919 참조.

이고, 산업은 이 욕구에 선도적으로 혹은 후발적으로 부응하며 새로운 상품을 쏟아낼 것이다. 한마디로 인간의 욕구는 극대화되는 방향으로 전개될 것이다. 둘째, '고독한 인간'의 출현이다. 물론 4차 산업 혁명 시대는 다른 어떤 시대보다도 타자와의 소통이 원활한 디지털 세계를 구현한다. 그러나 이것은 어디까지나 디지털적 소통을 의미하지 참된 의미의 인격적인 소통은 아니다. 신경망처럼 복잡하고 정교한 디지털적 연결망 속에는 포함되어 있지만 실제로는 익명의 타자들과 비인격적으로 무의미하게 연결되어 있을 뿐이다. 즉 초연결의 시대에 '고독한 개인'으로 점점 소외되는 것이다. 셋째, '무기력한 인간의 양산'이다. 4차 산업 혁명 시대를 주도하는 사람은 이 시대에 적합한 기술을 보유한 사람이다. 이 기술을 획득하고 운영하기 위해서는 엄청난 자본이 필요하다. 다시 말해 4차 산업 혁명 시대를 주도하는 사람은 소수고 대다수의 사람들은 이 소수의 사람들에게 예속될 수밖에 없다. 기술이 고도화 정교화될수록 이 상황은 심해질 것이다. 결국 4차 산업 혁명 시대가 진전되면 될수록 그 혜택을 독점하는 소수와 그 소수에 예속된 무기력한 다수의 이원적 구조는 심화되고 말 것이다.

    4차 산업 혁명 시대가 그려낼 새로운 인간상은 기독교적 관점에서 볼 때 그리 바람직해 보이지 않는다. 성경이 묘사하는 인간의 참모습은 이와는 전혀 다른 '하나님의 형상' 그 자체기 때문이다. 하나님의 형상으로 아로새겨진 인간은 무한한 욕망에 매여 사는 육체의 소욕을 따라 사는 존재도 아니고, 하나님과 다른 인간 등 타자와의 소통이 단절된 고독한 존재도 아니며, 아무런 생각 없이 타자의 결정에 이끌려 가는 무기력한 존재 또한 아니다. 오히려 그는 성령의 소욕을 따라 사는 자요 타자와의 조화로운 관계 속에서 자유로운 소통을 이루며 하나님의 자녀로서 든든히 서 가는 주체적 존재다. 그런 의미에서 4차 산업 혁명 시대의 목회는 산업 혁명이라는 큰 흐름에 아무런 생각 없이 휩쓸려 가지 않고 오히려 그 이면에 도사린 비인간적 속성을 간파하여 참된 대안을 제시해야 할 책무가 있다. 이 대안은 오직 한 가지, '하나님의 형상의 회복'이다. 사실 이것은 4차 산업 혁명 시대만의 목회적 주제라고 말할 수는 없다. 그것은 어느 시대를 막론하고 추구해야 할 하나님의 뜻이기 때문이다. 다만 4차 산업 혁명의 시대적 속성이 '하나님의 형상을 입은 인간'의 모습에 가장 정교하게 그리고 가장 강력하게 대척점을 형성하고 있다는 점에서, 이 주제는 더욱 부각될 수밖에 없다.

4차 산업 혁명 시대의 목회적 대안을 묻는다면 필자는 서슴지 않고 존 웨슬리의 목회를 제시할 것이다. 그 이유는 웨슬리 또한 산업 혁명의 소용돌이를 몸소 겪으며 '하나님의 형상의 회복'을 위한 목회를 성공적으로 수행해 냈기 때문이다. 웨슬리가 사역했던 시기는 사람의 손에 의지해 생산해 오던 것을 증기 기관의 발명으로 기계적 생산으로 전환시켜 획기적인 생산성 향상을 가져왔던 '1차 산업 혁명'의 시기였다. 산업 혁명의 와중에서 사람들은 욕구를 무한히 확장해 나갔으며 그 와중에 극심한 소외와 무기력을 경험했다. 이 같은 새로운 상황이 도래했음에도 불구하고 그 당시의 교회들은 제대로 대처하지 못했다. 오히려 교회는 당시의 시대적 조류를 좇아 기복적이고 교권적이며 형식화의 길을 걸어갔을 뿐이다. 한마디로 교회에 출석하긴 해도 성경이 말하는 복음의 능력, 곧 '하나님의 형상의 회복 경험'은 요원했다. '경건의 능력'은 사라지고 경건의 모습만 남은 화석화된 목회였던 것이다.

웨슬리의 목회는 이와는 달랐다. 그는 산업 혁명의 소용돌이에서 갈 길을 잃은 영혼들에게 분명한 길을 알려 주었고 그 길을 걷도록 온 힘을 다해 도왔다. 이것이 바로 그의 속회 사역이었다. 우리는 웨슬리의 속회가 '전통적인 의미에서의 교회'가 아닌 '살아 있는 신앙의 공동체'였음을 주목할 필요가 있다. 웨슬리는 전통적인 교회의 모습으로는 당시의 사람들이 하나님의 형상을 회복하도록 돕는 일에 한계가 있음을 직감했다. 하나님의 형상을 온전히 회복하는 유일한 길은 이 소망을 품은 이들이 한데 모여 서로를 격려하며 실제로 그 삶을 살아내야만 하는 것임을 알았다. 그의 속회는 바로 이를 위해 고안된 공동체였던 것이다. 웨슬리의 속회 공동체는 산업 혁명의 와중에 있던 사람들이 하나님의 형상을 회복하도록 돕는 큰 역할을 했다. 그것은 무엇보다도 사람들이 욕망에 끌려가지 않고 하나님 나라를 소망하도록 돕는 유용한 도구가 되었다. 개인이 세상의 영향을 받지 않는다는 것은 거의 불가능하다. 그러나 공동체의 경우는 다르다. 공동체가 제공하는 사랑과 격려는 개인의 선한 싸움을 지속하는 데 큰 힘이 되기 때문이다. 또한 웨슬리의 속회 공동체는 사람들에게 참된 인격적 교제를 제공하여 사람들의 고립을 방지했다. 믿음 안에서 이루어지는 사랑의 교제는 다른 어떤 교제보다도 견고하고 참된 인격적 교제를 형성하게 했다. 뿐만 아니라 웨슬리의 속회 공동체는 사람들에게 하나님의 자녀로서의 자존감을 든든히 세워 주는 역할을 했다. 공동체의 구성원들에게 그들 하나하나가 천하보다 고귀한 하나님의 자녀임을 확신시키는 역할을 했던 것이다. 한마디로 웨슬리 속회 공동체는 1차 산업 혁명의 와중에 고통당하던 당시의 사람들을 하늘나라로 이끈 구체적이고 효과적인 목회 공동체였다.

웨슬리의 목회는 1차 산업 혁명 시대에 적합한 목회 패러다임이었다. 그는 이전에 경험하지 못했던 새로운 시대적 상황을 면밀히 살펴보면서 산업 혁명이라는 시대적 전환기에 목회적으로 적절하게 대응한 것이다. 이것이 바로 속회라는 신앙 공동체의 건설로 나타났다. 이 공동체 건설을 통한 목회 모델은 4차 산업 혁명의 와중에 있는 우리의 상황에서도 깊이 고려해 볼 만하다. 1차가 되었건 4차가 되었건 '산업 혁명'이 인간에게 미치는 영향은 정도의 차이는 있을지언정 그 본질은 다르지 않기 때문이다. 웨슬리가 속회 공동체를 통해 1차 산업 혁명의 소용돌이 속에서 고통받던 영혼들에게 하나님의 형상을 회복할 길을 안내할 수 있었다면, 4차 산업 혁명의 소용돌이 속에서 동일한 형태의 고통을 겪는 이들에게도 큰 소망이 될 것이 분명하다.

2. 웨슬리 속회의 현대적 구성

이번에는 우리가 살아가는 지금 여기에서 웨슬리 속회의 실제적 예들을 살펴보려 한다. 실제적 예들을 다루는 일은 항상 조심스럽다. 독자들이 제시된 예들을 바라보며 이상적인 웨슬리 목회의 모델로 과대평가하여 자신이 처한 상황과는 관계없이 무작정 따라가도록 부추기는 것은 아닌지 하는 우려 때문이다. 여기서 필자가 명백히 밝혀 두려 하는 것은 선택된 예들은 우리가 반드시 따라가야 할 이상적인 목회 모델이기 때문이 아니라, 그 목회 안에 웨슬리 속회의 현대적 재구성에 도움이 될 만한 내용들이 내포되어 있기 때문이라는 점이다. 앞으로 소개될 목회 사역들은 철저히 웨슬리 속회의 재구성이라는 관점에서만 다루어질 것이고, 독자들은 이 과정에서 도출되는 아이디어들을 자신의 목회 현장을 위한 자료로 활용하기를 기대한다. 필자가 여기에서 선택한 목회 모델은 모두 네 가지로, 다음과 같다.

1) 사례 1: 최영기 목사의 '가정교회 사역'
2) 사례 2: 김양재 목사의 '목욕탕 큐티 사역'
3) 사례 3: 유기성 목사의 '예수 동행 일기 사역'
4) 사례 4: 김용기 장로의 '가나안농군학교 사역'

사실 이러한 목회 모델들은 웨슬리의 속회를 사전에 숙고하여 만들어진 모델들이 아니다. 물론 사역을 이끈 이들이 개인적으로 웨슬리 목회에 관심을 가졌을 수도 있고 또 그것을 자신의 사역에 응용했을 수도 있지만 필자의 판단으로는 그것은 어디까지나 개인적이고 부분적인 것에 국한되어 있을 뿐이다. 다시 말해 사역을 이끈 이들은 자신의 목회 철학과 경험을 바탕으로 목회를 전개한 것이지 직접적으로 웨슬리 목회와 관련을 가지고 있는 것은 아니라는 말이다. 그럼에도 불구하고 필자가 이들의 사역을 주목하는 것은 그곳에 웨슬리 속회의 성격이 뚜렷이 내포되어 있고 특히 앞에서 논의했던 원리들에 따라서 속회를 재구성하려 할 때 우리가 응용할 만한 실제적인 자료들이 농축되어 있기 때문이다.

1) 사례 1: 최영기 목사의 '가정교회 사역'

(1) 사역 개요

'가정교회(house church)'는 1993년부터 최영기 목사에 의해 소개되기 시작하였다. 최 목사는 이 가정교회야말로 "신약 시대에 존재했던 교회이고 하나님이 원하시는 교회"라고 확신한다.4) 그에 따르면 가정교회는 우리가 일반적으로 말하는 교회의 소그룹과는 구분되는데, 소그룹은 교회 산하에 있는 한 기관의 역할을 하지만 가정교회는 지역교회의 역할을 하기 때문이다.5) 최 목사의 설명을 직접 들어본다.

"가정교회는 한마디로 교회입니다. 이것이 다른 소그룹과 가장 다른 점입니다. 성경 공부를 합니다. 그러나 장년 주일 학교처럼 성경 공부가 주목적은 아닙니다. 제자 훈련을 시킵니다. 그러나 순모임처럼 성경 공부에 의존하는 제자 훈련을 하지는 않습니다. 친교를 갖습니다. 그러나 구역 모임처럼 친교를

---

4) 최영기, 『가정교회로 세워지는 평신도 목회』(두란노, 2000), p.3.
5) *Ibid.*, p.67.

위해서 모인 것은 아닙니다. 기도를 합니다. 그러나 기도 모임처럼 기도가 유일한 목적은 아닙니다. 내적 치유를 추구합니다. 그러나 단주협회 모임과 같이 치유가 주된 관심사는 아닙니다. 가정교회는 지역교회가 하는 모든 사역을 골고루 다 하는 지역교회와 같은 교회입니다."[6]

가정교회 모임은 '목장,' 그 구성원은 '목원'이라고 불린다. 이 모임은 주로 집에서 이루어지며 구성원은 12명으로 제한된다. 12명이 넘어서면 지도자를 세워 새로운 목장을 만들게 되는데, 이를 '분가'라고 한다. 가정교회의 존재 이유는 분명하다. 초대교회가 주님께서 주신 대사명을 완수하는 것을 목적으로 삼았듯이 가정교회도 선교와 전도에 최종적인 목표를 둔다.[7] 가정교회 사역에서 가장 중요한 요소는 '지도자'다. 가정교회 지도자의 자격은 풍부한 성경 지식을 소유한 사람이나 잘 가르칠 수 있는 교사 같은 사람이 아니라 "가정교회를 잘 이해하고 가정교회에 관한 목회자의 비전을 같이 나눌 수 있는 사람"이다. 다른 말로 하면 가정교회를 통해 이웃과 주를 섬기고자 하는 마음만 있으면 성경 지식이 부족해도, 신앙 경력이 짧아도 문제가 되지 않는다.[8] 여기서 중요한 것은 '목자'라 불리는 가정교회 지도자의 선발을 목원들 스스로 결정하게 하는 것이다. 이렇게 할 때 가정교회는 자연스럽게 삶의 정황이 비슷한 사람들이 모이게 되어 교제나 전도에서 더 효과적이다. 물론 자칫 파당을 짓게 되는 위험성도 존재한다. 그러나 전도라는 사역의 목표가 명확하면 시선이 안으로 집중되지 않고 밖으로 향하기 때문에 파당에 몰두할 여유가 없다.[9]

가정교회 모임은 간단한 식사에 이어 찬양을 하고 성경 공부를 진행한

---

6) *Ibid.*, pp.70~71.
7) *Ibid.*, p.72.
8) *Ibid.*
9) *Ibid.*, pp.74~75.

다. 성경 공부는 목자 아닌 따로 임명받은 교사가 진행한다. 20분 정도의 시간만을 할애하는데 이는 다음에 이어질 '나눔의 시간'에 집중하기 위해서다. 나눔의 시간은 목장 모임의 핵심이다. 이 시간은 먼저 자신의 삶의 문제를 나눈다. 이때 중요한 것은 자유롭게 자신의 생각과 느낌을 표현할 수 있도록 개방된 분위기를 형성하는 것이다. 다음으로는 구체적인 도움을 얻는 시간이다. 이때 일방적인 충고는 금해야 한다. 효과적인 방식은 자신의 경험을 담은 간증과 상대에 대해 마음과 귀를 여는 질문이다. 이렇게 마음과 마음의 교류를 통해 가족과 같은 연대감을 경험하면서 마음의 상처에 대해 위로받게 되는 것이다.10) 나눔의 시간이 끝나면 중보 기도의 시간을 갖는다. 중보 기도는 나눔의 시간을 통해 노출된 문제들을 위해, 또 목원들이 내어놓는 기도 제목들을 위해 하나님의 은총을 구하는 시간이다. 물론 나눔의 시간 도중에도 성령께서 이끄시는 대로 기도하기도 한다. 중보의 시간이 끝나면 '선교 도전'이라는 시간을 가짐으로 모임을 마무리한다. 선교 도전은 선교 편지를 읽고 전도 대상자에 대한 심방 보고를 하며 선교를 위한 헌금을 하는 시간이다. 이 시간을 통해 목원들이 자신들의 문제에 몰두하지 않고 시야를 전도로 옮기는 경험을 한다.11)

(2) 새로운 속회의 재구성 원리에서 바라본 '가정교회 사역'

최영기 목사의 '가정교회'는 많은 부분에서 우리가 논의해 온 속회의 성격과 일치한다. 이 같은 사실은 우리가 살아가는 이 시대에 적용할 만한 속회를 새로이 구성하고자 할 때 다양한 측면에서 매우 유용하고도 실질적인 아이디어들을 제공해 줄 수 있다는 의미이기도 하다. 그 내용을 정리해 보면 다음과 같다.

---

10) *Ibid*., pp.81~83.
11) *Ibid*., pp.78~79.

첫째, '가정교회 사역'은 속회를 어떻게 목회의 중심으로 삼을 수 있는지 실질적인 예를 보여 준다. 최영기 목사에게 '가정교회 사역'은 목회 사역의 일부가 아니라 목회의 중심이다. 그것은 목장이라고 부르는 가정교회 하나 하나가 교회의 한 기관으로서의 소그룹이 아닌 모든 목회 사역이 행해지는 실제적인 '지역교회'기 때문이다. 그렇다면 최 목사에게 있어서 각 지역교회를 파송한 교회의 역할은 무엇인가? 교회는 지역교회들의 목회를 지원하는 지원센터라 할 수 있다. 지역교회의 인원이 12명으로 제한되기 때문에 사역자들(목자, 교사 등)을 교육시킨다든지 체계적인 성경 공부를 제공한다든지 하는 일을 자체적으로 감당하기는 어렵다. 교회는 바로 이런 사역을 감당함으로써 각 지역교회들을 돕는 역할을 하는 것이다. 이는 마치 웨슬리 시대의 속회 공동체들과 연합 속회의 관계를 연상케 한다. '가정교회 사역'은 이 같은 구조를 오늘날의 목회 현장에도 적용할 수 있다는 실제적인 예를 보여 준다.

둘째, '가정교회 사역'은 오늘날 속회의 재구성에 필연적으로 요청되는 확실한 목표를 지향하고 있다. '가정교회'의 존재 이유는 분명하다. 바로 주님께서 명하신 대명령을 수행하는 전도 공동체. 가정교회는 우리 자신이 직면하는 여러 문제들을 직시하고 해결하려 애쓰지만 그렇다고 우리 자신의 문제에만 골몰하지 않는다. 오히려 온 세상에 흩어져 제자를 삼기 위해 복음을 전하는 전도에 궁극적인 목표를 둔다. 말하자면 "여기가 좋사오니"를 외치며 산 위에서 자기만족을 추구하는 것이 아니라 고통받는 산 아래의 세상으로 시선을 향하는 것이다. 이 모델은 하늘 가는 사람들의 공동체, 곧 속회가 추구하는 모델과 전적으로 부합된다. 이 시대에 요청되는 속회는 자신들만 하늘나라의 삶에 머무는 공동체가 아니라 이 나라를 다른 이들과 더불어 나누는 공동체기 때문이다.

셋째, '가정교회 사역'은 속회의 다양성이라는 측면에서도 주시할 만한 실제적인 예다. '가정교회'는 적은 인원이 깊은 교감을 이룰 수 있는 구조를 가지고 있다. 그러다 보니 삶의 패턴이나 관심 등이 유사한 사람들로 목장이 이루어지는 경우가 많다. 이 말은 가정교회가 다양한 모습으로 나타날 수 있다는 의미가 된다. 즉 개성이 뚜렷한 다양한 형태의 가정교회들이 출현하기 때문에 새로운 교인들이 자신에게 맞는 지역교회를 선택 가입할 수 있는 것이다. 새로운 속회는 다양한 구조를 필요로 한다는 점에서 가정교회 모델은 참고할 만하다.

넷째, '가정교회 사역'은 이 시대에 속회 지도자를 어떻게 선발하고 교육할 수 있는지 좋은 예를 제시해 준다. 최영기 목사는 '가정교회 사역'에서 평신도 역할을 이렇게 강조했다.

"가정교회는 목회자와 평신도 간에 성경적인 사역 분담을 가능케 해 줍니다. …… 심방은 평신도들이 합니다. 전도도 평신도들이 합니다. 교인 가정의 축하 예배도 평신도 지도자가 드려 줍니다. 건축도 평신도들이 합니다. …… 대신에 저는 목사 본연의 일을 합니다. 기도와 말씀 선포와 성도를 온전케 하는 사역에 집중합니다."[12]

즉 가정교회 사역에서는 평신도 지도력이 핵심이 된다. 그런데 가정교회를 이끌 평신도 지도자가 가져야 할 자질은 성경에 관한 지식이 아니라 섬김의 마음이다. 스스로 자신을 낮추어 다른 이들을 섬기는 마음이야말로 가정교회에 적합한 지도력이라는 말이다. 물론 하나의 지역교회로서 가정교회를 이끄는 일에는 이 외에도 필요한 것들이 있다. 교회는 바로 평신도 지도자들이 이러한 것들을 고양시킬 수 있도록 체계적인 교육을 제공하는

---

[12] 최영기 목사는 신약성경 에베소서 4장 12절을 성경적 근거로 하여 목회자는 "성도를 온전케 하는 일"을, 평신도들은 봉사와 교회를 세우는 일을 담당해야 한다고 주장한다. *Ibid.*, pp.58~60.

기능을 수행한다. 이 같은 사실은 오늘날에 적합한 속회 사역을 재구성하려는 입장에서 상당한 의미가 있다. 가정교회와 마찬가지로 속회의 성공과 실패 또한 평신도 지도자에 달려 있다고 할 때 '가정교회 사역'에서 평신도 지도자를 선발, 양성하는 과정이 하나의 좋은 안내가 될 수 있기 때문이다.

다섯째, '가정교회 사역'은 매일의 삶의 문제를 직시하고 그 문제들을 어떻게 다루어야 하는가에 대해 매우 정교한 방식을 보여 준다. 특히 목장 모임이 그렇다. 목장 모임 도중에 이루어지는 '나눔의 시간'은 사람들이 일상적인 삶의 현장에서 만나는 문제들을 직면하고 신앙적 관점에서 그 해결책을 구하는 시간이다. 자기 개방이 이루어지고 믿음 안에서 공동의 해결책을 찾아가는 과정 자체가 일종의 치유 과정이다. 속회 또한 일상의 삶을 정면으로 직시하고 믿음의 공동체 안에서 그 해결책을 찾아가는 공동체라는 점에서 가정교회와 다르지 않다. 그런 의미에서 가정교회의 경험은, 새로운 속회를 재구성하려 할 때 좋은 모델이 될 수 있다.

여섯째, '가정교회 사역'이 내포한 강한 공동체성은 새로운 속회 공동체의 구성에 하나의 모델이 된다. 가정교회는 가족과 같이 사랑으로 하나된 믿음의 공동체를 지향한다. 최영기 목사에 따르면 이 공동체는 "사랑으로 묶어진 공동체"로, "영적인 필요뿐만 아니라 물질적인 필요까지 채워 줄 수 있는 확대 가족"이다.[13] 사랑으로 뭉쳐진 가족 안에서 가족 구성원들이 스스로를 개방하고 서로를 사랑으로 지지함으로써 힘을 얻고 든든해지듯이, 가족처럼 사랑으로 하나가 된 믿음의 공동체 안에서 사람들은 그들의 문제를 거리낌 없이 드러내고 공동체 구성원들의 사랑과 기도로 그 문제들이 해결되며 치유된다. 이 같은 가정교회의 모습은 속회 공동체가 지향하는 방향과 다르지 않다. 속회 공동체 또한 가족과 같은 사랑으로 하나가 된 믿음의 공동체를 지향하기 때문이다.

---

13) *Ibid*., p.65.

결국 '가정교회 사역'은 새로운 속회의 재구성이라는 관점에서 매우 의미 있는 요소들을 포함하고 있음을 알 수 있다. 그러나 '가정교회 사역'을 새로운 속회의 모델로 그대로 수용하는 데 한계도 발견된다. 먼저 '가정교회 사역'이 다양한 대상을 포용할 수 있는 다양한 구조를 지니고 있음에도 불구하고 그 다양함이 하나님께서 베푸시는 구원의 은총의 다양함과는 무관하기 때문이다. 속회가 추구하는 다양성은 하나님께서 베푸시는 다양한 형태의 구원의 은총을 수용하기 위한 은총의 수단으로서의 다양함이다. 그러나 가정교회의 다양성은 사람들의 다양한 삶의 자리에 따라 만들어지는 다양성이라는 점에서 속회의 모델로 삼는 데는 한계가 있다. 다음으로 '가정교회 사역'에서 평신도의 역할에 한계를 지우고 있다. '가정교회 사역'은 평신도의 역할을 지역교회를 돌보는 사역자의 자리까지 확대한 것은 사실이지만 여전히 목회자의 돌봄과 관리를 필요로 한다는 입장을 포기하지 않는다. 최영기 목사는 가정교회를 지역교회라 말하지만 말씀 선포와 성찬이 위임되지 않는 교회는 진정한 의미에서 교회라고 말할 수 없다는 점을 고려한다면 어떠한 포장을 하더라도 가정교회는 진정한 의미의 지역교회가 될 수 없고 하나의 소그룹일 뿐이다. 속회는 진정한 의미의 교회를 추구한다는 점에서 평신도들에게 말씀 선포와 성찬을 위임할 수 있어야 한다. 즉 평신도들에게 목회자의 사역을 분담할 수 있어야 한다는 것이다. 사실 이런 사역의 모습은 이미 영미권의 교회에서는 오래전부터 낯설지 않다. 이들 교회에서는 이미 '평신도 목사(lay pastor)'라는 직임을 두어 잘 훈련된 평신도에게 이 같은 사역을 맡겨 왔다. 가정교회는 아직 이 단계까지 나아가지 못하고 있다.[14]

---

14) 최영기 목사는 가정교회에서 성찬식을 시행하지 못하는 이유를 타 교회와의 사이에 위화감이 조성될 염려가 있기 때문이라고 말한다. *Ibid*., p.200. 그러면서도 가정교회를 지역교회라고 주장하는 것은 성찬식 없는 교회를 진정한 교회의 모습이라 주장하는 논리적 모순에 처하게 된다. 진정한 교회란 말씀 선포와 성례전이 행해지는 믿음의 공동체를 의미하기 때문이다.

2) 사례 2: 김양재 목사의 '목욕탕 큐티 사역'

(1) 사역 개요

김양재 목사의 큐티 목회는 2002년 10월, 자신의 사택에서 열두 가정이 모여 시작되었다. 그 후 서울 휘문고 강당을 빌려 '우리들교회'라는 이름으로 예배를 드린 후 급성장하였다. 지금은 판교에 성전을 지어 출석 성도 1만 1천 명이 넘는 대형 교회가 되었다. 우리들교회의 초고도 성장에 대해 김양재 목사 자신은 관심을 두지 않는다. 그녀가 관심을 둔 것은 단지 오직 말씀에 집중하는 일이다. 김 목사는 이 사역을 '큐티 사역'이라 이름하였으며 자신을 "큐티를 위해 태어난 사람"이라 칭할 만큼 이 사역에 온 힘을 기울였다.15) 사실 큐티 사역은 김 목사의 독창적인 사역은 아니다. 큐티에 관련된 서적이 기독교 서점가에서 스테디셀러에 속할 정도로 다양한 형태의 큐티 사역이 활발하게 전개되고 있기 때문이다. 그러나 김 목사의 큐티 사역은 사람들의 삶의 문제를 직접적이고 깊이 있게 다룬다는 점에서 다른 큐티 사역과 다른 독특성을 띤다. 즉 김 목사에게 큐티 사역은 하나님의 말씀이 사람들의 삶의 애환들을 구석구석 파고들어 치유하는 구체적인 능력으로 드러나는 사역이다. 김 목사의 이 같은 큐티 사역을 특징짓는 용어가 바로 '목욕탕'이다. 김 목사의 큐티 사역은 말씀 앞에 모두가 발가벗고 서로의 때를 밀어 주는 '목욕탕 큐티 사역'이라는 것이다. 김 목사의 목욕탕 큐티 사역은 사람들이 큐티 가운데 말씀의 조명을 받도록 초대되고 그때 드러나는 자신들의 치부를 드러내는 데 거리낌이 없다. 마치 공중목욕탕에서 모든 이들이 서로 벌거벗듯이 사람들은 드러내기 꺼리던 부끄러움을 스스럼없이 고백하게 되고 말씀을 통해 성령의 위로를 받는다.16)

---

15) 2016년 9월 20일자 「아이굿뉴스」 인터뷰 기사, http://www.igoodnews.net/news/articleView.html?idxno=50715.
16) 「기독일보」, 2018년 10월 1일자 기사, http://kr.christianitydaily.com/articles/92269/20170620. 이 목회를 김양재 목사는 'THINK'라는 단어로 요약한다. T는 죄 고백과 간증(Telling), H는 거룩한

김양재 목사가 '목욕탕 큐티 사역'을 진행하면서 가장 관심을 기울인 것은 '가정'이다. 가정은 인간의 삶에 가장 직접적인 영향을 끼치기 때문이다.17) 무너진 가정이 '목욕탕 큐티 사역'으로 인해 말씀에 초대되고, 가정은 말씀에 집중함으로써 거룩성이 회복된다. 가정의 거룩성 회복은 가정의 회복에서 다른 무엇보다도 중요하다. 김양재 목사에 따르면 가정의 회복을 이루는 열쇠는 '가정의 행복'이 아니라 '거룩함의 회복'이다. 역설적이게도 사람들은 가정의 행복을 추구하느라 가정을 불행으로 이끌게 된다. 진정한 가정의 행복은 '거룩함'의 회복이다. 거룩을 추구하는 가정은 하나님께 더욱 가까이 나아가게 되고 진실한 가정의 행복에 이르며 다시금 굳건하게 세워지게 된다. 이른바 '가정의 중수'가 이루어지게 되는 것이다.18)

김양재 목사의 '목욕탕 큐티 사역'에서 주목할 점은 전문 목회자와 평신도의 조화로운 파트너십이다. 목회자는 주로 평신도 목자를 양육하는 자로 평신도 지도력을 배양하는 역할을 감당하고, 이렇게 준비된 평신도 지도자들은 목장의 핵심 사역자로 사역을 감당한다. 이때 전문 목회자와 평신도의 관계는 사역하는 자와 사역의 대상자라는 관계보다는 사역의 파트너십 관계에 가깝다. 이때 평신도 지도자의 지도력을 판단하는 가장 중요한 요소는 믿음이다. 교회를 얼마나 오래 다녔는가, 직분이 무엇인가 하는 외형적 기준보다 참되고 굳건한 믿음을 가졌는가 하는 본질적인 기준이 더 중요한 것이다. 즉 목장의 지도자는 믿음의 사람이면 족하다. 말씀이 초대하고 말씀이 치유하므로 사역자는 누구를 가르치는 자가 아니라 곁에서 돕는 자다.

삶(Holifying), I는 말씀 묵상(Interpreting), N은 다른 이들을 돌보는 일(Nursing), 그리고 K는 무너지고 찢어진 가정을 고치는 일(Keeping)이다.
17) 김양재 목사의 목회는 철저히 가정 중심 사역이라 할 수 있다. 김양재 목사는 가정 살리는 목회를 펼치는 것을 자신의 사명으로 생각한다. 목회의 본질은 사람을 살리는 것인데 가정이 올바로 서지 않으면 불가능하다는 사실을 확신하기 때문이다. 「국민일보」, 2010년 10월 20일자 기사, http://news.kmib.co.kr/article/view.asp?arcid=0004236682.
18) 「교회와 신앙」, 2011년 2월 28일자 인터뷰 기사, http://www.amennews.com/news/articleView.html?idxno=11031.

(2) 새로운 속회의 재구성 원리에서 바라본 '목욕탕 큐티 사역'

김양재 목사의 '목욕탕 큐티 사역'에는 새로운 속회의 재구성을 위한 원리를 어떻게 실제 우리의 목회 현장에서 응용할 수 있는가에 대해 최영기 목사의 '가정교회 사역'과는 또 다른 목회 현장에서 제공해 준다. 특히 '목욕탕 큐티 사역'은 웨슬리 속회의 현대적 재구성을 위한 첫 번째와 두 번째 원리, 네 번째와 다섯 번째 및 여섯 번째 원리를 어떻게 목회 현장에 적용할 수 있는가를 보여 주는 하나의 좋은 예가 될 수 있다. 그 자세한 내용을 정리해 보면 다음과 같다.

첫째, '목욕탕 큐티 사역'은 무엇보다도 속회를 목회의 중심으로 삼고자 할 때 참고할 수 있는 좋은 모델이다. 이 목회 사역에서 속회로 간주될 수 있는 것은 '큐티'다. 김양재 목사가 큐티 사역을 하는 것은 교회의 여러 사역 중 하나로서 행하는 큐티가 아니다. 어떻게 보면 큐티 사역이 목회의 '전체'라 할 수 있을 만큼 큐티 사역에 전념한다. 김 목사는 자신의 표현대로 큐티를 위해 태어난 사람답게 큐티 사역에 올인하고 있다. 큐티 모임 안에서 말씀을 나누고 전도와 양육이 이루어지며 성도의 교제가 이루어진다는 점에서 '교회 안의 작은 교회'의 역할을 충실히 하고 있는 셈이다. 그렇다면 큐티 사역에서 교회의 역할은 무엇인가? 교회의 주된 역할은 이 큐티 사역을 격려하고 지원하는 '우산' 역할을 수행한다. 한마디로 '연합 큐티'인 셈이다. 이곳에서 각 큐티 현장을 이끌 일꾼들과 필요한 자료들을 제공해 줄 뿐만 아니라, 각 큐티 현장의 이야기를 듣고 함께 모여 큐티 현장에 나타난 하나님의 역사에 감사와 찬양을 돌림으로써 서로를 격려한다. 이는 속회가 중심이 되는 목회의 전형적인 모습이다.

둘째, '목욕탕 큐티 사역'은 방향이 잘 잡힌 속회의 모습을 보여 주는 실제적인 예라 할 수 있다. 김양재 목사의 '목욕탕 큐티 사역'은 '성경에 나타난 복음과 그 능력'에 집중한다. 김 목사가 추구한 목회란 다름 아닌 사람들을 복음 앞에 초대하는 것이었고, 그 능력을 실제로 입는 것이었다. 이 과정에서 반드시 요청되는 것은 '진실한 회개'다. 김 목사의 말을 직접 들어본다.

"기차를 탔는데 가는 목적지가 잘못 됐으면 빨리 내려서 갈아타야 합니다. 그런데 내릴 생각은 하지 않고 구제한다, 선한 일 한다며 합리화시킵니다. 회개가 없는 선한 일은 본질을 잃은 것입니다. 하나님이 가장 기뻐하는 것은 회개입니다. 믿음이란 자신의 죄를 인식하는 것이고요. 회개가 없으면 우리 모두 괴물로 변할 수 있습니다."19)

즉 김 목사는 큐티 안에서 말씀을 접하게 되고 자신이 더러운 죄에 물든 모습을 자각하게 되며 그 뿌리까지 들여다봄으로써 진실한 회개에 이르게 되면 하나님으로부터 죄 사함의 은총, 치유의 은총을 입게 되는 분명한 사역 방향을 인지하고 있는 것이다.

셋째, '목욕탕 큐티 사역'은 속회의 지도자를 어떻게 세워야 하는가에 대한 아이디어를 제공해 준다. 김양재 목사는 '목욕탕 큐티 사역'의 성공과 실패가 사역을 이끄는 지도자의 선정에 있음을 잘 알고, 사역의 지도자들을 선택하고 양성하는 데 많은 노력을 기울인다. 특히 김 목사는 전문적인 신학 공부를 한 목사 자원과 조화를 이루어낼 수 있는 평신도 자원 발굴에 주목한다. 그의 '목욕탕 큐티 사역'을 이끌어 가는 이들은 생생한 삶을 나누는 목욕탕과 같은 큐티 현장을 이끌 수 있는데 경험이 풍부한 평신도들이 적극적인 역할을 감당한다. 평신도 사역자를 세우는 기준으로 높은 학벌이나 지위를 요구하지 않는다. 믿음으로 살아가는 진실한 모습이면 충분하다. 오직 참된 믿음만이 기준이기에 믿음이 없으면 어떤 사역이나 직분도 맡을

---

19) 「매일 종교신문」, 2016년 7월 14일자, http://www.dailywrn.com/sub_read.html?uid=8926.

수 없다. 그야말로 '믿음이 왕 노릇' 하는 사역처인 셈이다.[20] 평신도의 가치와 역할을 재발견하고 사역의 주요 파트너로 삼았다는 점에서 '목욕탕 큐티 사역'은 새로운 속회를 재구성하는 데 필요한 일꾼을 어떻게 세워야 하는가 하는 문제에 좋은 본보기가 된다.

넷째, '목욕탕 큐티 사역'은 매일의 삶을 거룩한 시간으로 보낼 수 있는 방법을 안내한다. 큐티의 주요 관심사가 주일만의 신앙적 삶이 아니라 일주일 내내 거룩한 산 제사로 지내는 데 있음은 주지의 사실이다. 김양재 목사의 큐티 사역 또한 다르지 않다. 김 목사는 자신의 큐티 사역을 "날마다 해야 하는 삶의 과정"으로 정의하면서,[21] 다음과 같이 말한다.

"좋은 땅이 되려면 인내가 필요하고, 끝까지 인내하려면 말씀 묵상을 꾸준히 해야 합니다. 매일, 하루도 빠짐없이 말씀을 씹어 먹으며 나의 가치관이 조금씩 깨져야 합니다. 이런 과정을 통해 그 삶의 목적을 하나님 나라에 두게 되면 잎사귀가 마르지 않는 축복을 받게 됩니다."[22]

웨슬리 속회를 현대의 목회에 적용하려 한다면 매일의 삶을 거룩한 삶으로 바꾸어 나가는 과정이 필연적으로 요청되는데, 그런 의미에서 '목욕탕 큐티 사역'은 주목할 만하다.

다섯째, 믿음과 삶을 일치시키는 속회 공동체를 오늘날 어떻게 구성할 수 있는가 보여 주는 실제적인 예다. 김 목사의 큐티 사역은 단순히 성경을 공부하는 모임이 아니라 삶을 공유하는 공동체를 지향한다. 즉 큐티 사역 공동체는 죄로 물들어 야기되는 각종 삶의 문제들을 결코 외면하지 않는다. 각 큐티 모임은 사람들과 더불어 함께 울고 함께 웃는 현장이요 자기를

---

[20] 「국민일보」, 2010년 10월 20일자 기사, http://news.kmib.co.kr/article/view.asp?arcid=0004236682.
[21] 김양재, 『날마다 큐티하는 여자』(도서출판 큐티엠, 2018), p.195.
[22] Ibid., p.175.

벌거벗는 시간이라는 점에서 '목욕탕'의 이미지와 부합된다. 이곳에서 가정폭력, 불화, 자녀에 대한 고민 등 삶의 문제들이 주저 없이 드러난다. 참여자들은 삶을 진솔하게 나누는 과정에서 공감하며 말씀을 통한 치유를 경험하게 되는 것이다. 이 과정에서 최우선적인 관심은 '가정의 회복'이다. 가정은 삶의 기초요 중심이기 때문에 무너진 가정을 제대로 세우는 것이야말로 삶의 문제에 접근하는 가장 빠른 지름길이다. 이를 김 목사는 '가정의 중수(重修)'라 일컫는다. 그런데 가정의 중수는 세상 사람들이 소망하는 것들, 예를 들어 경제적 부요함이나 사회적 지위의 확보 등을 가정에 채워 넣는다고 되는 것이 아니다. 그것이 가능해지는 유일한 길은 '거룩함'의 회복에 있다. 가정이 무너지는 원인은 다른 곳에 있는 것이 아니다. 거룩함의 상실의 결과물일 뿐이다. 그러므로 가정의 중수는 가정 내에 거룩함의 양문이 세워질 때, 곧 성별될 때 가능하다. 여기서 김 목사가 의미하는 거룩함이란 단지 예배를 드리고 말씀을 읽는 외적인 모습을 말하는 것이 아니다. '말씀대로 삶을 살아냄으로써' 속사람이 하나님의 형상으로 변화되는 실제적인 변화를 의미한다. 말하자면 믿음이 삶이 되고 삶이 믿음이 되는 변화인 것이다.[23] 큐티 모임은 바로 이것을 돕는 공동체다. 이곳에는 가정의 중수, 거룩함의 회복을 이룰 수 있는 말씀이 있고 교제가 있기 때문이다. 이 같은 큐티 공동체는 형식화된 단순한 교회의 소그룹이 아니라, 믿음과 삶이 공유되는 공동체의 모습을 띤다. 이 공동체에서 우리는 웨슬리 속회의 현대적 적용에서 필연적으로 고려되어야 할 공동체 형성이 어떤 방향으로 이루어져야 하는가에 대한 실마리를 발견한다.

 결론적으로 김양재 목사의 '목욕탕 큐티 사역'은 다양한 측면에서 웨슬리 속회를 현대적으로 재구성하기 위한 좋은 소재들을 제공한다. 그런 면

---

23) 김 목사는 '가정 중수'라는 용어의 모티브를 구약성경 느헤미야 3장 22~25절에서 찾았다. 김 목사의 가정 중수에 관한 자세한 견해는 김 목사의 책, 『가정아 살아나라』(두란노, 2009)를 참조.

에서 '목욕탕 큐티 사역'은 현대적 의미의 속회 운동 중 하나라고 평가받을 만하며, 이 시대의 바람직한 목회적 대안으로 심사숙고할 가치가 있다. 그럼에도 불구하고 웨슬리 속회의 재구성 원리에 비추어 볼 때 '목욕탕 큐티 사역'을 전적으로 수용할 수 없는 몇 가지 제약들도 발견된다. 첫째, '목욕탕 큐티 사역'이 나아가고자 하는 방향이 어느 정도 뚜렷해 보이지만 아직 그 전체 그림을 그려내는 데까지는 이르지 못하고 있다는 데 있다. 큐티 사역에는 말씀을 개개인의 경험에 비추어 해석하게 되는 '말씀의 주관화'라는 위험성이 늘 도사리고 있다. 큐티 모임이 언뜻 말씀을 중심으로 하는 모임으로 보이지만 참여자들의 주관적 성경 해석의 가능성이 있기 때문이다. 사실 이 문제는 비단 목욕탕 큐티 사역에만 해당되는 것이 아니라 모든 큐티 사역에서 생길 수 있는 문제이기도 하다. 이러한 사실은 목욕탕 큐티 사역이 '주관적 성경 해석'에 머물지 않고 성경 전체의 그림을 그려내는 의미 있는 큐티 사역을 전개해야 하는 과제를 안고 있다는 의미이다. 둘째, '목욕탕 큐티 사역' 모델은 사역의 다양성을 제약할 수도 있다는 점이다. 그것은 어쩌면 큐티라는 은총의 수단을 강조하는 데서 필연적으로 야기될 수밖에 없다. 큐티를 사역의 중심으로 삼는 과정에서 다른 은총의 수단들의 역할을 제한시키는 의도치 않은 결과를 초래할 수도 있다. 특히 사람들의 영적 필요가 믿음의 분량에 따라 제각기 다른데도 모든 대상을 큐티라는 수단으로 수렴시켜 '영적 평준화'라는 부작용을 초래할 수도 있다는 점을 유의해야 한다. 셋째, 큐티 사역의 지도자들에 관한 문제다. 큐티 사역의 지도자로 선택하는 유일한 조건이 '믿음'이라고 할 때, 여기에는 그 믿음의 분량과 진실성을 어떻게 판단할 수 있는가 하는 실질적인 문제가 제기된다. 도대체 어떤 기준으로 판단하며 누가 큐티 사역에 필요한 믿음의 분량을 판단할 수 있는지 구체적인 설명이 제시되어야 할 필요가 있다. 새로운 속회의 재구성이라는 입장에서 볼 때 평신도 사역자들을 적극 활용한다는 취지는 충분히 고려할 만하지만 그 사역자들을 선별하고 양성하는 실질적이고 구체적인 교육과정 구축이 반드시 수반되어야 한다. 넷째, 삶을 공유하는 공동체로서의 제약이다. 큐티 모임은 분명 삶을 공유하는 공동체를 지향한다. 그러나 이것은 참된 의미의 공동체성 회복과는 아직 거리가 있는 것 같다. 목욕탕 큐티 사역은 삶 전반의 변화가 신앙공동체 안에서의 긴밀한 소통으로 이루어진다는 사실을 깊이 인식하고 큐티라는 매개를 통해 나름대로 참된 공동체 형성을 추구하고 있지만 아직은 삶 전체를 포용하는 신앙공동체의 온전한 모델을 제시하지 못하고 있다. 특히 4차 산업 혁명 시대에 요구되는 공동체가 '삶 전체를 나눌 수 있는 공동체'라는 점을 고려해 본다면 새로운 속회 공동체가 추구할 공동체 모델로는 한계가 엿보인다.

3) 사례 3: 유기성 목사의 '예수 동행 일기 사역'

(1) 사역 개요

김양재 목사의 '목욕탕 큐티 사역'이 웨슬리안 전통과는 직접적인 관계가 없으면서도 웨슬리 속회의 현대적 모델로 평가할 만하다고 한다면 스스로 웨슬리안 전통 안에 있음을 의식하면서 웨슬리 속회의 현대적 모델로 간주할 만한 예를 들고자 한다. 곧 유기성 목사의 '예수 동행 일기 사역'이다.[24] '예수 동행 일기'는 '영성 일기'의 다른 말이다.[25] 유기성 목사가 '영성 일기'라는 화두를 처음으로 한국교회에 던지고 그것을 목회 현장에 적용한 이후, 그 영향력은 한국교회는 물론 해외로까지 크게 확대되었다. 영성 일

---

24) 유기성 목사는 웨슬리안 전통을 고수하는 기독교대한감리회의 소속 목사다.
25) 유기성 목사는 본인의 의도를 분명히 표현하기 위해 최근 들어 '영성 일기'를 '예수 동행 일기'라는 용어로 대치해 사용하고 있다. 본 책에서는 유기성 목사의 의도를 존중한다는 의미에서 가급적 '영성 일기'라는 말 대신에 '예수 동행 일기'라는 단어를 사용하려 한다. 그러나 이미 출간된 자료의 인용 혹은 학술적 논의를 위해서는 부득이하게 '영성 일기'라는 용어를 사용하기도 할 것이다

기 사역의 급속한 확대에 따라 그 신학적, 목회적 타당성을 묻는 작업도 병행되었다.26)

사실 영성 일기 자체는 새로운 것이 아니다. 힐슨(Hilson)이 정의한 대로 영성 일기가 "하나님과의 대화, 의사소통, 교제"를 의미한다면, 그것이 그날그날 일어나는 일들을 기록하는 다이어리(diary)든 혹은 그 일들의 내적 의미를 진술하는 저널(journal)이든, 그것은 이미 여러 사람들이 실천해 오던 것이기 때문이다. 웨슬리 또한 저널과 다이어리를 쓴 사람으로 널리 알려져 있다. 특히 웨슬리는 저널 작성에 깊은 관심을 기울였다. 테일러 감독의 저서『거룩한 삶과 죽음을 위한 규칙과 연습(Rules and Exercises for Holy Living and Dying)』을 읽는 동안 저널을 작성하리라 다짐했던 결심은 1735년 10월 14일부터 시작하여 그가 사망하기 약 3개월 전이었던 1790년 10월 24일까지 변함없이 지속되었고 자신의 저널을 축약판의 형태로 여러 권으로 엮어 출판하기도 했다. 이 때문에 많은 이들은 웨슬리의 저널을 웨슬리 자신의 영성적 삶을 고양시키기 위해 활용했던 '영성 일기'의 하나로 평가하기도 한다. 물론 웨슬리가 저널을 작성하면서 주님과 깊이 교제하고 영적인 성숙을 경험했을 것이라는 가정은 매우 개연성이 높다.

그렇지만 웨슬리가 이 목적을 위해 의도적으로 저널을 쓴 것 같지는 않다. 자신의 저서 어느 곳에서도 저널 쓰기를 강조하거나 권유한 적이 없기 때문이다. 오히려 웨슬리는 자신의 저널을 변증적 수단으로 삼았다고 보아야 한다. 웨슬리는 1742년에 1738년 9월 17일부터 1739년 11월 1일까지의 저널들을 묶은 세 번째 저널 묶음집을 내면서 자신의 저널이 메도디스트 운동의 진실성과 타당성을 입증해 줄 중요한 기록이 되기를 기대하였다.27)

---

26) 학술 컨퍼런스는 그중 하나다. 필자도 2018년 컨퍼런스에 참가하여 '웨슬리 성화 훈련에 비추어 본 예수 동행 일기'라는 제목의 논문을 발표했다. 앞으로 진술될 주요 내용들은 이 논문에서 발췌되었다.
27) 웨슬리는 다음과 같이 진술한다. "(저널을 묶어 책으로 내는 것은) 메도디스트들이 해왔던 일들, 또 지금 하고 있는 일들, 더 정확히 말하자면 하나님께서 이 땅에서 친히 행해 오신 일, 그리고 지금도 행하시는

최근 들어 한국 사회에서 사람들에게 많은 관심을 끄는 유기성 목사의 '예수 동행 일기'는 웨슬리의 저널과는 다르게 사람들이 예수님과 동행하는 것이라는 뚜렷한 목적을 지향하고 있다.

"영성 일기의 실제적인 초점은 예수님과의 친밀한 동행에 있습니다. 보이거나 귀에 들리지 않지만, 지금 나와 함께하시고 말씀하시는 그분에게 초점을 맞추는 것입니다."[28]

"예수님을 바라보는 삶을 지속적으로 살기 위해서는 훈련이 필요합니다. 영성 일기는 우는 사자와 같이 두루 다니며 삼킬 자를 찾는 사탄과 우리를 미혹시키려는 세상으로부터 우리 마음을 지키고 24시간 예수님과 동행하는 삶을 훈련하는 가장 탁월한 도구입니다."[29]

사실 유기성 목사가 진술한 '예수 동행 일기'의 목표가 웨슬리의 저널이 지향하는 바와는 다르다고 해도 웨슬리의 속회 공동체가 지향했던 것과 별반 차이가 없다. 웨슬리의 속회 공동체의 존재 이유도 하나님의 형상을 온전히 회복하여 24시간 예수님의 마음으로 이 세상에서 살아가도록 하는 데 초점을 모으기 때문이다. 웨슬리에게 이 주제는 다름 아닌 '완전(perfection)'이었다. 그런 의미에서 유기성 목사의 예수 동행 일기는 웨슬리의 저널보다는 속회 공동체의 사역과 더 깊은 관련성을 갖는다고 할 수 있다. 이 같은 양자 간의 관계가 웨슬리의 속회의 현대적 재구성이라는 관점에서 현재

일을 사람들에게 알리기 위함이다. 최근 우리가 목격한 일들은 사람이 행한 일이 아니다. 세밀하게 들여다보기만 하면 이 일이 하나님께서 친히 행하신 놀라운 일임을 알게 될 것이다."( )는 설명을 위해 필자가 첨부한 것임. Wesley, *The Preface to the Journal*(No.3), 2.
28) 유기성, 「영성 일기」(규장, 2016), p.18.
29) *Ibid.*, p.10.

유기성 목사의 예수 동행 일기가 갖는 의미를 되짚어 볼 수 있는 근거가 되는 것이다.30)

(2) 새로운 속회의 재구성 원리에서 바라본 '예수 동행 일기 사역'

필자는 유기성 목사의 '예수 동행 일기 사역'은 여러 면에서 웨슬리의 속회 사역과 맞닿아 있으며, 이 때문에 웨슬리 속회의 현대적 모델을 재구성하는 데 필요한 여러 가지 내용들을 포함하고 있다고 평가한다. 특히 속회의 현대적 모델을 재구성하기 위해 제시했던 원리들 중 첫 번째, 두 번째, 다섯 번째, 여섯 번째 원리에 부합되는 구조를 가지고 있어서 이 내용들을 면밀히 살펴보면 새로운 속회를 구성하는 데 유익할 것으로 보인다.

첫째, 최영기 목사에게 '가정교회 사역'이, 김양재 목사에게 '목욕탕 큐티 사역'이 목회의 중심에 서 있다면 유기성 목사에게는 '예수 동행 일기 사역'이 목회의 중심에 서 있다. 유 목사가 목회 가운데 추구하는 것은 오직 '24시간 주님을 바라보며 동행하는 것'이고, '예수 동행 일기 사역'은 이것을 가능하게 하는 것이라 확신하기에 이 사역에 온 힘을 기울이는 것이다. 이러한 사실은 유 목사의 '예수 동행 일기 사역'이 속회의 현대적 재구성의 첫째 원리, 곧 속회를 목회의 중심에 두라는 원리에 부합하고 있음을 의미한다. 물론 유기성 목사가 지나치게 '예수 동행 일기 사역'에 매여 있다고 비판하는 이들도 있다. 심지어 이들 중에는 유기성 목사가 '예수 동행 일기 사역'에 '중독'된 것이라 의심하는 사람도 있다.31) 그러나 속회 사역의 재구성이라는 관점에서 보면 유기성 목사의 '예수 동행 일기 사역'에의 헌신은 오

---

30) 이에 관련된 자세한 내용은 필자가 2018년 컨퍼런스 강사로 참가해서 소개했던 논문, "웨슬리 성화 훈련에 비추어 본 예수 동행 일기"를 참조.
31) 허성식은 "유기성 목사 '영성 일기 운동' 비판적 읽기"라는 소고에서 다음과 같이 과격한 어조로 비판한다. "난 이 정도 되면 '영성 일기 중독' 아닌가 하는 생각이 든다. 내용은 역시 '주님만 바라보자', 이것이 얼마나 좋은지 모른다는 주장의 지루한 반복이다."「뉴스앤조이」, 2016년 10월 29일자, http://www.newsnjoy.or.kr/news/articleView.html?idxno=206886.

히려 '가능성'으로 비쳐진다. 앞에서 살펴보았듯이 속회 사역의 재구성의 첫 번째 원리는 목회의 중심을 속회에 위임하는 것이다. 이 관점에서 보면 유 목사가 '예수 동행 일기 사역'에 올인하는 것은 오히려 바람직하다고 할 수 있다. 중독이라 할 만큼 헌신적 위임이 없이는 참된 의미의 속회란 기대할 수 없기 때문이다.

둘째, '예수 동행 일기 사역'은 '24시간 주님을 바라보는 것'이라는 사역의 초점이 명확할 뿐 아니라 이 사역이 어떤 방향으로 진행되어야 하는지를 명확히 알고 있다. 우리가 새로운 속회 구성을 추구하는 데 있어서 사역의 존재 이유를 분명히 아는 것이 매우 중요한 요소임을 언급한 바 있다. '예수 동행 일기 사역'은 바로 '24시간 주님을 바라보며 동행하는 것'이라는 사역의 목표를 실현하기 위한 도구라는 자기 인식을 분명히 하고 있다는 점에서 이 사역을 주목해야 한다. 그렇다면 '예수 동행 일기 사역'이 어떻게 '24시간 주님을 바라보며 동행하는 것'이라는 사역의 목표를 섬기게 되는가?

이를 이해하기 위해서 잠시 웨슬리가 설명한 은총의 수단을 상기할 필요가 있다. 웨슬리가 속회 공동체 운영에서 가장 신경을 썼던 것은 적절한 은총의 수단의 배치였다. 영혼의 상태를 먼저 진단한 후에 그에게 필요한 은총이 무엇인지 면밀히 살폈으며 이 은총을 받을 통로로서 어떤 종류의 믿음이 필요한지 파악한 후에 적절한 은총의 수단을 입체적으로 구성하여 활용하는 것이 곧 웨슬리의 속회 공동체였던 것이다. 여기서 빼놓아서는 안 될 중요한 사실 하나가 있다. 그것은 영혼이 필요한 은총을 입기 위해 선택된 은총의 수단이 제대로 충분히 활용되고 있는가 점검하는 일이다. 웨슬리에게 이 같은 점검 과정은 스스로 혹은 공동체에서 질문을 제기하고 스스로를 점검하는 시스템에 의해 이루어졌다. 웨슬리는 다른 은총의 수단들이 제대로 충분히 활용되고 있는가를 점검하기 위한 자기 점검 또한 은총의 수단으로 삼았던 것이다. 물론 자기 점검은 전통적인 은총의 수단 목록에서는 발견되지 않는다. 그러나 이것은 그가 1763년의 '대회의록(Large minutes)'에서 언급했던 임시변통적인 은총의 수단에는 포함될 수 있는 것이기에 이 은총의 수단은 다른 은총의 수단들이 참다운 은총의 수단들이 되게끔 섬기는 은총의 수단이라 할 수 있을 것 같다.

유 목사의 사역 또한 적절한 은총의 수단을 활용하는 방식을 택하고 있는데, 바로 '예수 동행 일기'다. 어떤 의미에서 그런가? '예수 동행 일기'는 하나님의 은총의 보좌로 가까이 나아가는 데 유용한 수단이기 때문이다. 24시간 주님을 바라보며 동행한다는 것처럼 큰 은총은 없다. '예수 동행 일기'는 이 은총에 다가서기 위한 은총의 수단이라 할 수 있다. 유 목사의 표현을 빌리면 "은혜를 매일 담아내는 그릇"인 것이다. 그런데 '예수 동행 일기'는 '자기 점검'이라는 기능을 통해 그 역할을 감당한다.[32] '예수 동행 일기'는 다른 은총의 수단들이 제대로 활용되고 있는지 자기 점검을 하기 위한 도구라는 말이다. 특히 '기도'와 '말씀'이라는 전통적 은총의 수단들이 참다운 은총의 수단으로 활용될 수 있도록 하는 은총의 수단인 것이다.

셋째, '예수 동행 일기 사역'은 새로운 속회가 지향하는 또 하나의 중요한 요소, 곧 '일상의 삶과 연결 짓기'에서 매우 좋은 예로 삼을 만하다. '예수 동행 일기 사역'은 대중과 매우 쉽게 소통하는 구조를 가지고 있다. 이를테면 대중 친화적이다. '예수 동행 일기'는 일종의 신앙의 엘리트들의 전유물이었던 '예수 동행 일기' 쓰기를, 누구든지 쉽게 참여할 수 있는 '예수 동행 일기' 쓰기로 전환시킴으로써 영성 훈련의 대중화를 이루었다.[33] '예수 동행 일기 사역'이 사람들에게 쉽게 다가갈 수 있었던 것은 이 사역이 단지 일기 쓰기에 머문 것이 아니라 일기라는 매개를 통해 그들의 일상적 삶의 문제와 맞닥뜨렸기 때문이다. 유 목사는 매일의 삶 속에서 쓰는 일기의 의

---

32) 유기성, 『영성 일기』, pp.8, 222.
33) 처음에는 유기성 목사 개인의 일기에서 머물렀던 것을 점차 자신의 목회 현장에도 적용했으며 2014년부터는 '위드지저스미니스트리' 단체를 설립, 영성 일기 사역의 대중화를 견인하고 있다.

의를 이렇게 설명한다.

"변화의 열매, 영적인 성장은 지속성과 관계가 있습니다. …… 우리의 일상은 별 것 없습니다. 영성 일기를 써 보면 매일매일은 볼품이 없습니다. 넘어지고 깨지는 이야기뿐인 것 같습니다. 그런데 내 일상의 볼품없는 날들을 일기를 통해 빛 가운데 꺼내 놓으면 주님이 그 일상을 통해 역사하십니다."34)

유 목사에 따르면 하나님께서는 이 매일의 삶을 통해 우리와 교제하신다. 매일의 삶이 곧 하나님과의 사귐의 장(場)이라는 의미다. 그런데 이 매일의 삶이 하나님께 받아들여질 만한 거룩한 삶이 되려면 매일 24시간 예수님을 바라보며 동행하는 시간이 되어야 한다. 곧 "일상의 거룩이 없는 거룩은 외식이 될 수밖에 없다."35) '예수 동행 일기'를 쓰는 일은 바로 이렇게 매일 24시간을 주님을 바라보며 주님과 동행하는 길이다. 어째서 그런가? '예수 동행 일기'는 24시간 주님을 바라보는 것이며,36) 24시간 주님을 생각하는 것이기에37) 매일 이와 같은 일이 반복되는 가운데 예전에는 들어서 아는 주님이 이제는 친밀하게 교제하는 주님, 다시 말해 '동행하시는 주님'으로 다가서게 되는 것이다.38)

"영성 일기를 쓰는 목적은 한 가지입니다. 복음서와 서신서에 나오는 대로 사도들과 초대교회 성도들이 누렸던 예수 그리스도와의 친밀히 동행하는 삶을 회복하자는 것입니다."39)

---

34) 유기성, 『영성 일기』, p.123.
35) *Ibid.*, p.124.
36) *Ibid.*, p.45.
37) *Ibid.*, p.46.
38) *Ibid.*, p.47.
39) *Ibid.*, p.67.

즉 유 목사에게 '예수 동행 일기'는 매일의 삶을 예수님과 동행하는 시간으로 바꾸어 나가는 수단인 셈이다. 여기서 우리는 '예수 동행 일기 사역'이 매일의 삶에 쉽게 뿌리 내릴 수 있는 내적인 요인들에 관심을 가질 필요가 있다. 그 요인들은 크게 두 가지인데, '마음'과 '체험'이다. 두 요소들은 모든 이들의 매일의 삶을 형성하는 근간이라 할 수 있는데, '예수 동행 일기 사역'은 이 두 요소와 깊은 관련성을 갖고 있다.[40] '예수 동행 일기'의 목적은 24시간 예수님과 동행하는 것인데, 그 일이 이루어지는 장(場)이 곧 '마음'이라는 것이다. 그러므로 성경이 이른 대로 "더욱 마음을 지켜야 한다." 그렇다면 이 마음을 어떻게 지킬 수 있는가? 유 목사는 "영성 일기를 쓰는 것"이라 말한다.[41] 그가 이렇게 말하는 이유는 무엇인가? 그것은 '예수 동행 일기'를 쓰는 일이 '마음의 실상을 깨닫게 하기 때문'이다. 이렇게 마음을 열어야 비로소 주님께서 오셔서 마음의 청결이 이루어져 본격적인 교제를 시작할 수 있게 되며 마침내 내 마음이 주님의 마음으로 변화되는 것이다.[42]

'예수 동행 일기 사역'은 체험 또한 중시한다. 유 목사는 오늘날 많은 그리스도인들이 직면하는 문제의 핵심이 주님을 믿는다고 하면서도 삶은 그 믿음을 따르지 못하는 데 있다고 진단한다.[43] 말하자면 믿음이 삶의 현실에서 제대로 작동하지 못하고 있다는 말이다. 이렇게 믿음이 삶의 현실에 무기력해지면 믿음이 무용지물이 되고 삶은 황폐해진다. 인생의 많은 문제가 여기에서 발현되는 것이다. 유 목사 자신도 이런 삶에서 허덕였고, 이 문제에서 벗어나게 된 동기가 바로 '예수 동행 일기'를 적는 일이었다고 말

---

[40] 먼저 '예수 동행 일기 사역'이 마음을 중심 주제로 삼고 있다는 사실을 그의 다음과 같은 진술을 통해 발견하게 된다. "주님과 24시간 동행하려면 무엇보다 마음이 중요하다는 것을 알아야 합니다. 우리가 예수님을 만나고 친밀히 교제하는 곳은 마음이기 때문입니다." Ibid., p.79.
[41] Ibid., p.84.
[42] 이 과정을 유 목사는 다음과 같이 요약한다. "이제는 주님의 마음을 품고 살아야 합니다. 그러기 위해서는 마음을 열고 살아야 합니다. …… 영성 일기는 마음을 열고 사는 일에 큰 도움이 됩니다." Ibid., p.88.
[43] 믿음을 말하면서도 그 믿음에 부응하는 행복한 삶을 누리지 못하는 현실에 대해 이렇게 묘사한다. "예수님을 믿는다고 하지만 실제로는 한 번도 예수님을 믿고 의지하며 살아보지 못한 것입니다." Ibid., p.18.

하면서44) 그 자신이 '예수 동행 일기' 쓰기를 통해 믿음이 삶 속에 실제로 체험되는 경험을 했다고 고백한다.45) 이처럼 마음과 체험을 중시한 '예수 동행 일기 사역'은 사람들의 일상으로 쉽게 다가설 수 있었던 강력한 요인이 되었다. 이 같은 '예수 동행 일기 사역'의 모습은 새로운 속회의 재구성 원리, 특히 '일상적 삶과 연결 짓기'라는 원리에 잘 부합된다는 점에서 주목해야 할 필요가 있다.

넷째, '예수 동행 일기 사역'은 온라인 공동체라는 새로운 형태의 공동체 형성을 보여 주는 실제적인 예다. 24시간 주님을 바라보며 주님과 동행하는 것은 사막과 같이 고독한 곳에서 홀로 행할 수 있는 것이 아니다. 그것은 다른 이웃들과 함께 행해야 하는 공동의 일이다. 이는 개인의 역량을 극대화하기 위한 기능적인 것이 아니라 하나님의 형상을 온전히 이루기 위한 전 존재의 변화를 추구하는 구원의 여정 그 자체기 때문이다. 이 여정이 개인에 맞추어져 고독한 종교로 방향을 전환한다면 그 순간 기독교가 망가지게 될 것이다. 개인의 믿음은 공동체 안에서 성장하기 때문에 믿음의 공동체를 세우는 것은 현대적 속회를 재구성하는 데 있어서 핵심적인 요소다. 유기성 목사의 '예수 동행 일기 사역'은 24시간 주님을 바라보며 동행하는 목표를 이루기 위해 공동체 안에서의 훈련의 가치를 인식하고 있다. 그런데 유 목사는 '예수 동행 일기 사역'을 공동체 안에서 실현하기 위해 현대인들에게 친숙한 SNS 공간을 활용하고 있다. 이것이 바로 '나눔방'이라 일컫는 것이다. 유 목사는 나눔방을 활용한 '예수 동행 일기' 쓰기의 이점들을

---

44) *Ibid.*, 표지의 왼쪽 날개 참조.
45) 이 때문에 그는 다음과 같이 자신 있게 말할 수 있게 되었는지 모른다. "(영성 일기를) 왜 쓰는 겁니까? 종교 생활이 아니라 살아있는 신앙생활을 경험하기 위함입니다. 구원의 진리는 십자가의 속죄뿐 아니라 예수님이 부활 승천하시고 우리에게 성령으로 오셔서 내주하시는 것을 말하고 있습니다. 그러나 안타깝게도 많은 성도들이 임마누엘의 주님을 교리로만 알지 실제로 누리지 못하고 있습니다. 영성 일기는 우리와 늘 함께 계시는 주님을 실제로 누리도록 돕습니다." *Ibid.*, p.222. ( ) 안은 필자가 첨가했음.

다음과 같이 일곱 가지로 정리한다. ① 지속적인 쓰기를 가능하게 한다. ② 다양한 사람들과의 나눔을 통해 혼자 쓰기보다 더 깊은 영적 성장을 이루게 한다. ③ 자신의 영적 상태를 객관적으로 인식하게 한다. ④ 다른 이들의 격려를 받을 수 있다. ⑤ 댓글로 섬김을 연습할 수 있다. ⑥ 공동체를 가꾸는 경험을 한다. ⑦ 진정한 코이노니아가 있는 교회 공동체를 세운다.[46] 다시 말해 이 나눔방의 목적은 "나눔방 활동" 그 자체가 아니다. 그것은 공동체의 격려 속에서 "영성 일기를 지속적으로 쓸 수 있도록 섬겨 예수님을 24시간 바라보는 데" 있는 것이다. 그런 의미에서 나눔방은 '예수 동행 일기 사역'이 이루어지는 온라인 공동체라고 할 수 있다.[47]

결국 유기성 목사의 '예수 동행 일기 사역'은 웨슬리 속회를 현대적으로 재구성하기 위한 좋은 소재들을 포함하고 있음을 알 수 있다. 그러나 웨슬리 속회의 재구성 원리에 비추어 볼 때 '예수 동행 일기 사역' 역시 앞의 두 사례와 마찬가지로 제약들이 발견된다. 그 내용을 살펴보면 다음과 같다.

첫째, 유기성 목사는 24시간 주님을 바라보며 주님과 동행한다는 사역의 목표를 이루기 위한 수단으로 '예수 동행 일기 사역'에 집중한다. '예수 동행 일기'는 유 목사가 이미 인지하고 있듯이 분명 '은총의 수단'이다. 유 목사 자신의 표현을 그대로 빌리면 '은혜를 담아내는 그릇'이라 할 수 있다. 그런데 '예수 동행 일기'가 은총의 수단이라 할 때, 이것은 다음 두 가지 사실을 고려해야 함을 의미한다. 첫째는 구원 사역에서 하나님의 은총의 역사에 대한 보다 깊고 폭넓은 이해를 바탕으로 '예수 동행 일기' 쓰기의 내용과 방법을 다양화할 필요가 있다는 것이고, 둘째는 '자기 점검'을 통해 다른 은총의 수단들이 진정한 은총의 수단들이 되게끔 돕는 역할을 해야 한다는 것이다. 그럼에도 불구하고 현재의 '예수 동행 일기'는 이 두 가지 고

---

46) *Ibid.*, pp.103~106.
47) *Ibid.*, p.224.

려 사항을 충족시키지 못하는 것 같다. '예수 동행 일기 사역'은 먼저 지나치게 단순한 구조만 고집하고 있다. 예를 들어 회개, 죄 사함, 성화, 완전으로 이어지는 구원 사건에 필요한 각각의 은총의 사건을 이해해야 하고 이에 알맞은 '예수 동행 일기' 쓰기의 내용과 방법이 개발되어야 함에도 모든 이들에게 동일한 구조의 '예수 동행 일기' 쓰기 방식과 내용을 적용하고 있다. 다음으로는 '예수 동행 일기'가 '자기 점검'을 통해 다른 은총의 수단들이 진정한 은총의 수단들이 되게끔 돕는 역할을 함에도 불구하고 마치 다른 은총의 수단들과는 분리되어 있는 독립적인 은총의 수단처럼 사용되고 여전히 다른 은총의 수단들과 조화를 이루지 못하는 것 같다.

둘째, 속회 일꾼의 양성이라는 측면에서 '예수 동행 일기'는 그다지 효율적인 것 같지 않다. '예수 동행 일기'는 그 속성상 '자기 자신'을 대면하는 것을 기초로 삼기 때문이다. 즉 자기의 삶에 집중하다 보니 굳이 누군가의 지도를 필요로 하지 않는다. 그러다 보니 좋은 지도자를 양성해야 할 동기 부여가 주어지지 않는 것이다.

셋째, '예수 동행 일기 사역'은 일상적 삶에 다가서는 것처럼 보이지만 그 접근 방식이 피상적이라는 데 한계를 보인다. '예수 동행 일기'의 핵심은 '일기 쓰기'다. 일기를 쓰면서 자신의 삶은 반추할 수 있을지 몰라도 실제적인 삶의 문제를 직접 포용하기에는 역부족이다. 우리가 매일의 삶에서 직면하는 현실을 일기라는 매개로 포용하기에는 한계가 있다.[48]

넷째, '예수 동행 일기'가 추구하는 공동체 형성이 가상적이라는 문제다. SNS를 통해 구축하려는 공동체는 그야말로 '가상 공간'에서 이루어지는 공동체다. 물론 이 같은 공동체는 현대인에게 친숙할 수 있다. 그러나 가상 현실에 질려 있는 현대인들이 정말 필요로 하는 생생한 삶의 경험들이 공

---

[48] '예수 동행 일기 사역'이 일상적 삶을 피상적으로 대할 수밖에 없는 한계 때문에 때로는 '신비주의'의 경계선에서 배회하는 것처럼 보일 때도 있다. 유 목사도 이 점을 의식하기에 늘 신비주의의 위험을 경계하고 성경 읽기와 순종하는 삶을 강력하게 권고한다. *Ibid*., pp.124~125.

유되는 실제적 공동체와는 거리가 있다.

요컨대 유기성 목사는 '예수 동행 일기'가 24시간 예수님을 바라보고 동행하는 중요한 수단임을 확신하고 이 사역에 집중한다. 이 과정이 매일의 삶의 현장에서 이루어질 수 있도록 했고 또 현대인들에게 익숙한 SNS를 이 사역이 이루어지는 공동체로 활용했다는 점에서 현대에 적합한 속회의 재구성이라는 과제를 안고 있는 우리에게 유용한 자료들을 제공해 준다. 그렇지만 '예수 동행 일기'가 '은총의 수단'이라는 자리에서 이탈하여 그 자체가 목적이 되려 하는 위험성이 도사리고 있다는 점이나 사람들의 영적 상황을 고려하기 어려운 단선적인 구조라는 점, 그리고 일상적 삶을 피상적으로 대할 수밖에 없다는 것이나 생생한 삶의 경험을 공유할 수 있는 리얼한 공동체 형성이 어렵다는 점에서 한계 또한 있음을 고려해야 한다.

4) 사례 4: 김용기 장로의 '가나안농군학교 사역'

(1) 사역 개요

앞에 제시한 세 가지 예들이 전문 목회자가 일반적인 교회 목회의 일환으로 진행한 사역들이라 한다면, 이번에 제시하려는 예는 전문 목회자가 아닌 평신도가 교회 밖에서(정확히 말하자면 삶의 영역에서) 진행한 사역이라 할 수 있다. 이 사역은 다름 아닌 김용기 장로의 '가나안농군학교 사역'이다. 가나안농군학교 시작은 1931년 경기도 양주군 와부면의 봉안 지역에 '이상촌'을 세우기 위해 황무지를 개간했던 시기로 거슬러 올라간다. 이상촌은 김 장로가 지상에 하나님 나라, 곧 낙원을 만들고자 하는 시도였다. 그가 건설하려는 마을은 "오곡이 익어 과수들의 꽃이 만발하고 벌과 나비가 춤을 추고, 집집마다 젖 짜는 양이 있고, 교회가 있고, 마을 사람들은 모두 형제가 되어 하나님을 공경함으로써 정신적, 영적 안위를 얻을 수 있는 에덴동산"이었다.49) 1935년에 이르러 봉안 이상촌은 가구수로는 10가구, 인원으로는 성인 20명과 자녀들 20명으로 이루어진 공동체로 발전하게 된다. 말하자면 '십가촌(十家村)'인 셈이다.50) 봉안 이상촌은 신앙공동체였다. 김 장로 자신의 고백처럼 40여 명의 서로 다른 사람들의 공동생활을 가능하게 했던 것은 오직 '신앙'이었다.

"그러면 과연 그런 공동생활이 어떻게 가능하게 되었는가? 그것은 나의 지도 능력이 아니었고, 어느 누구의 강제적인 명령의 위력도 물론 아니었다. 오직 신앙에 의한 힘이었음을 나는 솔직히 고백한다."51)

신앙으로 똘똘 뭉쳐진 봉안 이상촌이 걸어가는 길에 기적과 같은 일이 일어났다. 일제 치하라는 어려운 환경 속에서도 10년 동안 2배의 인구가 유입되고 4.5배의 경작지 확장이 이루어졌던 것이다.52) 이와 같은 봉안 이상촌의 비약적 발전은 갓 해방을 맞이한 민족에게 소망의 그루터기가 되었다. 우리 민족은 비록 36년간의 모질고 긴 일제 치하에서 해방되었을지라도 여전히 분열과 빈곤이라는 큰 짐을 안고 있었기 때문에 앞으로 어떻게 살아가야 하는지에 대한 미래 설계가 시급한 상황이었다. 봉안 이상촌의 경험은 독립 국가로서 한민족의 미래를 설계하기 위한 하나의 방법이 될 수 있었다. 이 같은 정황이 아마 김 장로가 "농민은 한데 뭉쳐 이상촌을 건설하자!"라는 구호 아래 전국적인 농민 조직인 '농민동맹'을 결성하는 계기가 되었던 것 같다.53) 그러나 농민동맹 운동은 김 장로의 이런 뜻과는 달리

---

49) 김용기, 『가나안으로 가는 길』(창조사, 1968), p.72.
50) 류금주, 『가나안농군학교(원주) 40년사』(가나안농군학교, 2014), p.70.
51) 김용기, 『가나안으로 가는 길』, p.102.
52) 류금주, 『가나안농군학교(원주) 40년사』, p.77.
53) 김용기, 『가나안으로 가는 길』, p.124.

당시 좌익 농민단체였던 '농민조합'으로 오인되어 좌초하고 만다.[54]

그렇다고 김 장로가 이상촌 건설을 통한 국가의 재건이라는 비전을 포기한 것은 아니었다. 그는 오히려 '구호와 운동'이 아닌 '실제적인 농사'를 통한 농촌의 발전을 꾀하였는데, 이것이 바로 경기도 은평군 구기리 지역에 위치한 삼각산의 농장 건설이었다. 이때가 해방 후 1년이 지난 1946년이었다. 삼각산 지역의 농장 건설 역시 고되고 힘겨운 일이었지만 1년이라는 짧은 기간에 황무지나 다름없던 그곳을 1만 3천 평에 달하는 옥토로 전환시켰다. 이 시기의 삶의 방식은 봉안 이상촌에서의 그것과 크게 다르지 않았다. 신앙을 중심으로 공동체의 마음을 하나로 묶고 황무지를 개간하여 보다 앞선 영농 기술을 적용해 생산성을 비약적으로 증대시키는 방식이었다. 이 시기에 특기할 만한 일은 공동체의 삶을 배우고 싶어 하는 사람들이 늘어남에 따라 그들을 위한 교육 과정을 서서히 준비해 갔다는 사실이다. 이때 김 장로가 집중했던 것은 '정신 교육'이었다. 김 장로는 오랫동안 빈곤에 절어 있던 국민들이 그 자리를 벗어나는 첫걸음은 바로 정신을 개혁하는 일임을 확신했다.[55] 그러나 삼각산에 세워진 이상촌은 6.25전쟁이 발발하면서 더 이상 지속되지 못하였다. 사실 그 시기에 삼각산 농장은 강원도 철원에서 수도원을 이끌던 유재헌 목사에게 이미 매각된 상태였다. 김 장로는 그곳이 자신의 비전을 담기에는 한계가 있음을 직감하고 다른 지역을 물색하려 했던 것이다.

6.25 전쟁은 온 민족에게 깊은 상처를 남겼다. 김 장로의 이상촌을 향한 비전도 전쟁의 상흔을 비껴갈 수 없었다. 봉안과 삼각산에 건설했던 이상촌은 다시금 폐허로 변하고 만다.[56] 그렇지만 김 장로의 의지는 꺾이지 않

---

54) 이 때문에 김 장로는 재판에 넘겨져 5년형을 언도받아 복역하였으나 다행히 오해가 풀려 13일 만에 석방되었다. 류금주, 『가나안농군학교(원주) 40년사』, p.83.
55) 김용기, "나의 이력서," 「한국일보」, 1979년 6월 16~17일자.
56) 살기 좋은 마을이라 중공군들이 머무르는 곳이 되었고 이는 곧 유엔군의 폭격 대상이 될 수밖에 없었다.

앉다. 그는 경기도 용인군 원삼면 사암리 일대 6만 평의 황무지를 기반으로 다시금 일어섰다. 이곳을 '에덴향'이라 명명하였고 일종의 공동체 생활 규약이라 할 수 있는 '에덴향 생활헌장'을 제정하여 자신들의 삶에 적용시켰다.57) 김 장로가 에덴향이라는 공동체 건설에서 제일 주안점을 둔 것은 당연히 '교회'였다.58) 그가 꿈꾸는 이상향은 다름 아닌 신앙의 기초 위에 세워진 삶의 공동체였기 때문이다. 척박한 황무지 땅에 에덴향을 건설하는 일은 참으로 고됐다. 공동체 식구들은 믿음과 근면한 삶으로 이 고된 과정을 극복해 보려 무던히도 애를 썼다. 그러나 김 장로에게 에덴향은 함께하던 동료들을 떠나보내야 했으며 자신도 그곳을 떠나야만 했던 실락원의 현장이 되고 말았다. 모진 고난 가운데서 에덴향의 외적인 모습이 어느 정도 갖춰질 무렵 내부에 불협화음이 생기기 시작함으로써 더 이상 함께 갈 수 없는 지경에 이르게 된 것이었다.59)

김 장로가 1954년 11월에 자신의 가족들과 5명의 자원봉사원들과 함께 에덴향을 떠나 새로이 정착한 곳은 경기도 광주군 동부면 황산리 일대였다. 이름도 에덴향에서 가나안으로 바꾸었다. 광주 황산리의 가나안 이상촌의 시작인 셈이다.60) 가나안 이상촌의 시작도 '교회'였다. 비록 천막으로 시작했지만 이곳은 하나님께 마음을 고정시키는 구심점이 되었다. 이전과 다르게 교회 안에 청소년들을 위한 야간학교를 함께 시작하였다. 이 학교

김용기, 『가나안으로 가는 길』, p.175.
57) '에덴향 생활헌장'은 모두 6장 62개조로 구성되어 있다. 자세한 내용은 김용기, 『나의 한 길 60년』(규장문화사, 1980), pp.117~122 참조.
58) 그는 흙을 개어 만든 벽돌로 교회를 세워 그곳을 신앙의 터전으로 삼았다. 김용기, 『가나안으로 가는 길』, p.207.
59) 이 불협화음의 중심에는 '용인복음고등농민학원'의 운영 문제와 관련된 복잡한 문제들이 자리 잡고 있었다. 자세한 내용에 대해서는 김용기, "나의 이력서," 「한국일보」, 1979년 7월 5일자 참고.
60) 류금주는 용인의 에덴향에서 황산의 가나안 이상촌이 바뀐 상황을 역사 바깥의 유토피아에서 역사적 실재로의 진입이라는 관점에서 해석해 낸다. "에덴향은 역사 바깥에 있는 것이다. 그러나 가나안은 이스라엘 역사에 실재하였던 복지이다. 에덴향 개척 3년을 거치면서 김용기의 생각은 그만큼 현실적이 되었다." 류금주, 『가나안농군학교(원주) 40년사』, pp.117~118.

이름은 죽어가는 것을 되살린다는 의미의 '소생학교'였다.[61] 뿐만 아니라 이곳은 농촌 계몽을 위한 강연장으로 활용되기도 했다. 교회 안에서 교육과 실천의 연습이 이루어졌던 것이다. 황무지였던 황산리가 젖과 꿀이 흐르는 이상향 가나안으로 변모되는 데는 약 7년의 시간이 소요되었다.

"우리 집은 발전했다. 황무지가 변하여 젖과 꿀이 흐르는 옥토가 되었다. 모든 작은 것들은 그 7년 동안 자라서 큰 것이 되고 없던 것들이 있게 되고, 피땀은 꽃이 되었다."[62]

가나안 이상촌의 농장 이름은 '가나안복음농도원'이었다. 여기서 '복음농도'란 예수 그리스도께서 선포하신 하늘나라의 비전으로 농사짓는 것을 의미한다. 김 장로는 이 현장이 바로 젖과 꿀이 흐르는 가나안이라는 확신에서 이 이름을 사용했다.[63] '가나안복음농도원'라는 이름이 나중에는 '가나안농군학교'로 불리게 되는데, 1960년대 초반에 급격히 늘어난 교육적 수요와 무관하지 않다. 농사를 짓던 공동체가 사람을 기르는 학교로 전환하게 된 결정적 계기는 1962년 2월 9일에 이루어진 박정희 대통령의 방문이었다. 당시 정권의 실세가 된 국가재건최고회의 의장 박정희는 불안한 정권의 기반을 든든히 세우기 위해서라도 경제 부흥에 집중할 수밖에 없었고 이를 위해서 농촌 부흥은 매우 중요한 국가적 과제로 인식되었다. 이런 시기에 가나안 이상촌은 하나의 모델로 삼을 만했다.

박정희 의장의 방문은 단시간에 가나안을 전국에 홍보하는 효과를 발휘했다. 가나안에서 교육을 받겠다는 신청이 전국에서 쇄도하게 된 것이다.

---

61) 소생학교에 대한 자세한 내용은 림영철, 『일가 김용기와 가나안 이상촌운동』(재단법인 일가재단, 2009), pp.332~334 참조.
62) 김용기, 『가나안으로 가는 길』, pp.272~273.
63) 류금주, 『가나안농군학교(원주) 40년사』, p.138.

가나안은 이런 요청에 부응하기 위해 내부를 정비하였다. 농사를 짓는 공동체 '가나안복음농도원'이 교육 현장으로서의 '가나안농군학교'로 자연스럽게 전환된 것이다. 가나안농군학교가 핵심 교육 이념으로 삼은 것은 '근로, 봉사, 희생'의 정신이었다.[64] 이 교육 이념은 가나안농군학교의 기본 사상이라 할 수 있는 '복민사상(福民思想)'으로 더욱 체계화되었다. '복민사상'은 1968년 '가나안복민대강'의 제정과 함께 가나안농군학교의 사상적 틀로 전면에 부각되기 시작하였다. 여기서 말하는 '복민'이란 문자적으로는 "복을 받은 백성"으로, "하나님의 부르심을 듣고 그 영광을 알며 화답하는 사람"을 의미한다. 김 장로에 의하면 이렇게 복민의 삶을 살기 위해서는 세 가지 형태의 잠에서 깨어나야 한다. 첫째는 육신의 잠이요, 둘째는 정신의 잠이며, 셋째는 영혼의 잠이다. 잠에 깊이 취한 이들에게 빈곤은 필연적일 수밖에 없다. 즉 육신과 정신과 영혼의 빈곤이다. 이 빈곤에서 벗어나게 돕는 것이 곧 복민 운동인 것이다. 어떻게 이것이 가능한가? 김 장로에 따르면 육신의 잠을 깨우는 것은 근면한 노동이요, 정신의 잠을 깨우는 것은 남을 향한 봉사요, 영혼의 잠을 깨우는 것은 사랑의 실천, 곧 희생이다.[65] 김 장로는 1988년 8월 1일 이 땅에서의 생명을 다할 때까지 평생 동안 이 같은 삶을 스스로 살아내려 애썼다.

(2) 새로운 속회의 재구성 원리에서 바라본 '가나안농군학교 사역'

독자들 중에는 현대에 응용 가능한 속회의 재구성을 논하면서 왜 우리에게 익숙한 목회 현장과는 여러 면에서 차이가 있는 '가나안농군학교 사역'을 예로 드는가 하는 의문을 제기할 수도 있다. 필자가 이 사역에 주목하는 이유는 다음과 같다.

---

64) 이 교육 이념의 출처는 김 장로가 가나안 이상촌을 건설할 초창기에 가훈으로 삼았던 것이다. 당시의 가훈은 '1. 근로, 2. 봉사, 3. 희생, 4. 기술, 5. 자립'이었다. 김용기, 『참 살 길 여기 있다』(창조사, 1975), p.114.
65) 김용기, 『가나안으로 가는 길』, pp.408~428.

첫째, 속회가 중심이 되는 목회의 실제적인 모델이 될 수 있기 때문이다. 필자는 가나안농군학교 사역이 가나안농군학교라는 특수한 형태를 띤 속회 사역이라고 본다. 그렇다면 가나안농군학교 사역은 목회의 중심이 속회여야 한다는 속회 재구성의 원리에 부합된다. 가나안농군학교 내에 교회가 있기는 하다. 그러나 그렇다고 해서 가나안농군학교 사역이 교회 목회의 부수적인 사역은 아니다. 오히려 가나안농군학교 사역 자체가 중심이다.

둘째, 사역의 방향이 매우 명료하다는 의미에서 새로운 속회를 재구성하는 데 좋은 예가 될 수 있기 때문이다. 가나안농군학교 사역이 지향하는 바는 한 가지, 곧 '복민'이다. 사람들에게 하나님을 알게 하고 그분의 부르심을 자각케 하여 그 부르심에 합당한 삶을 살도록 돕는 일이 곧 복민이요, 가나안농군학교의 핵심 사역이다. 그런데 이 복민의 사역은 죽은 이후의 복된 삶에 온 힘을 기울이는 타계적 신앙관과 거리를 둔다. 가나안농군학교가 추구하는 복민은 죽은 이후뿐만 아니라 현세에서 누리는 복된 삶을 의미한다. '가나안복민대강'의 제8조에는 가나안농군학교가 천국으로 가는 것만이 행복이라고 믿는 "불완전한 종교"와는 관계없고, 현세에 그 천국이 이루어진다고 확신하는 "완전 종교"의 신앙관에 기초하고 있음을 강조한다. 또한 이곳에는 현세에 천국을 이루는 방법에 대해서도 분명히 밝히고 있다. '근로, 봉사, 희생'의 삶을 사는 것이다.[66] 즉 가나안농군학교 사역은 무엇을 목표로 해야 하며 또 그것을 이루기 위해 어떻게 해야 하는지 명확한 이해를 지니고 있는 셈이다.

셋째, 평신도 사역의 가능성을 보여 주기 때문이다. 가나안농군학교 사역은 속회의 재구성에서 반드시 고려해야 할 평신도 사역의 가능성을 다른 어떤 예보다도 잘 보여 주고 있다. 가나안농군학교 사역은 평신도가 보조

---

66) *Ibid.*

역할이 아닌 주도적 역할을 하는 사역이다. 복민을 위한 중요한 수단이 '농업'임을 고려한다면 농부의 직업을 지닌 평신도가 이 사역의 중심이 되는 것은 당연하다. 이런 모델은 현대의 상황에 적합한 속회 재구성에 큰 의미가 있다. 현대인 역시 자신의 삶을 영위하기 위해 다양한 직업에 종사하며 살아가고 있다. 이들에게 다가서기 위해서는 목회를 전문으로 하는 목회자보다는 이들과 동일한 삶의 현장을 경험하고 있는 이의 역할이 더 중요하다. 그런 의미에서 평신도가 주도하는 가나안농군학교의 사역 모델은 심사숙고할 가치가 있다.

넷째, 가나안농군학교 사역은 일상의 삶을 어떤 식으로 속회 현장으로 삼을 수 있는가에 대한 실제적인 얘이기 때문이다. 가나안농군학교 사역은 그 어떤 다른 형태의 사역보다도 믿음 생활이 일상적 삶과 통합되어 있다. 가나안농군학교의 복민 사역은 일상적 삶을 하늘나라로 변화시키는 사역이기 때문이다. 현대 신앙인의 가장 큰 문제점 중 하나로 거론되는 것은 신앙생활과 삶의 현장이 따로 전개되는 것이다. 교회 생활이 마치 신앙생활의 전부인 양 간주하기 때문에 일상적 삶의 문제에는 별다른 영향을 끼치지 못하고 있는 것이 현실이다. 가나안농군학교 사역은 이런 현대인에게 어떻게 삶을 믿음으로 살아내고 믿음을 삶으로 실현하는가에 대해 구체적인 안내를 해 주고 있다.

다섯째, 가나안농군학교 사역은 오늘 우리가 어떤 형태의 속회 공동체를 구성할 수 있는가에 대한 좋은 예가 되기 때문이다. 필자는 가나안농군학교로부터 '전인적인 치유 공동체'의 모습을 발견한다. 김용기 장로의 세상을 향한 진단은 죽음의 깊은 잠에 빠져 있다는 것이다. 구체적으로는 영혼과 정신과 육체 모두 죽음의 잠에 깊이 빠져 치명적인 빈곤 상태에 처해 있다는 것이다. 이 잠에서 깨우는 일이 가나안농군학교가 추구하는 복민의 사역이며, 이 사역은 구체적으로 근로와 봉사와 희생의 실천이라는 것이다. 가나안농군학교 사역은 오늘날의 현실에서도 큰 의미가 있다. 현대인들 역시 영과 정신과 육체의 빈곤으로 허덕이고 있기 때문에 가나안농군학교와 같은 치유 공동체의 구성이 절실하다.

새로운 속회를 재구성함에 있어서 가나안농군학교 사역을 그대로 수용할 수 없는 한계들도 있다. 첫째는 이 모델이 농촌이라는 특정한 삶의 자리에 집중하고 있다는 점이다. 물론 김용기 장로가 활동하던 시기의 대한민국은 농업이 중심이었던 점을 고려한다면 그의 사역이 당연히 농촌을 중심으로 이루어질 수밖에 없었다. 그러므로 이 모델을 이미 도시화가 진행되어 대다수의 인구가 도시 안에서 살아가는 현대 사회에 적용하기에는 무리가 따른다. 농촌이라는 한정된 삶의 자리에서 이 사역을 적용할 수도 있겠지만 오늘의 농촌 역시 과거와는 판이하게 다르게 변모했기 때문에 현대의 농촌 지역에 그대로 적용하는 것도 무리다. 가장 바람직한 방향은 가나안농군학교가 건설하고자 했던 이상촌을 오늘의 상황에서 재조정하여 적용하는 것이 아닐까 생각한다. 가나안농군학교의 복민사상이 지금도, 어느 장소에나 적용 가능한 가치 있는 내용을 담고 있음을 고려할 때 도시와 농촌을 아우르는 새로운 형태의 가나안 운동이 가능할 것이다. 이 방향이 곧 새로운 속회가 추구해야 할 과제라고 본다.

둘째, 진정한 공동체의 모습이 시간이 흐를수록 희석되었다는 점이다. 가나안농군학교는 초기에는 신앙과 삶이 어우러진 공동체로 출발했지만 시간이 흐름에 따라 사람들의 정신 개혁을 위한 교육 기관으로 전환되었다. '가나안복음농도원'이라는 농장에서 '가나안농군학교'라는 교육 기관으로 전환이 이루어진 것이다. 이 과정에서 수많은 사람들의 의식을 바꾸는 일에는 많은 기여를 했을지라도, 공동체 정신을 실제적으로 구현하는 데는 그다지 성공적이지 못했다. 공동체 정신의 구현은 단기간의 교육이나 간접적인 경험으로 이루어지는 것이 아니라 직접적으로 공동체 안에서의 삶을 통해 이루어지기 때문이다. 그러므로 가나안농군학교 사역을 오늘을 위한 하나의 속회 모델로 응용하려 한다면 우리가 주목할 것은 교육기관으로서의 가나안농군학교가 아니라 농장으로서의 가나안복음농도원이 아닐까 생각한다. 신앙과 삶이 하나로 어우러진 원래적인 공동체의 재현이야말로 우리가 추구해야 할 공동체 사역일 것이다.

셋째, 가나안농군학교 사역이 공동체를 직접 이끌 평신도 사역자를 배출해 내는 데 취약하다는 점이다. 이 문제는 가나안농군학교 사역이 자신의 공동체에 집중하지 못하고 외부에서 참가하는 교육생들의 교육에 치중하는 바람에 나타난 결과라고 할 수 있다. 공동체를 이끌 지도자는 교육으로 만들어지는 것이 아니라 공동체 안에서의 삶을 통해 양성되는 것이기 때문이다. 필자는 가나안농군학교 사역이 신앙과 삶이 하나가 된 공동체를 더 이상 확산시키지 못하고 현재에 이른 가장 큰 원인도 바로 여기에 있다고 본다. 가나안농군학교 사역이 지향하는 복민의 삶의 실현은 가나안과 같은 공동체의 확산을 통해서 가장 현실적으로 실현될 수 있다고 본다면, 이 사역을 이끌 평신도 지도자 양성은 필수적이다. 속회의 재구성이라는 측면에서 가나안농군학교 사역을 적용할 때에 이 문제를 깊이 숙고할 필요가 있다.

3. 웨슬리 속회의 목회 현장 적용을 위한 실천

이 책의 목적은 웨슬리에게 속회를 묻고자 하는 것이었다. 웨슬리에게 속회를 물으며 집중했던 주제는 웨슬리가 속회를 어떻게 이해했으며, 웨슬리가 이 속회를 기초로 자신의 목회를 어떤 식으로 전개했는가 하는 것이었다. 그러나 웨슬리에게 속회를 물었던 것은 이런 이유만이 아니라 웨슬리 속회가 지금 여기의 현실에 과연 적용 가능하며, 또 그것을 어떻게 적용할 수 있는가 하는 현실적인 이유도 있다. 필자는 이런 요청을 의식하면서 우리 주변에서 쉽게 접근할 수 있으면서도 웨슬리 속회와 유사한 실제적인 예들을 제시하기도 했고, 또 자신의 목회 현장에 웨슬리 속회를 실제로 구성할 때 필요한 원리를 제공하기도 했다. 그럼에도 불구하고 많은 사람들은 필자에게 웨슬리 속회를 기초로 한 실제적인 목회를 위해 더 구체적인 적용 방법을 제공해 줄 것을 요청한다. 이제 이 요청에 답하는 차원에서 필자는 두 가지 모델을 제시하려 한다. 하나는 교회를 중심으로 한 한국교회의 전통적인 목회 형태를 염두에 둔 모델이고, 또 다른 하나는 교회 목회라는 전통적인 목회 방식을 벗어난 비전통적인 목회 형태를 염두에 둔 모델이다.

1) 전통적인 목회 방식을 따르는 교회를 위한 모델

이것은 우리에게 가장 익숙한 교회 목회에 웨슬리 속회를 적용한 모델이다. 이 모델을 자신의 교회에 적용하고자 한다면 다음의 7단계를 따를 것을 제안한다.

제1단계 - 중심 잡기

이 단계는 속회를 재구성하기 위한 첫 번째 단계로, 속회를 목회의 일부가 아닌 전체로 전환하는 결단이 필요한 단계다. 여기에는 이전에 해오던 속회를 해체하고 전혀 새로운 형태의 속회로 전환해야 하는 결단이 요청된다. 우리가 바라는 생동감 넘치는 속회, 뚜렷한 열매를 맺는 속회는 이런 전적인 변화 없는 부분적 개선으로는 기대하기 어렵기 때문이다. 지금까지 고수해 온 목회의 틀을 완전히 바꾸어야 할지 모르는 모험을 해야 한다는 의미에서 가장 어려운 단계고, 동시에 이 단계를 거치지 않고서는 결코 참다운 의미의 속회로 전환될 수 없다는 점에서 가장 중요한 단계라고 할 수 있다. 여기에는 무엇보다도 목회자의 결단이 선행되어야 한다. 교회의 지도자인 목회자가 새로운 속회의 구성에 관한 뚜렷한 비전이나 결단 없이는 속회의 변혁은 애초부터 불가능하기 때문이다. 그러나 목회자 한 사람의 비전과 결단으로는 불충분하다. 되도록 많은 교회 구성원들이 같은 마음을 가질 수 있도록 시간과 노력을 들여 설득해 나가야 한다. 이를 위해 목회자가 속회에 대한 충분한 이해를 가져야 하는 것이 당연하다. 즉 목회자는 속회 이해를 위한 연구에 많은 힘을 기울여야 하는 것이다.

제2단계 – 목표 정하기

교회가 속회가 중심이 되는 목회로 전환하기로 어느 정도 동의하게 되면 속회 변혁을 향한 다음 단계로의 진입을 준비해야 한다. 이 단계가 곧 목표를 정하는 단계다. 필자는 웨슬리가 자신의 속회에서 설정한 목표를 우리 자신의 목표로 삼는 것을 권유한다. 웨슬리의 속회는 '하늘 가는 길'이라는 뚜렷한 목표를 정했는데, 속회는 한마디로 하늘 가는 사람들을 위한 공동체였다. 여기서 '하늘 가는 길'은 '구원' '하늘나라' '하나님의 형상을 회복하는 것' '의인이 되는 것' 등 다양한 다른 용어로도 표현될 수 있음을 염두에 둔다면 속회의 목표를 다른 창의적인 용어로 표현할 수도 있겠다. 필자의 경우에는 'Way to Heaven'이라는 영어 표현을 줄여 'W2H'라고 사용하기도 한다.

제3단계 – 구조 디자인하기

이 단계는 속회를 실제로 재구성하는 단계다. 속회의 목표를 하늘 가는 길이라고 한다면 이 목표를 달성하기 위해 가장 효율적인 구조를 준비하는 과정인 것이다. 그런데 이 과정을 준비하기 위해서는 필연적으로 하늘 가는 길을 가능하게 하는 원초적인 근원인 '하나님의 은총'의 성격을 잘 이해해야 한다. 즉 하늘 가는 길은 오직 하나님의 은총으로 가능하며 속회는 이 하나님의 은총을 받는 통로이므로, 속회의 구조는 전적으로 하나님의 은총의 역사에 따라 결정되어야 하는 것이다. 하늘 가는 길의 원동력인 하나님의 은총은 크게 '칭의' '성화' '완전'이라는 세 가지로 나눌 수 있다. 그렇기 때문에 속회는 이 세 가지 형태에 대응할 수 있는 구조를 갖는 것이 이상적이다. 그러나 성화의 성숙이 완전이라는 의미에서 '칭의'와 '성화'의 국면을 대응할 수 있는 보다 단순화된 구조로도 무난하다. 이름은 웨슬리처럼 '클래스'와 '밴드'로 사용할 수도 있고 각 교회의 현장에 적합한 다른 용어를 개발해 사용할 수도 있다. 칭의의 은총에 대응하는 속회는 예수 그리스도의 십자가 보혈에 힘입어 죄 용서함을 받고 하나님으로부터 의롭다 함을 입는 일에 집중해야 하며 성화의 은총에 대응하는 속회는 하나님의 자녀가 된 이들이 어떻게 하면 거룩한 삶을 살아가는 은총에 머물 수 있는가에 집중해야 한다. 이 기본 구조를 축으로 하여 사는 지역 혹은 직업 등을 고려해 모임을 구성할 수도 있다. 이렇게 되면 속회의 공동체성이 더욱 강화되는 장점이 있다.

제4단계 – 일꾼 준비하기

속회를 재구성하는 데는 속회 지도자의 준비가 필수적이다. 필자는 속회 지도자가 준비되지 않고서는 새로운 시도를 하지 말 것을 권한다. 이는 잘 준비된 지도자 없이 속회를 운영하는 것보다는 준비될 때까지 속회 운영을 보류하는 편이 낫기 때문이다. 그런데 대부분의 교회들은 속회를 인도할 사람을 찾기조차 어려운 형편이기 때문에 목회자가 억지로 속회 지도자로 임명하는 일이 비일비재하다. 교회의 출석 인원이 적은 곳은 더욱 열악하여 속회 지도자를 세울 형편조차 되지 않는 경우도 있다. 이런 경우에는 준비된 속회 지도자가 생길 때까지 최소한의 속회를 구성하거나 혹은 속회 지도자를 준비할 때까지 속회 운영을 멈추는 편이 더 나을 수도 있다.

속회 지도자의 선발과 양육에 대해서는 '가정교회 사역'에서 많은 것을 배울 수 있다. 우선 성경을 잘 알고 잘 가르칠 수 있는 사람보다는 사람들을 잘 섬길 수 있는 사람을 택하는 것이 중요하다. 교인들이 추천하고 목회자가 결정하는 방식도 좋다. 이렇게 선발된 사람에게 교회가 진행하려는 속회 사역을 충분히 이해시키는 것이 중요한데, 목회자와 속회 지도자들이 함께 2~3일 합숙하며 속회 비전을 나누는 시간을 가지는 것도 좋다. 속회 지도자들이 속회 운영에 집중할 수 있도록 돕기 위해 조력자를 두는 것도 고려할 만하다. 조력자를 두는 것은 속회 지도자의 속회 운영을 가까이에서 직접 돕도록 하는 의미도 있지만 이 과정을 통해 미래의 속회 지도자를 양성한다는 의미도 있다. 즉 속회는 속회 지도자와 조력자라는 두 사람의 도우미를 두는 셈인데, 이들 모두는 넓은 의미에서 속회 지도자의 범주에 둘 수 있다. 이 같은 속회 지도자들을 선발하고 교육할 책임은 모든 속회를 묶어 관장하는 목회자에게 있다. 이것은 교회 목회자의 중심 사역 중 하나가 속회 지도자의 선발과 양성임을 의미한다.

제5단계 – 속회 조직하기

이 단계는 실제로 속회를 조직하는 단계다. 속회를 조직할 때 크게 두 가지 형태로 나누어 접근하는 것을 추천한다. 첫째는 클래스(class)고 둘째는 밴드(band)다. 물론 이 명칭은 교회의 사정과 형편에 따라 다른 것으로 해도 무방하다. 그룹 크기는 속회 지도자를 포함, 12명을 넘지 않도록 하고 넘칠 때에는 새로운 그룹을 형성하는 것이 좋다. 클래스가 집중해야 하는 것은 죄 사함을 받아 칭의에 이르는 '칭의의 은총'이며, 밴드가 집중해야 하는 것은 하나님의 자녀로 인정받은 이들이 실제로 거룩한 삶을 살아갈 수 있도록 돕는 '성화의 은총'이다. 말하자면 처음 그룹은 회개와 죄 사함의 은총이 필요한 사람들로 구성되는 것이고, 두 번째 그룹은 성령의 도우심으로 거듭난 사람들로 구성되는 것이다. 어떤 사람이 어떤 그룹에 속할 수 있는가 하는 것을 결정하는 데 교회 생활을 몇 년 했는가, 직분이 무엇인가 하는 것이 중심이 될 수는 없다. 현재 그 사람의 영적 상태에 대한 엄밀한 진단만이 그 기준이 되어야 한다. 이 두 가지 형태의 속회를 기초로 지역과 직업, 삶의 정황 등을 고려한 속회들이 조직되어야 한다. 교인들의 숫자가 적을 때는 2개 속회로도 시작할 수 있고, 교인들의 영적 형편에 따라서는(예를 들어 초신자들이 중심이 되었다든지) 1개의 속회만으로도 가능하다.

제6단계 - 지원 체계 갖추기

속회를 목회의 중심으로 삼은 교회는 속회를 더 이상 교회의 한 기관으로 여기지 않고 온전히 독립된 하나의 지역교회로 인식한다. 그렇다고 해도 교회와 속회의 분리를 의미하는 것은 아니다. 교회는 속회 사역을 지원하는 지원센터로서의 기능을 지속해야 한다. 그 중요한 두 가지 기능들을 소개하면 다음과 같다.

첫째, 필요한 자원을 공급해야 한다. 속회는 사역 현장의 가장 최전방에 위치해 있어서 끊임없는 영적 전투를 수행해야 한다. 그러므로 이들에게 지속적인 영적 물적 지원은 필수적이다. 속회 지도자들을 발굴 보급할 뿐만 아니라 속회 지도자들의 교육을 계속 지원해 주어야 한다. 또 속회 운영에 필요한 자료들을 끊임없이 연구하고 그 자료들을 각 속회 현장에 제공해야 한다.

둘째, 위로하고 격려하여 선한 일에 지치지 않도록 해야 한다. 이를 위해 필자는 매 주일예배를 연합 속회로 전환할 것을 권고한다. 주일예배 시간에 모든 속회원들이 한자리에 모여 각 속회 현장에 나타난 하나님의 역사를 찬양으로 나누고 그들의 영적 수고를 말씀으로 재무장하고 서로의 애로 사항을 기도로 격려하며 성찬으로 새로이 결단하는 시간으로 삼으라는 것이다. 이렇게 함으로써 속회는 더욱 힘을 얻을 수 있을 것이라 확신한다.

셋째, 속회가 감당하기 어려운 부분을 직접 감당해야 한다. 예를 들어 속회원들을 위한 체계적인 성경 공부나 영성 훈련 집회 등은 속회가 감당하기에는 벅차므로 교회가 직접 감당하는 것이 좋다.

제7단계 - 실제 모임 갖기

이 단계는 실제로 속회 모임을 갖는 단계다. 속회 모임을 가질 때 다음 두 가지 사실을 기억할 필요가 있다. 하나는 이 모임이 '가족의 모임'이라는 사실이다. 물론 여기서 말하는 가족이란 하늘을 소망하는 이들이 가족과 같은 사랑으로 하나된 '하늘 가족'이다. 그러므로 이 모임은 가족 공동체와 같은 단단한 결속력을 유지할 수 있어야 한다. 이를 위해 '희생적 사랑'이 요청된다. 희생적 사랑이 빠져 있는 공동체에 가족과 같은 단단한 결속력은 가능하지 않기 때문이다. 무엇보다도 속회 지도자의 희생적 섬김은 속회 공동체를 가족처럼 묶어 주는 가장 중요한 요소다. 마치 부모의 희생적 사랑이 한 가정을 든든히 세우는 것과 마찬가지다. 또 다른 사실은 이 모임이 '하늘 가는 사람들의 모임'이라는 사실이다. 속회는 세상 사람들의 친목회나 클럽 활동과 근본적으로 다른 목적을 가진 모임이다. 이 모임의 목적이 오직 '하늘 가는 길'임을 기억하고 이 일에 온 힘을 기울여야 한다. 속회가 이 사실을 망각하게 되면 자신의 존재 이유가 사라지고 그릇된 방향으로 나아갈 수밖에 없음을 늘 경계해야 한다.

이제 속회 모임을 어떻게 진행할 것인가를 논의해 보자. 속회를 진행하기 위해 가장 먼저 준비해야 할 것은 가족 모임처럼 부드럽고 따뜻한 분위기의 연출이다. 이를 위해 집에서 모임을 갖는 것이 중요한데 속회 지도자 혹은 속회원 중의 어느 한 집을 모임 장소로 삼는 것이 좋다. 물론 속회원 가정을 순회하는 것도 고려해 볼 만하지만 잦은 장소의 변경은 안정감을 해친다는 점에서 권장할 만한 방식은 아니다. 음식을 함께 나누는 것도 가족적인 분위기를 만드는 주요 요소다. 그러나 음식을 준비하고 먹는 일이 중심이 되지 않도록 간단한 차와 간식을 준비하는 것이 좋다. 음식 준비는 집을 제공하는 사람의 부담을 줄여 주기 위해 다른 사람들이 준비해 오는 것이 바람직하다. 모임을 갖는 동안 아이들을 위한 프로그램을 따로 준비하면 속회원들이 모임에 집중하는 데 큰 도움이 된다.

모임은 '티타임'부터 시작하는 것이 좋다. 20분 정도 준비된 차와 간식을 먹으며 속회원들이 한 주간에 있었던 삶의 이야기를 자연스럽게 서로 나누게 한다. 이때 속회 지도자는 속회원 중 대화에 소외되는 이가 없는지 살피고 혹 그런 사람이 있다면 적절한 질문을 던져 대화에 참여하도록 이끈다. 티타임을 가질 때 주의할 일은 한두 사람이 대화를 독점하지 않도록 하고 불필요한 농담이나 가십거리, 세상 유행에 관한 것 등이 대화의 주제가 되지 않도록 하는 것이다. 티타임이 끝나면 자연스럽게 '찬양'으로 유도한다. 두 곡 정도 선정해서 함께 찬양한다. 이때 찬양곡은 모든 사람이 쉽게 부를 수 있는 친숙한 곡을 선택하는 것이 좋다. 찬양 후에는 모임을 여는 '대표 기도'를 한다. 이때 대표로 기도할 사람은 속회원 중 한 사람을 한 주 전에 선정하고, 선정된 기도자는 기도문을 미리 작성하도록 하고 그 분량은 1분 정도로 제한하는 것이 좋다. 이는 중언부언하는 기도를 방지할 뿐 아니라 기도하는 사람에게 기도 훈련의 기회를 제공해 주는 효과도 있다.

대표 기도 후에는 속회원 각각의 '하늘 가는 길'을 점검하고 필요한 은총을 구하는 시간을 갖는다. 필자는 이 시간을 '하늘길'이라고 이름 붙인다. 하늘길의 핵심은 지난 주 속회원들이 하늘길을 어떻게 걸었는가, 그 과정에서 어떤 어려움이 있었는가 등을 솔직하게 토로하는 것이다. 이를 위해 필자는 속회 지도자가 다음 두 가지 유형의 질문을 던질 것을 제안한다. 첫째, 지난 한 주간 하나님을 진실로 사랑하는 시간을 가졌는가, 그 과정에서 어떤 축복을 경험했는가, 하나님을 사랑하는 시간을 갖지 못했다면 그 이유는 무엇이라 생각하는가, 그때 마음의 상태는 어떠했는가 등이다. 둘째, 지난 한 주간 이웃을 진실로 사랑하는 시간을 가졌는가, 배우자와 자녀들과 믿음의 식구들에게 어떤 마음으로 대했는가, 일상적으로 만나는 사람들을 어떻게 대했는가, 자신의 삶을 통해 하나님의 사랑을 드러냈는가, 이웃을 사랑하지 못한 삶을 살았다면 그 이유는 무엇인가, 그때 마음의 상태는 어떠했는가 하는 등의 질문이다. 이때 유의할 것은 속회 지도자를 포함한 그 누구도 문제에 대한 답을 제시해서는 안 된다는 것이다. '깊은 공감'이면 족하다. 시간은 한 시간 정도로 한다.

문제 해결은 드러난 문제들을 하나님께 아뢰고 때에 맞는 은총을 구하는 '공동 기도'의 시간을 통해 시도한다. '공동 기도'의 시간은 하늘길에서 노출된 기도 제목들을 위해 속회원 모두가 두 문장으로 압축된 기도로 참여하는 '릴레이 기도'의 시간을 갖는 것으로 시작하고, 이어서 속회원들이 제시하는 특별한 기도 제목들을 중심으로 약 2분간의 통성 혹은 조용한 기도로 진행하는 것이 좋다. 이 시간이 끝나면 속회의 조력자가 종합하여 기도함으로써 공동 기도의 시간을 마무리한다. 공동 기도 시간 후에는 '전도 담화'의 시간을 갖는다. 한 주간의 전도 경험을 나누고 기존 전도 대상자의 상태를 점검하고 새로운 전도 대상자에 대해 대화를 나누는 시간이다. 약 10분 정도의 시간을 할애한다. 그리고 찬양으로 이어간다. 한 곡이 바람직하며 이 찬양이 끝나면 속회 지도자가 전체를 아우르는 기도와 새로운 한 주의 삶을 위해 하나님의 은총을 구하는 기도로 속회를 마무리한다.

이상을 요약해 보면 다음과 같다.

티타임(20분)

찬양(두 곡)

대표 기도(속회원 중의 한 사람, 1분)

하늘길(하나님 사랑과 이웃 사랑이라는 두 가지 질문을 축으로 한 나눔의 시간, 한 시간 정도)

공동 기도(릴레이 기도-속회원들의 기도 제목을 중심으로 한 공동 기도, 속회 조력자의 정리 기도)

전도 담화(10분)

찬양(한 곡)

정리 기도(속회 지도자)

속회 진행에서는 클래스와 밴드라는 속회의 두 가지 기본유형 또한 고려할 필요가 있다. 클래스 속회의 구체적인 목표는 속회원들을 진실한 회개를 통한 하나님의 죄 사함의 은총으로 인도하는 것이고, 밴드 속회의 목표는 이렇게 하나님의 자녀가 된 이들이 그 속사람이 실제로 거룩해질 수 있도록 하는 성화의 은총으로 인도하는 것이다. 그러므로 모든 속회 진행은 이를 염두에 두고 접근할 필요가 있다. 즉 기도나 찬양곡의 선정이나 하늘길의 대화 등 속회 순서 전체를 이 목표와 연관시켜 진행하는 것이다.

2) 비전통적인 목회 방식에 적용하기 위한 모델

이번에는 교회를 중심으로 이루어지는 전통적인 목회 모델이 아닌 처음부터 속회를 중심으로 한 목회를 구성하는 방식이다. 필자가 여기서 제안하려는 방식은 '공동체교회'다. 공동체교회는 외형상 기존 교회와 크게 다를 바 없다. 차이점이 있다면 기존의 교회에서는 찾기 어려운 강력한 공동체성을 띤다는 사실이다. 공동체교회는 단지 신앙의 문제에만 집중하는 기존 교회의 틀을 벗어나 삶 전체의 문제를 함께 다루어 나가는 삶의 공동체다. 삶을 중심 주제로 삼기 때문에 공동체교회는 사람들이 살아가는 동안 겪게 되는 모든 문제들에 대해 깊은 관심을 갖는다. 특히 자녀 교육, 직업, 부부 생활, 건강, 노년의 삶 등과 같은 실제적인 문제들을 교인들의 문제로만 돌리는 것이 아니라 공동체교회가 함께 고민하고 함께 풀어나가는 사역 구조를 갖고 있다. 이 같은 교회 구조는 거대한 세상의 물결 속에서 하나님의 자녀로서 고군분투하며 살아가야 하는 현대 그리스도인들에게 필연적으로 요청되는 것이기도 하다. 생각해 보라. 세상은 이미 거대 자본과 고도화된 기술 등으로 무장하고 개개인의 삶을 통제 조정하고 있는데 무력한 개인이 어떻게 이 같은 세상과 대적할 수 있겠는가? 신앙인도 이 같은 상황에서 제외될 수 없다. 오늘날 우리 주변에는 많은 신앙인들이 하나님께서 기뻐하시는 삶을 살아가기를 소원하지만 실제로 그렇게 살지 못해 고통을 호소하고 있다. 이들은 현대 사회에서 파생되는 부부 관계의 문제, 자녀의 문제, 건강의 문제 등을 직면하여 신앙의 힘으로 극복해 보려 애쓰지만 문제가 해결되기는커녕 더 심화되는 것을 목도하며 심한 좌절을 겪는다. 이 문제를 교회로 가져가 보지만 공동체성을 상실한 교회들은 '기도하라' '더 큰 믿음을 가지라'는 피상적이고 형식적인 답변을 할 뿐이다. 필자는 교회의 무기력한 대응이 최근 '가나안 교인'과 '이단 종파 교인'의 급증에 기여한 것이라 판단하고 있다.

    교회는 삶의 고통을 안고 찾아오는 이들을 보듬고 치유할 수 있는 공동체가 되어야 한다. 이것이 바로 공동체교회가 지향하는 교회상이다. 이런 교회들이 우리 주변에 없는 것은 아니다. 앞에서 살펴보았던 몇몇 사역에서 우리는 이미 그 가능성을 목도한 적이 있다. 예를 들어 '가정교회 사역'이나 '목욕탕 큐티 사역'은 '가정의 회복'에 깊은 관심을 두고 교인들의 문제에 한 발자국 더 가까이 다가서 있다. 그럼에도 불구하고 이들 사역들은 여전히 교인들의 삶을 그들의 문제로 여기고 그들을 문제 속에 방치한다는 한계를 극복하지 못하고 있다. 즉 교인들의 문제에 대해 귀를 열고 듣고 위로하며 격려하는 데까지는 나아가지만 실제적인 도움으로는 이어지지 않는 것이다. 그런 면에서 '가나안농군학교 사역'의 경우는 진일보한 사역 형태라 볼 수 있다. 가나안농군학교는 삶의 큰 부분을 차지하는 직업 문제를 농장 공동체를 구성해 실제로 해결하는 방식을 보여 주었기 때문이다. 그러나 가나안농군학교가 '농장'에서 '학교'로 전환되는 바람에 이 사역이 지속되지 못하고 현대인에게 적합한 새로운 모델을 제시하지 못했다는 아쉬움이 있다.

필자는 현대인의 삶을 직면하면서 그 현장 속으로 뛰어드는 공동체교회의 출현을 기대하며 실제로 실험을 진행하고 있다. 이 실험이 바로 현재 필자의 '하늘숲공동체 사역'이다. 하늘숲공동체는 2017년 5월 3일 시작된 공동체로, 강원도 원주시 신림면 성남로 치악산국립공원 내에 약 20만 평방미터의 면적을 차지하고 있다. 원래 이곳은 가나안농군학교가 20여 년 전에 미래의 지도자를 양성할 목적으로 준비해 둔 일종의 지도자 연수원이었으나 현재는 한국교회가 직면한 영적 기갈을 해결하는 하나의 시도로서 '공동체교회 사역'이 진행되고 있는 현장이다. 하늘숲공동체가 추구하는 목표는 웨슬리의 메도디스트들이 추구했던 바와 정확하게 일치한다. 즉 '그 어디나 하늘나라'의 삶을 추구하는 것이다. 이를 위해 공동체는 'audi(말씀을 들으라)' 'ora(기도하라)' 'labora(노동하라)'라는 세 가지 내용을 매일 실천한다. 이 세 가지 원리 중 'ora'와 'labora'는 기독교 수도원들이 공통적으로 추구해 온 두 가지 핵심 항목이다. 하늘숲공동체는 여기에 'audi'를 추가했다. 하늘숲공동체가 이 세 가지 항목을 실천 원리로 삼은 것은 이들이 우리에게 하늘나라를 실현하는 근원적인 힘인 '하나님의 은혜'를 입기 위한 강력한 은혜의 수단이라 여기기 때문이다. 곧 하늘숲공동체에게 '말씀 듣기'와 '기도'는 '경건의 실천'을, '노동'은 '사랑의 실천'을 의미하는 것이다.

공동체교회로서 하늘숲공동체는 삶의 문제들을 공동체의 과제로 인식하고 직접 대면한다. 자녀들의 교육 문제, 직장 문제, 건강 문제 등은 모임의 중요 주제가 된다. 한 가지 예로 자녀 교육 문제를 해결하기 위해 공동체는 2018년 8월에 '대안학교'를 설립하여 '교육공동체'를 구성했다. 대안학교의 우선적인 목표는 공동체에 참여하는 이들의 자녀 교육을 공동체가 직접 책임지는 것이다. 한국 사회에서 자녀 교육은 초미의 관심사다. 부모들은 어떤 희생을 감수해서라도 자녀들에게 양질의 교육을 제공하여 남들보다 좋은 대학을 진학하게 하여 좋은 직장을 얻도록 애쓰고 있다. 그러나 그 결과는 참담하다. 부모의 생각대로 잘 따라 주는 경우는 극소수고 대다수의 청소년들은 경쟁의 낙오자가 되어 무의미한 학교 생활을 하고 있다. 꿈을 상실한 청소년들 중 많은 수가 컴퓨터 게임 등에 중독되고, 심한 경우에는 범죄자로 전락하기도 한다. 신앙인의 자녀라 해서 예외는 아니다. 오랜 세월 부모를 따라 교회 예배에 출석했던 청소년들이 교회를 떠나는 일은 이제 새삼스럽지도 않다. 하늘숲공동체는 자녀들을 보호하기 위해 'kingswood'라는 교육 공동체를 설립,[67] 아이들의 교육 문제를 직접 챙기고 있다. 교육 공동체가 설립된 지 불과 몇 달밖에 되지 않았지만 그 효과는 참으로 놀랍다.

한 예를 들어 보자. 신실하게 신앙생활을 해온 권사 부부의 고 2 아들이 이 학교에 입학하게 되었다. 이 아이는 그동안 부모의 가슴에 못을 박으며 온갖 말썽을 피웠다. 이미 학업은 엉망이 된 지 오래고 게임에 중독되어 밤낮없이 게임에 몰두했다. 부모가 지적을 하면 입에 담기 거북한 말로 부모

---

67) 이 이름은 웨슬리가 1748년 영국 브리스톨에(현재는 바쓰) 세운 학교의 이름에서 유래한다.

에게 대들 뿐이었다. 권사 부부는 이 문제를 교회로 갖고 가 목회자와 상의 했으나 돌아온 답변은 '기도하세요'라는 상투적인 답변뿐이었다. 처음엔 목회자의 권유에 따라 교회의 각종 기도회에 참석해 아들을 위해 기도해 보았으나 전혀 달라지지 않았다. 그러다 보니 자신들의 믿음에 대해 회의적인 생각까지 하게 되었다. 그러나 하늘숲공동체의 교육 공동체에 입학하여 다른 아이들과 공동 생활을 하면서 아이의 삶에 조금씩 변화가 일어났다. 불과 3개월의 시간이 지난 후 아이는 새로운 꿈을 꾸며 자신의 공부에 전념하게 되었고 복음에 대한 진지한 고민을 하기 시작했다. 이런 아이의 변화를 목격하게 된 권사 부부는 하나님의 복음의 실질적인 능력을 직접 경험하면서 하나님께 진실된 찬양을 드리게 되었고 얼굴에는 기쁨의 미소가 머물렀다.

하늘숲공동체가 다음으로 추진하는 일은 '직업 공동체'다. 사람들이 좋다고 하는 직업을 가졌든지 그렇지 않든지 많은 사람들은 직업 속에서 행복을 누리지 못한다. 하늘숲공동체는 각자의 직업 안에서 하나님의 자녀로서의 평강과 기쁨의 삶을 누릴 수 있도록 격려하고 지지한다. 또 한편으로는 공동체가 직접 공동의 직업을 창출해 함께 일하고 함께 그 소산을 나누는 직업 공동체를 지향한다. 가나안농군학교는 이미 이 같은 경험을 가지고 있다. 농업이 중심이었던 시대에 가나안농군학교의 가족들은 농장 공동체를 만들어 함께 농사짓고 함께 소산을 나누었다. 당시로서는 생각하기 어려운 높은 농업 생산성을 이루었기 때문에 개개인에게 돌아간 결과물 또한 컸다. 농업은 오늘날에도 고려해 볼 만한 공동 직업이기 때문에 하늘숲공동체는 '농업협동조합' 구성을 추진 중에 있다. 물론 농업 분야에만 매달리지 않는다. 하나님을 사랑하고 인간을 존중하는 마음으로 만들고 판매할 수 있는 아이템들도 구상 중에 있다.

하늘숲공동체는 모든 사람들이 관심을 두는 '건강한 삶'을 위한 '힐링 공동체'도 준비 중에 있다. 하늘숲공동체가 위치한 곳은 경관이 빼어나고 공해가 없는 치악산 자락이다. 그렇기 때문에 영육 간에 지친 현대인들에게 쉼을 제공해 줄 수 있는 장점이 있다. 영육 간의 힐링이 필요한 이들과 그 도움을 줄 수 있는 사람들이 '힐링 공동체'를 구성, 실제적인 치유를 경험할 수 있도록 돕는 것이다.

말하자면 하늘숲공동체의 교육 공동체, 직업 공동체, 힐링 공동체는 하나의 속회 공동체의 기능을 하면서 삶의 현장 안에서 하늘나라를 체험해 가는 공동체교회인 셈이다. 공동체교회로서의 실험은 아직 진행 중이다. 그 열매를 관찰하기에는 아직 이를 수밖에 없다. 그러나 현재까지 진행된 모습을 면밀히 살펴볼 때 가치 있는 실험임을 확신하게 된다.

이 같은 유형의 목회를 다른 현장에서 적용하고자 할 때 한 가지 유의할 점이 있다. 하늘숲공동체의 경우 사람들이 직면한 다양한 문제들을 포괄적으로 다루고 있지만 모든 공동체교회들이 동일하게 따라야 하는 것은 아니다. 사실 하나의 공동체교회가 사람들이 직면하는 모든 종류의 문제들을 다 다루는 것은 비효율적이고, 오히려 한 가지 문제에 집중하는 것이 더 효율적일 수 있다.

참고문헌

1 웨슬리 자료

Journals.
Letters.
Sermons.
김동환, 『풀어 쓴 웨슬리 표준설교 44』(하늘숲, 2018).
A Farther Appeal to Men of Reason and Religion.
A Plain Account of the People Called Methodists.
A Short History of Methodism.
Directions given to the Band Society.
Jackson, Thomas(ed.) The Works of the Rev. John Wesley.
Preface to Hymn on the Lord's Supper(London: Kershaw, 1825).
Large Minutes.
Preface to Sermons on Several Occasions.
Preface to The New Testament.
Preface to 1739 Hymns and Sacred Poems.
The Nature, Design, and General Rules of Our United Societies.
The Preface to the Journal(No.3).
Thoughts Concerning Gospel Ministers.
Thoughts upon Methodism.

2 도서 자료

Abraham, William & Kirby, James E. (ed.), *The Oxford Handbook of Methodist Studies*(New York: Oxford University Press, 2009).

Althaus, Paul, *The Ethics of Martin Luther*, tr., by R. C. Schultz(Philadelphia: Fortress Press, 1972).

Anderson Gerald(ed.) *Mission Legacies: Biographical Studies of Leaders of the Modern*

Missionary Movement(Maryknoll: Orbis Books, 1994).

Bett, Henry, *The Spirit of Methodism*(London: The Epworth Press, 1937).

Bosch, David, *Transforming Mission*(Maryknoll: Orbis Books, 1991).

Campbell, Ted, *John Wesley and Christian Antiquity: Religious Vision and Cultural Change*(Nashville: Kingswood Books, 1991).

Dowley, Tim(ed.) *Eerdman's Handbook to the History of Christianity*(Herts, England: Lion Publishing, 1977).

Foucault, Michel, *The Order of Things: An Archeology of the Human Science*(New York: Pantheon Books, 1970).

Grentz, Stanley J., *A Primer on Postmodernism*, 김운용 역, 『포스트모더니즘의 이해』(예배와 설교아카데미, 2010).

Hamilton, J. Taylor & Hamilton, Kenneth, *History of the Moravian Church*(Interprovincial Board of Christian Education, Moravian Church in America, 1967).

Hardt, Philip F., *The Soul of Methodism: The Class Meeting in Early New York City Methodism*(Lanham: University Press of America, 2000).

Heitzenrater, Richard P.(ed.) *The Poor and the People Called Methodists*(Nashville: Kingswood Books, 2002).

Henderson, D. Michael, *John Wesley's Class Meeting: A Model for Making Disciples*(Indiana: Francis Asbury Press, 1997).

Hunter, George G., *The Contagious Congregation: Frontiers in Evangelism and Church Growth*(Nashville: Abingdon Press, 1979).

Kraemer, Hendrik, *A Theology of the Laity*, 유동식 역, 『평신도 신학』(대한기독교서회, 1963).

Maddox, Randy L.(ed.) *Rethinking Wesley's Theology for Contemporary Methodism*(Nashville: Abingdon Press, 1998).

_____, *Responsible Grace*(Nashville: Abingdon Press, 1994).

McCulloh Gerald O.(ed.) *The Ministry in Methodism in the Eighteenth Century*(Nashville: The Board of Education of the Methodist Church, 1960).

McGavran, Donald A., *Understanding Church Growth*(Grand Rapids, Michigan: Wm.B. Eerdmans Co., 1980).

McNeil John T.(ed.) *Institutes of the Christian Religion*(Philadelphia: The Westminster Press, 1960).

Moore, Henry, *The Life of the Rev. John Wesley, A.M.: Fellow of Lincoln College*, Vol.2(New York, 1826).

Nelstrop, Louise & Percy, Martyn(ed.) *Evaluating Fresh Expressions*(Norwich: Canterbury

Press, 2008).

Outler, Albert C. & Heitzenrater, Richard P.(ed.) *John Wesley's Sermons: An Anthology*(Nashville: Abingdon Press, 1991).

Paul, Robert, *The Church in Search of Itself*(Grand Rapids: Wm.B. Eerdmans Publishing Co., 1972).

Rack, Henry D., *Reasonable Enthusiast*(London: Epworth Press, 2002).

_____, *The Future of John Wesley's Methodism: Ecumenical Studies in History 2*(Richmond: VA: John Knox Press, 1965).

Runyon, Theodore(ed.), *Wesley's Theology Today: A Bicentennial Theological Consultation*(Nashville: TN: Kingswood Books, 1985).

Snyder, H. A., *The Radical Wesley & Patterns for the Church*, 조종남 역, 『혁신적 교회갱신과 웨슬레』(대한기독교서회, 1986).

Steele, Richard B.(ed.) *Heat Religion*(Lanham: Scrarecrow Press, 2001).

Stevens, Paul, *The Abolition of the Laity*, 홍병룡 역, 『21세기를 위한 평신도 신학』(한국기독학생회출판부, 2001).

Tyerman, Luke, *The Life and Times of the Rev. John Wesley*, Vol.1(New York: Harper & Brothers, 1872).

_____, *The Life and Times of the Rev. John Wesley*, Vol.3.

Warren, Rick., *The Purpose Drive*(Grand Rapids, Michigan: Zondervan Publishing House, 2002).

Watson, David Lowes, *The Early Methodist Class Meeting: Its Origins and Significance* (Discipleship Resource, Nashville, 1987).

김동환, 『산상수훈-하늘 가는 길』(홀리북클럽, 2015).

김양재, 『가정아 살아나라』(두란노, 2009).

_____, 『날마다 큐티하는 여자』(도서출판 큐티엠, 2018).

김용기, 『가나안으로 가는 길』(창조사, 1968).

_____, 『나의 한 길 60년』(규장문화사, 1980).

_____, 『참 살 길 여기 있다』(창조사, 1975).

류금주, 『가나안농군학교(원주) 40년사』(가나안농군학교, 2014).

림영철, 『일가 김용기와 가나안 이상촌운동』(재단법인 일가재단, 2009).

유기성, 『영성 일기』(규장, 2016).

채부리, 『감리교와 속회』(감리교교육국, 1983).

최영기, 『가정교회로 세워지는 평신도 목회』(두란노, 2000).

최윤식, 최현식 공저, 『2040 한국교회 미래지도 2』(생명의말씀사, 2015).

3 인터넷 문헌 자료

http://www.godrules.net/library/wesley/274wesley_h9.htm.
http://kr.christianitydaily.com/articles/92269/20170620.
http://news.kmib.co.kr/article/view.asp?arcid=0004236682.
https://news.naver.com/main/read.nhn?mode=LSD&mid=sec&sid1=104&oid=002&aid=0000014103.
http://thirdmill.org/newfiles/dm_jones/dm_jones.Ecclesiola.Ecclesia.pdf.
http://www.amennews.com/news/articleView.html?idxno=11031.
http://www.christiantoday.co.kr/view.htm?id=268951.
http://www.dailywrn.com/sub_read.html?uid=8926.
http://www.igoodnews.net/news/articleView.html?idxno=50715.
http://www.newsnjoy.or.kr/news/articleView.html?idxno=206886.
http://www.newsquare.kr/issues/1206/stories/4919.
https://ko.wikipedia.org/wiki/로잔_회의.
https://tyndale.ca/sites/default/files/ws/Models-of-Church-and-Mission-A-Survey-Dr-Howard-A-Snyder.pdf.

4 기타 자료

『교회와 신앙』, 2011년 2월 28일.
『국민일보』, 2010년 10월 20일.
『기독교타임즈』, 2007년 12월 11일, 2015년 9월 15일.
『기독일보』, 2018년 10월 1일.
『뉴스앤조이』, 2016년 10월 29일.
『매일 종교신문』, 2016년 7월 14일.
『아이굿뉴스』, 2016년 9월 20일.
『한국일보』, 1979년 6월 16~17일.

'목사 웨슬리'에게
속회를 묻다

1판 1쇄 2020년 10월 5일
1판 2쇄 2025년 1월 15일

지은이 김동환
발행인 김정석
편집인 김정수
발행처 도서출판kmc

서울특별시 종로구 세종대로 149 감리회관 16층
(재)기독교대한감리회 도서출판kmc
전화 02-399-2008 팩스 02-399-2085
www.kmcpress.co.kr

디자인·인쇄 리더스커뮤니케이션

Copyright (C) 도서출판kmc, 2020, *Printed in Korea.*
ISBN 978-89-8430-846-6 93230
값 13,000원